Musée de Cluny
Musée national du Moyen Âge

Le Guide

MUSÉE DE CLUNY
le monde médiéval

Ce Guide a été établi par l'équipe de conservation du musée de Cluny. La rédaction a été coordonnée par Xavier Dectot sous la direction d'Elisabeth Taburet-Delahaye. Les textes ont été rédigés par :

Isabelle Bardiès-Fronty
(p. 7-8, 15-16, 22-24, 32 ; notices nos 1-21, 39-40, 126, 187) ;

Xavier Dectot
(p. 41, 48, 50, 54, 75, 76, 80, 128, 164 ; notices nos 27-29, 32, 34-37, 41-42, 45-46, 65-66, 68-69, 72-78, 80, 81, 83-88, 91-94, 99, 112-113, 116, 121, 129, 132-134, 137, 140, 142, 145-146, 151, 161-163, 165, 170-172, 175, 178, 179-181, 186, 188, 215) ;

Christine Descatoire
(p. 36, 58, 63, 112, 122, 131, 166, 168 ; notices nos 25, 26, 33, 38, 43-44, 47, 49-64, 82, 90, 95-98, 102-107, 111, 114-115, 117-119, 122, 125, 127, 130-131, 135, 138-139, 141, 143, 149, 160, 164, 166, 176, 182-185, 193, 214) ;

Michel Huynh
(p. 8/10-11, 174, 184 ; notices nos 89, 108, 123-124, 158-159, 195, 197-199, 203-213, 217) ;

Sophie Lagabrielle
(p. 102, 120, 132, 154 ; notices nos 30-31, 48, 67, 70-71, 79, 95, 101, 109-110, 128, 136, 144, 147-148, 150, 152-153, 157, 167, 169, 174, 177, 189-192, 194, 196, 200) ;

Elisabeth Taburet-Delahaye
(notices nos 154-156, 168, 173, 201-202, 216) ;

Jean-Christophe Ton-That
(p. 12-13 ; notice no 99).

Les textes ont été préparés avec l'aide de Mélanie Jecker.

En couverture :
Tenture de la Dame à la licorne : *Le Goût*, détail
(no 154)

254-256 rue de Bercy 75012 Paris
I.S.B.N. : 978-2-7118-5631-2
GG 10 5631

Sommaire

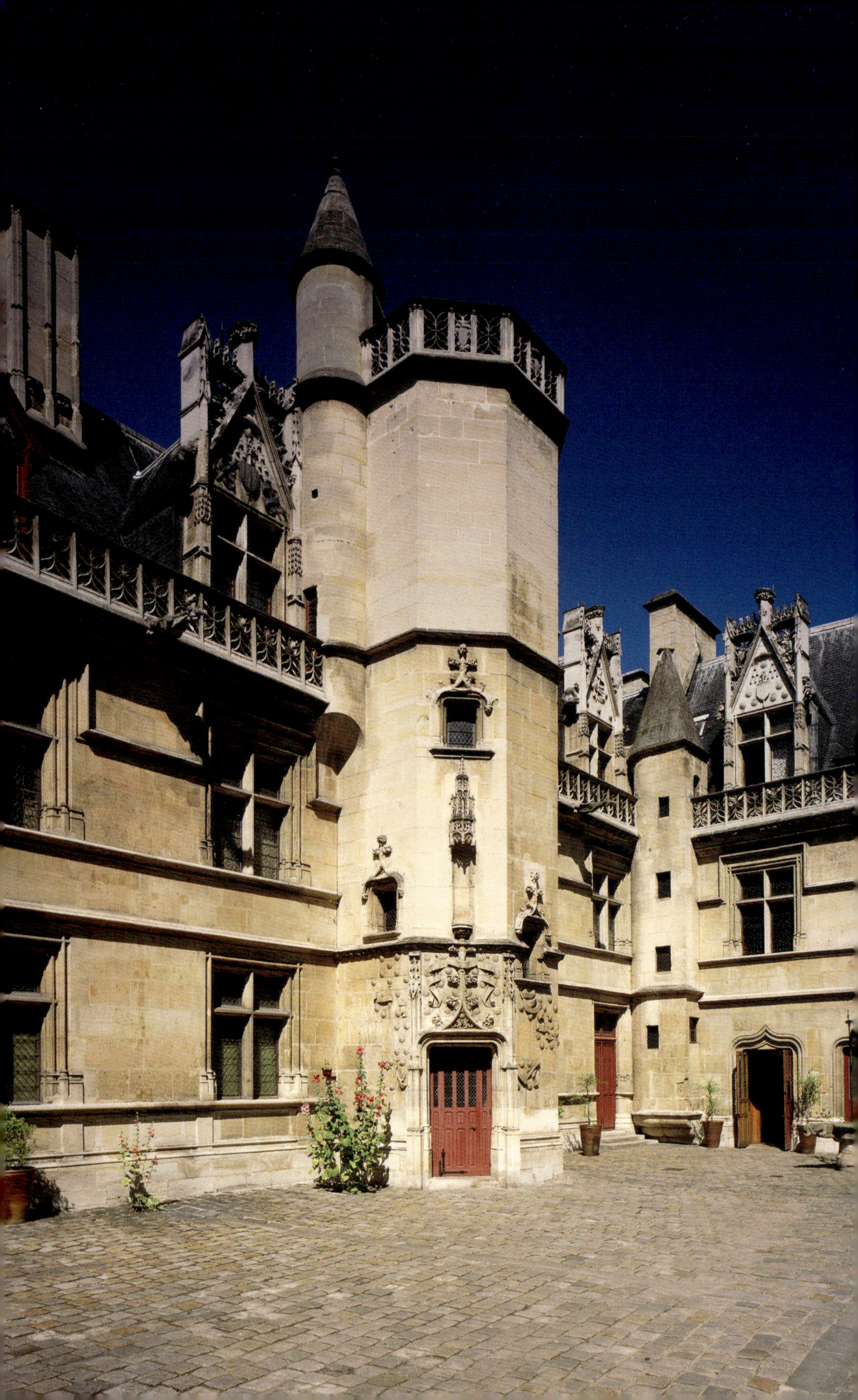

Préface

La publication d'un nouveau *Guide* n'a pas seulement pour but d'actualiser les informations et d'améliorer les reproductions mises à la disposition des visiteurs. Elle est aussi, pour le musée, l'occasion de réaffirmer son identité.

Ainsi, ce *Guide* qui fait suite à une dizaine d'autres depuis le premier manuel de ce type, paru en 1922 sous la plume d'Edmond Haraucourt, n'est-il pas seulement le premier à inclure onze œuvres majeures acquises depuis la dernière édition du précédent (1993) et à offrir une illustration entièrement en couleur, donnant à celle-ci la part belle sans cependant négliger les données essentielles et la mise en contexte de chaque œuvre. Publié l'année même de la réouverture du *frigidarium* des thermes à l'issue d'une restauration qui en a restitué le volume et la lumière, il veut aussi rappeler la personnalité originale, riche et complexe, de notre musée, forgée par l'exceptionnelle conjonction entre des bâtiments insignes et les collections qu'ils abritent. Créé en 1843, le musée de Cluny réunit en effet les thermes « du nord » de Lutèce – le plus important monument gallo-romain conservé au nord de la Loire – et la résidence urbaine des abbés de Cluny, le plus ancien et le mieux préservé des hôtels médiévaux parisiens ; héritier du dépôt archéologique établi par la Ville de Paris dans les thermes et de la collection rassemblée par Alexandre Du Sommerard dans l'hôtel, il est ainsi à la fois musée de site, musée d'histoire et, surtout, musée d'art grâce à la richesse de ses collections, considérablement augmentées au cours des XIXe et XXe siècles.

C'est cet exceptionnel legs du passé que nous avons le devoir de faire connaître, comprendre et apprécier aujourd'hui. Nous avons choisi d'organiser la présentation selon les grandes séquences chronologiques traditionnellement retenues par l'histoire de l'art. Ce *Guide* anticipe ainsi ce que pourrait être un parcours idéal dans le musée, qui permettrait d'aborder en premier lieu le monument et les œuvres antiques et de se poursuivre, dans les espaces de l'hôtel, par la découverte des collections médiévales. Le nombre et la diversité des œuvres du XVe siècle incitaient cependant à consacrer un chapitre à ce dernier siècle du Moyen Âge, souvent appelé flamboyant, et à y insérer une séquence thématique que très peu de musées peuvent proposer. En cette année 2009 ont, en effet, été ouvertes, dans l'hôtel construit peu avant 1500 et dans l'appartement occupé par Alexandre Du Sommerard entre 1833 et 1842, trois salles consacrées à l'« art et la vie » de la fin du Moyen Âge, auxquelles introduisent les derniers chapitres de ce *Guide*.

Souhaitons que cet ouvrage accompagne le visiteur ou le lecteur dans la découverte d'époques qui peuvent paraître lointaines mais où puisent nos racines, de siècles non pas obscurs mais hauts en couleur, riches d'inventions, d'une étonnante vitalité, d'un temps qui nous a légué des œuvres d'art tout aussi éblouissantes par leur qualité artistique qu'émouvantes par leurs représentations.

Élisabeth Taburet-Delahaye
Directrice du musée de Cluny

Vue de la cour de l'hôtel de Cluny,
avec la tour de l'escalier d'honneur

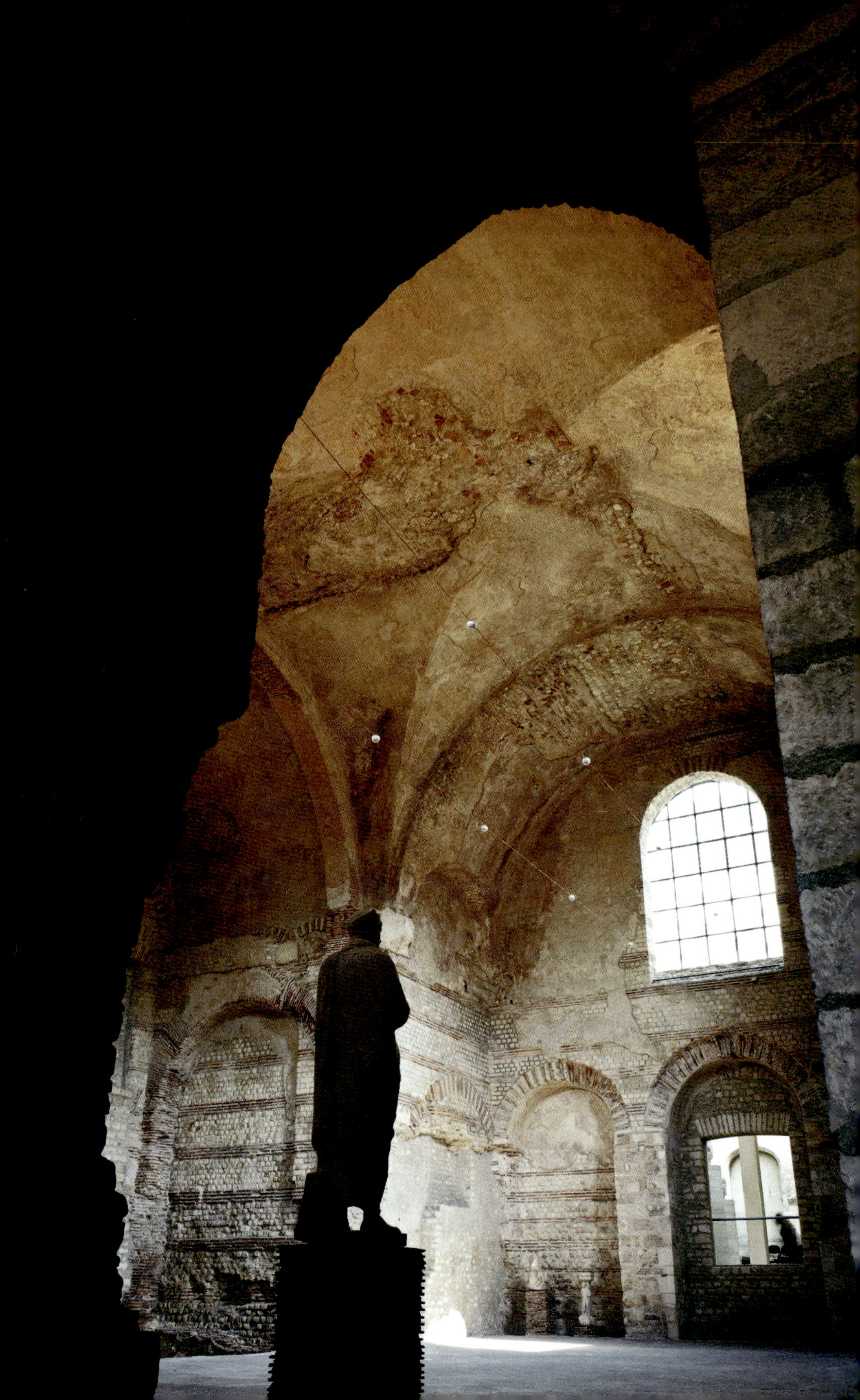

Introduction

Les thermes de Cluny

Les thermes de Cluny, ou thermes du nord de Lutèce, comptent parmi les vestiges antiques les plus monumentaux du nord de la France, notamment grâce à la préservation d'une vaste salle voûtée, le *frigidarium*. S'ils n'ont jamais sombré dans l'oubli depuis l'époque de leur création – n'étaient-ils pas désignés comme le « palais des Thermes » *(Palatium thermarum)* au Moyen Âge ? –, il fallut attendre le XIXe siècle pour que des études scientifiques leur soient consacrées. Les campagnes d'observations archéologiques et de recherches archivistiques se sont en effet succédé de 1820 à nos jours et nous ont donné une meilleure connaissance du monument, sans pour autant répondre à toutes les interrogations.

Les thermes de Cluny constituaient un vaste ensemble architectural sis dans un trapèze formé par les actuels boulevards Saint-Michel (ouest) et Saint-Germain (nord), et les actuelles rues de Cluny (est) et des Écoles (sud). La superficie totale couverte par l'établissement – environ 6 000 m^2 – en faisait le plus grand des trois thermes publics connus de Lutèce, et le plus septentrional. Le développement urbain de la ville gallo-romaine couvrait les deux rives de la Seine, mais les bâtiments administratifs et religieux composant l'*urbs* s'étageaient entre la montagne Sainte-Geneviève et le fleuve. Ainsi les thermes de Cluny étaient-ils adossés à la montagne, près des rives de la Seine non encore endiguée.

De nos jours, le monument est connu sur ses trois niveaux de fonctionnement, mais de manière partielle. Pour le niveau le plus profondément enterré, celui des réseaux hydrauliques, deux tronçons d'égouts perpendiculaires ont été distingués. Au-dessus de ce premier niveau, mais restant en sous-sol par rapport à celui des usagers des bains, des pièces ont été repérées par les premières fouilles de Louis Moreau (1820-1826) et de Théodore Vacquer (1852-1856), puis par les investigations menées au XXe siècle – notamment par Paul-Marie Duval –, sans que leur fonction exacte puisse être déterminée. Enfin, le rez-de-chaussée des thermes est quant à lui bien visible, tant de l'extérieur, le long du boulevard Saint-Michel et de la rue Du Sommerard, qu'au sein du parcours suivi par le visiteur du musée de Cluny.

Les murs en élévation conservés se caractérisent par la remarquable qualité de leurs parements, constitués de petits moellons de calcaire que traversent régulièrement des assises de briques horizontales *(opus vittatum mixtum)*. Par endroits, on note des intrusions de pans de mur en briques, comme c'est le cas dans l'arc qui délimite l'ouverture de l'espace rectangulaire de la piscine du *frigidarium*. Cette pièce constitue de nos jours l'espace le plus spectaculaire de l'édifice, où le visiteur peut découvrir à la fois la technique romaine de parement des murs, celle du sol *(opus caementicium)*, et celle de la couverture en voûte d'arêtes. Cette dernière culmine à presque

Vue du *frigidarium*

14 m et comporte encore, en maint endroit, les couches d'enduit antique dont les superpositions offrent une information capitale sur la méthode de construction du bâtiment. Le décor de surface est aujourd'hui malheureusement perdu, à l'exception notable de deux consoles qui comportent encore les reliefs figurant des proues de navire, sur lesquels on devine les silhouettes des bateliers. Des traces de pigments bleus sur certaines arêtes de la voûte laissent entrevoir un aspect de la gamme chromatique choisie pour la partie sommitale de la pièce. Enfin, la découverte très près de l'hôtel d'un fragment de mosaïque (Cl. 12523) orné d'un amour chevauchant un dauphin suggère qu'il s'agit d'un élément de l'ancien revêtement de sol des thermes de Cluny. Tous ces indices réunis laissent deviner un décor qui renvoyait peut-être au thème aquatique, selon un modèle connu dans le monde romain. Sans être illégitime, l'hypothèse selon laquelle l'iconographie des consoles serait l'écho d'un évergétisme de la communauté des nautes de Paris n'a pu être confirmée.

De nos jours, la chronologie exacte du bâtiment thermal du nord de Lutèce reste discutée, mais on peut proposer, en cohérence avec le développement urbain de la ville, une construction vers la fin du Ier siècle de notre ère et un fonctionnement qui n'aurait guère duré plus de deux siècles. On ignore encore ce que fut l'utilisation du monument à la fin de l'Antiquité et au début du Moyen Âge ; en revanche, on sait qu'au XIIe siècle les moines de l'abbaye des Vaux-de-Cernay – propriétaires du complexe antique – y adjoignirent des bâtiments. Dès le début du XIIIe siècle, les vestiges des thermes devaient être inclus dans l'îlot urbain de la rive gauche, à l'intérieur du rempart de Philippe Auguste, lequel offrit d'ailleurs le « palais des Thermes » à son chambellan, Henri le Concierge (1218).

Il est indéniable qu'après la rupture de la fin de l'Antiquité, qui fut sans doute le moment d'une perte importante d'éléments du décor des thermes de Cluny, l'occupation continue des volumes architecturaux à partir d'une période ancienne du Moyen Âge est en grande partie responsable de leur état de conservation actuel. L'imposante silhouette des thermes, composée d'une double voûte jusqu'en 1737 (date de l'effondrement de celle du *caldarium*), ne fut jamais absente du paysage parisien. L'intégration des vestiges dans le parcours du musée dès l'origine de celui-ci et leur classement au titre des monuments historiques en 1862 contribuèrent largement à la célébrité auprès du public de la vaste salle voûtée du *frigidarium*, qui offre un témoignage spectaculaire de l'art de bâtir en Gaule romaine.

L'HÔTEL

À la fin du XVe siècle, le puissant ordre de Cluny possédait un collège à Paris, un second en Avignon et un troisième à Dole, en terre d'Empire. Parmi ces trois établissements stratégiques destinés à former l'élite clunisienne, celui de Paris fut fondé en premier, au XIIIe siècle. Il était alors la résidence parisienne des abbés de Cluny.

Le premier hôtel de Cluny fut construit par Pierre de Chaslus, à la suite de l'acquisition des thermes antiques par l'ordre, vers 1340. Cette résidence initiale n'est guère connue et il n'est pas certain qu'elle ait été complètement édifiée. La reprise d'une cave gallo-romaine par des voûtes gothiques suggère une volonté d'appropriation du site antique, mais il est plus probable que cette

Achille Poirot
Vue de l'hôtel de Cluny, côté jardin (détail)
1850
Paris, musée de Cluny

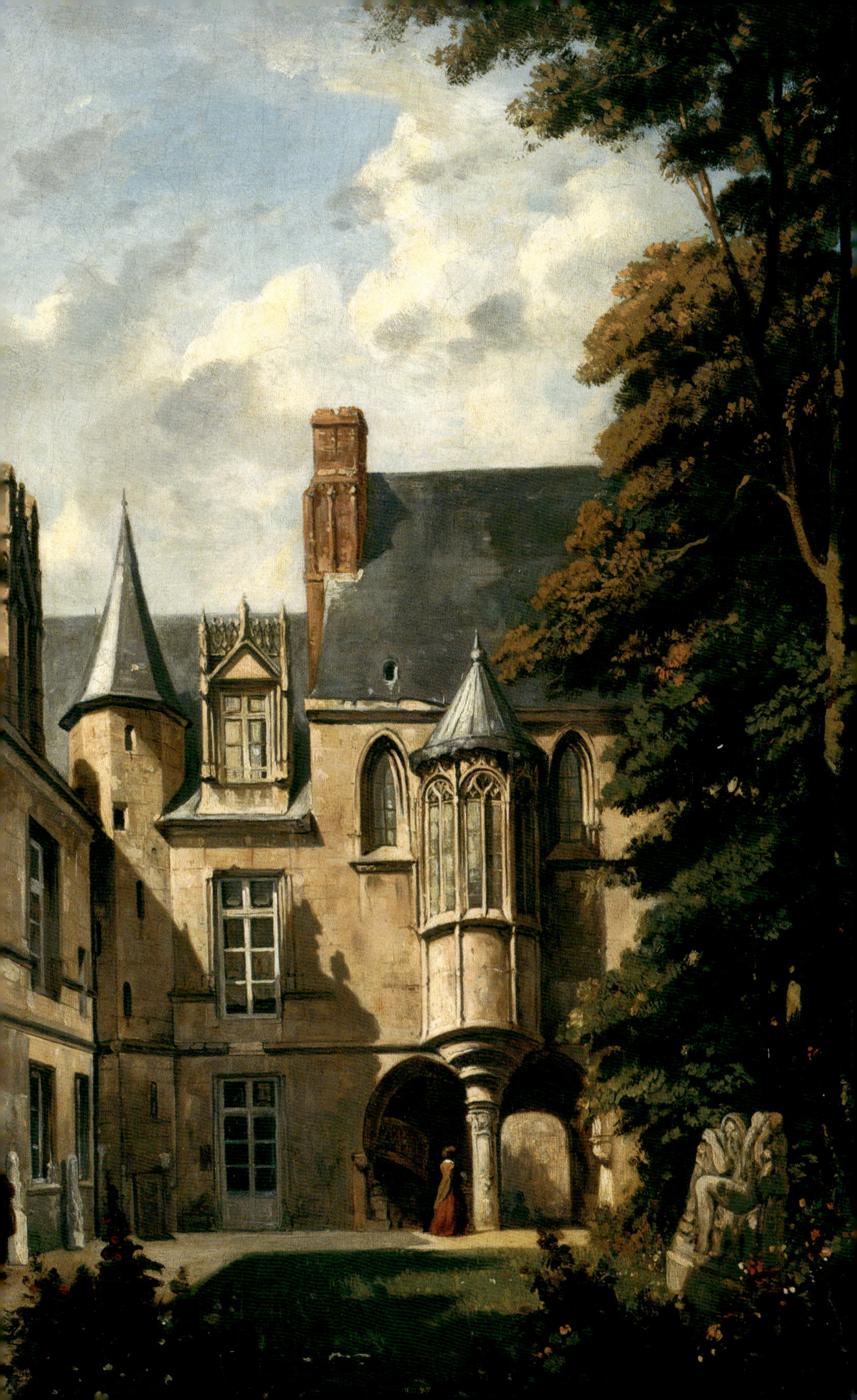

première phase a consisté en une occupation aménagée des vestiges encore en place. L'hôtel actuel a été bâti dans la seconde moitié du XVe siècle. Il fut achevé sous l'abbatiat de Jacques d'Amboise, dans la première décennie du XVIe siècle.

Édifié sur une parcelle jouxtant les thermes à l'est, l'hôtel était intimement lié à ces derniers. À l'inverse de nombreux monuments devenus obsolètes et transformés en carrières de pierre, les vénérables bâtiments de l'Antiquité doivent sans doute leur conservation à la solidité et à la pauvreté des matériaux avec lesquels ils ont été bâtis. En effet, l'*opus vittatum mixtum* utilisé dans les thermes fait alterner petits moellons de pierre et lits de briques, de sorte qu'une destruction sans aucun remploi possible n'aurait pu être compensée par un quelconque gain immédiat. Ainsi ces colossaux vestiges ont-ils été entretenus et intégrés au grand dessein de l'hôtel de Cluny.

Avec son haut mur crénelé sur rue seulement percé d'une porte cochère et d'un guichet, sa vaste cour intérieure – bordée par les ailes du logis en retrait – dont tous les niveaux sont desservis par un imposant escalier à vis hors œuvre et son jardin sur l'arrière, cette résidence privée adopte à la fin du Moyen Âge une formule architecturale urbaine qui connaîtra un formidable succès durant tout l'Ancien Régime.

Les façades donnant sur la cour intérieure de l'hôtel sont couvertes d'un riche décor sculpté gothique flamboyant qui contraste à peine avec la rugosité du mur antique remployé sous la galerie à trois arcades. Aux frontons des lucarnes hautes, sur les pans de la tour d'escalier, sur les corbeaux des poutres des planches, les armes de Jacques d'Amboise affirment, comme un *leitmotiv*, la puissance et le rang du commanditaire. La distribution des pièces des grands appartements du rez-de-chaussée et celle du premier étage sont identiques : deux pièces encadrent une grande salle centrale. Cependant, les espaces de réception et d'intimité se développent au premier étage dans les ailes, à gauche par une galerie, à droite par des pièces destinées vraisemblablement aux affaires de l'ordre.

Surtout, le maître d'œuvre de cet hôtel entre cour et jardin a su exploiter habilement une parcelle irrégulière à l'est d'une part, les bâtiments antiques à l'ouest d'autre part, pour appliquer des solutions ingénieuses et novatrices. L'hôtel de Cluny possédait ainsi probablement deux jardins qui conféraient au plan d'ensemble un équilibre aujourd'hui disparu. Un jardin suspendu sur l'extrados des voûtes du *frigidarium*, mentionné à partir du XVIe siècle, formait en effet un contrepoint au jardin établi à l'arrière, sur un axe parallèle à celui du logis ; il fallait monter au jardin suspendu et descendre à l'autre, qui n'était accessible que par l'escalier à vis menant de la chapelle à l'étage et reposant sur un espace voûté, ouvert à l'est sur le jardin des abbés, et à l'ouest sur une cour le séparant du *frigidarium*. Cette cour sera couverte pour la première fois à la fin du XIXe siècle.

La chapelle, joyau de l'hôtel, occupe ainsi un emplacement singulier et adopte un parti raffiné. Sa situation à l'arrière marque son caractère privé, mais en fonctionnant également comme une rotule de distribution, elle donne à l'axe principal du jardin une orientation affirmée. De plan presque carré, elle déploie à partir de son unique pilier central un dense réseau de nervures. Son abside, de plan semi-circulaire, forme un oriel qui a conservé son extraordinaire couverture en plomb, décorée de coquilles, de rinceaux et d'un Saint André. Le décor intérieur comptait douze statues de membres de la famille de Jacques d'Amboise, surmontées de dais et posées sur

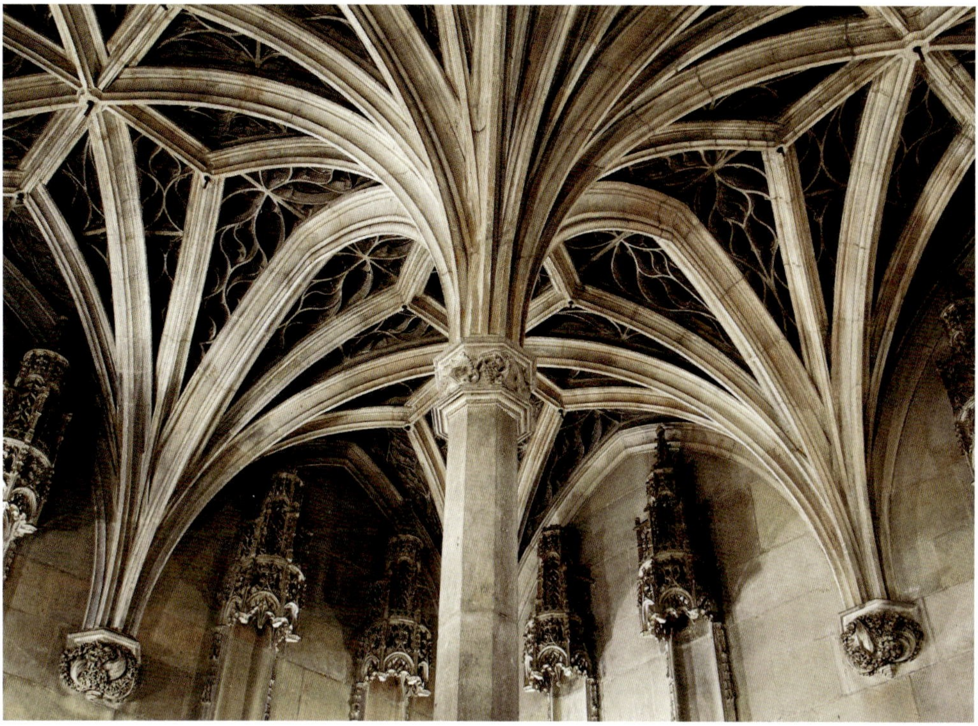

La voûte de la chapelle

des consoles à décor de feuillages. Deux Saintes Femmes éplorées, peintes vers 1500 par un artiste italien sur les parois de l'abside, accompagnaient la Pietà sculptée posée sur l'autel, aujourd'hui disparue. Des vitraux qui fermaient toutes les baies, il subsiste seulement le *Portement de croix* (**n° 152**).

L'apparence actuelle de l'hôtel diffère de celle qu'il présentait à l'origine. Manière de petit château en ville, il était certes une vaste résidence conjuguant avec génie le remploi de l'Antiquité avec une demeure édifiée selon un dessein volontaire et homogène, mais il était également enchâssé dans un dense tissu urbain, engoncé dans une gangue de maisons. Or dès le début du XIXe siècle, l'unique et extraordinaire condensé d'histoire architecturale – de l'Antiquité aux Temps modernes – qu'il formait avait suscité un vif intérêt. En effet, il suivait une progression formelle et temporelle : thermes, hôtel médiéval, couvent des Mathurins (hélas détruit en 1860). Très rapidement, les autorités et Albert Lenoir, architecte des Monuments historiques – administration dont dépendit le musée jusqu'en 1907 –, prirent le parti de dégager les abords des thermes et de l'hôtel des constructions parasites qui l'étouffaient, tout en restaurant les bâtiments. Les interventions se succédèrent, tant à l'extérieur qu'à l'intérieur, l'hôtel ayant connu, après quelques hôtes de passage prestigieux, une série d'occupants qui l'utilisèrent, le mutilèrent et le divisèrent à leur convenance. Dans son apparence actuelle, l'hôtel de Cluny doit donc beaucoup à la restauration scrupuleuse d'Albert Lenoir et à sa volonté de relever cet insigne ensemble monumental sans en altérer la substance.

Histoire des collections

L'installation d'Alexandre Du Sommerard, en décembre 1832, dans un appartement aménagé au premier étage de l'hôtel de Cluny est à l'origine de la création du musée. Le collectionneur écrivait en 1834 : « En 1832, la fantaisie d'un amateur, collectionneur depuis longtemps d'objets d'art d'époques analogues à celle de la construction de l'hôtel, lui suggéra l'idée d'ajouter à l'effet de sa collection par l'harmonie du cadre. »

Avec Sauvageot, Révoil ou encore Debruge-Duménil, Alexandre Du Sommerard compte parmi les amateurs de cette première moitié du XIXe siècle qui suscitèrent le renouveau de l'intérêt pour la période médiévale. La carrière qu'il mena à la Cour des comptes, où il fut conseiller maître, lui permit de satisfaire sa passion de collectionneur. Il réunit d'abord un ensemble de peintures et de gravures, puis s'en sépara pour se consacrer entièrement aux arts du Moyen Âge. L'inventaire de sa collection, dressé à sa mort en 1842, comportait mille quatre cent trente-quatre numéros.

Déjà, en 1833, Albert Lenoir avait présenté au Salon son projet de « Musée historique formé par la réunion du palais des Thermes et de l'hôtel de Cluny ». Le principe était de faire coïncider les collections et les bâtiments qui les abritaient : ainsi, l'Antiquité prendrait place dans le *frigidarium*, le Moyen Âge dans l'hôtel de Cluny et les périodes suivantes dans les bâtiments adjacents du couvent des Mathurins. La destruction de ces derniers en 1860 empêcha la réalisation de ce projet.

Ce fut cette singulière corrélation entre le contenant et le contenu qui séduisit tous les défenseurs du projet de création d'un musée à la mort d'Alexandre Du Sommerard. François Arago, le 17 juin 1843, fit voter à la Chambre des députés « un crédit extraordinaire de 590 000 francs pour l'acquisition de l'hôtel de Cluny et de la collection de feu Dusommerard ». La Ville de Paris apporta sa contribution en cédant à l'État les thermes et le dépôt lapidaire qu'ils renfermaient, lequel comprenait des œuvres majeures comme le pilier des Nautes (**n° 2**) ou encore les chapiteaux de Saint-Germain-des-Prés (**n° 27**).

Le musée ouvrit ses portes le 17 mars 1844 et le fils du collectionneur, Edmond Du Sommerard, devint son premier directeur. L'établissement fut placé sous la tutelle de la commission des Monuments historiques, ce qui lui permit de disposer de moyens considérables mais aussi de bénéficier de très nombreux versements, comme les Apôtres (**n° 80**) et les vitraux de la Sainte-Chapelle (**n° 71** et **n° 79**).

Edmond du Sommerard mit à profit les quarante années de sa direction pour accroître considérablement les collections. Il fit plusieurs acquisitions majeures comme la rose d'or (**n° 115**) et l'*antependium* du trésor de la cathédrale de Bâle (**n° 25**), la tenture de saint Étienne (**n° 156**), la tenture de la Dame à la licorne (**n° 154**), les couronnes de Guarrazar (**n° 15**). Par ailleurs, il élargit encore la période chronologique couverte par les collections. Il fut aussi l'auteur de leur premier catalogue, maintes fois réédité et augmenté.

Son successeur immédiat, Alfred Darcel, mena une véritable politique scientifique, allégeant la muséographie des salles, systématisant le recours aux vitrines, mettant en réserve faux, œuvres douteuses ou composites.

Les directions successives du musée entre la fin du XIXe et le début du XXe siècle s'attachèrent à maintenir un équilibre entre la politique d'acquisition – qui augmentait le nombre d'objets – et la présentation de ces derniers dans des espaces inchangés. L'une des solutions apportées à ce problème d'espace fut une

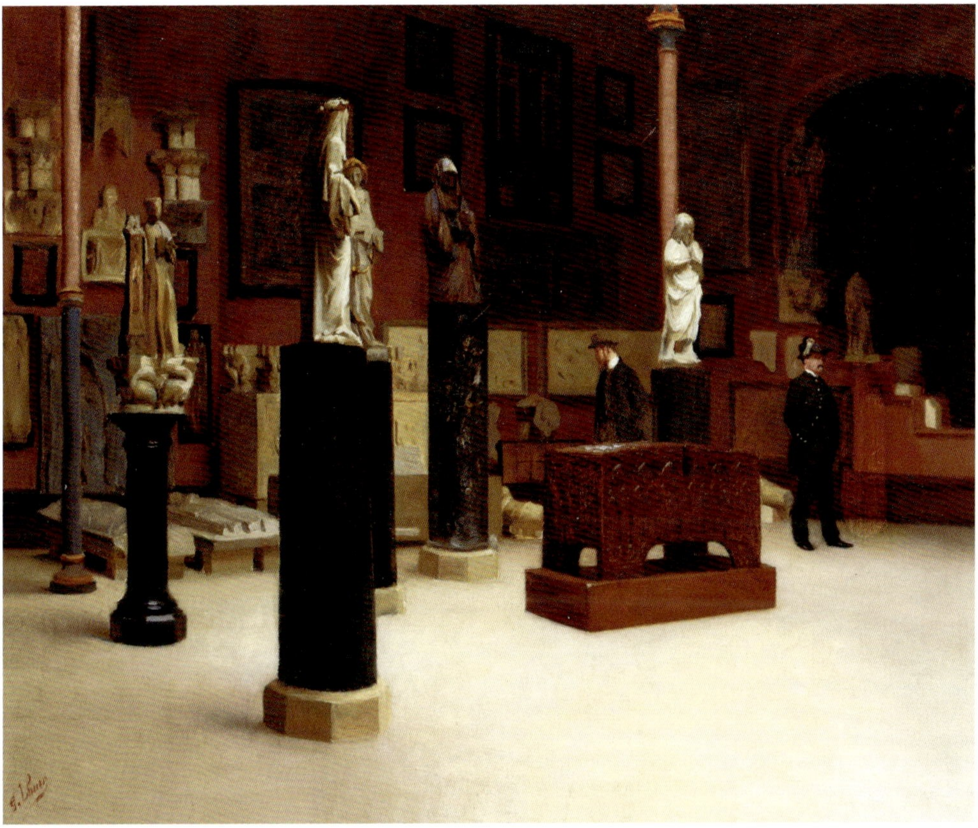

Gaston Théophile Lhuer, *Salle du musée de Cluny*, fin du XIXe siècle
Paris, musée de Cluny

vaste politique de dépôts dans d'autres musées ou monuments.

Après la Seconde Guerre mondiale, Pierre Verlet et Francis Salet modifièrent la présentation des collections, désormais limitée aux seules œuvres médiévales et organisée selon un parcours thématique inspiré par le *Livre des métiers* d'Étienne Boileau, rédigé à la fin du règne de Saint Louis.

En 1971, la mise à disposition du château d'Écouen au profit du ministère de la Culture permit à Francis Salet et à Alain Erlande-Brandenburg d'y créer le musée national de la Renaissance, à partir des collections du musée de Cluny. Plus de cinq mille objets y furent alors transférés.

En 1977, plus de cent quatre-vingts fragments provenant de Notre-Dame de Paris – parmi lesquels figurent les têtes de la galerie des rois (**nos 73** à **76**) –, fortuitement mis au jour dans les bâtiments de la Banque française du commerce extérieur, furent offerts par celle-ci au musée. La salle aménagée au rez-de-chaussée dans l'ancienne cour sise entre le *frigidarium* et l'espace sous la chapelle fut entièrement rénovée pour les accueillir.

De nos jours, le musée poursuit cette politique d'acquisition : il s'est récemment enrichi de chefs-d'œuvre comme le feuillet enluminé du Lectionnaire de Cluny (**n° 30**), la châsse limousine des Rois mages (**n° 56**) ou encore le coffret profane en ivoire (**n° 91**).

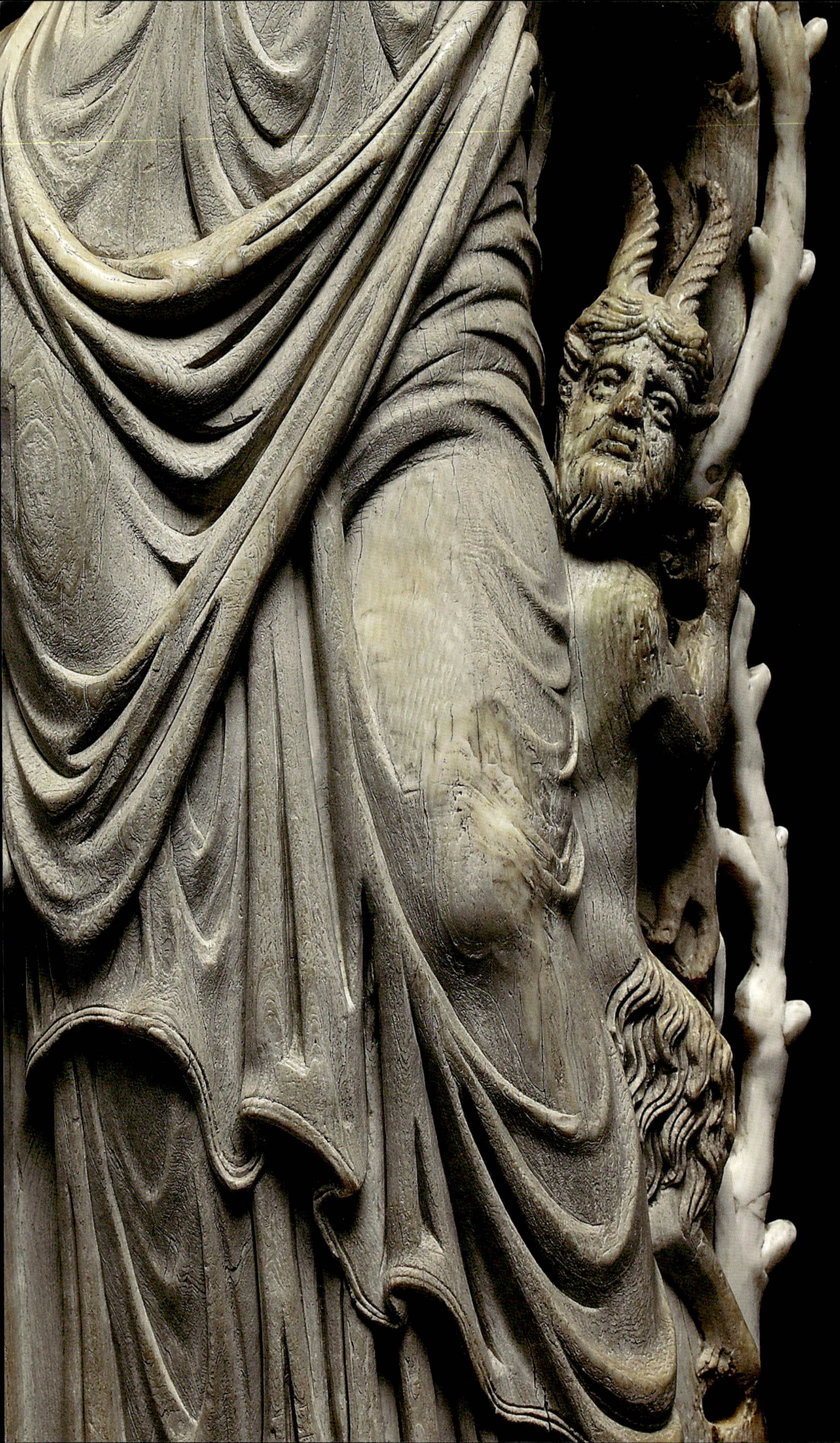

L'Antiquité
Le premier Moyen Âge

En Europe, l'Antiquité désigne une période dont les dates diffèrent selon les zones géographiques, mais dont les limites chronologiques se situent entre l'apparition de l'écriture (marquant la fin de la Préhistoire) et le Moyen Âge. La longue période des civilisations de l'écriture autour du bassin méditerranéen vit le jour au IVe millénaire avant notre ère en Mésopotamie et en Égypte, tandis que la Préhistoire s'étendit jusqu'à la fin du Ier millénaire de notre ère dans les régions septentrionales de l'Europe. Au sens strict du terme toutefois, l'« Antiquité » renvoie au moment de l'épanouissement d'une culture gréco-romaine émergeant au début du Ier millénaire avant notre ère, et dont le terme est conventionnellement situé en septembre 476, moment de la déposition par Odoacre (roi des Hérules) du dernier empereur romain d'Occident, un enfant nommé Romulus Augustule. En Orient, l'Empire romain prolongea son histoire durant près de mille ans, jusqu'en 1453, date de la prise de Constantinople par les Turcs.

En Gaule, le passage du monde celte à un monde romanisé se fit au moment de la conquête de Jules César (58-51). Vaincu par l'armée romaine en 52, le peuple des Parisii substitua à l'*oppidum* détruit une ville au plan gréco-romain, dont la partie institutionnelle était sise sur la rive gauche de la Seine, autour de l'actuelle montagne Sainte-Geneviève. Aujourd'hui, peu de vestiges de cette ville antique sont encore visibles en surface dans le paysage parisien, hormis les arènes (secteur de la rue Monge) et les thermes intégrés dans le musée de Cluny. Ces deux constructions ont probablement été bâties à partir de la fin du Ier siècle, au moment du déploiement urbanistique de Lutèce, alors vouée à une activité commerciale d'autant plus prospère que la *pax romana* permettait de moins se préoccuper de questions militaires. Ce moment correspond donc à celui de l'adoption progressive des coutumes romaines par le monde gaulois et, à ce titre, les thermes monumentaux offrent un exemple parmi d'autres de la marque de Rome sur la cité. Le pilier des Nautes, commandé sous le règne de Tibère, témoigne pour sa part du syncrétisme progressif dans les domaines religieux et artistique. Dès le IIIe siècle, sous la menace des incursions de peuples « barbares », la ville – dont la population était déjà en grande part christianisée – fut peu à peu réduite à un espace fortifié sur l'île de la Cité.

Loin d'être seulement un moment de troubles politiques synonymes de déclin, l'Antiquité tardive – l'expression renvoie aux derniers siècles de l'Empire romain – puis le début du Moyen Âge furent deux périodes d'une grande richesse due au mélange d'influences religieuses, philosophiques et artistiques. Au contact de l'héritage antique, la virtuosité des artisans de peuples non romanisés s'exprima particulièrement dans le domaine de l'orfèvrerie, comme en témoignent plusieurs parures des collections du musée de Cluny.

Ci-contre : détail du n° 19

Collections antiques

Le musée de Cluny comporte dans ses collections plusieurs œuvres créées à des époques antérieures à la période médiévale : pièces d'orfèvrerie protohistoriques (torques et bracelets en or, mais aussi lingots et monnaies arvernes), œuvres romaines ou encore exemples de créations gallo-romaines.

Dans la vaste salle du *frigidarium*, le visiteur découvre d'insignes témoignages de la romanisation de la cité des Parisii, dont le célèbre pilier des Nautes (**n° 2**), rare exemple du syncrétisme religieux qui vit le jour à Lutèce au Ier siècle de notre ère. Restauré entre 1999 et 2003, il est présenté en face d'un autre pilier important de l'histoire archéologique de Lutèce, lui aussi mis au jour dans l'île de la Cité : le pilier de Saint-Landry (**n° 3**). Ces sculptures comptent parmi les rares œuvres du musée dont la localisation n'a pas changé depuis sa fondation. D'autres pièces exposées dans le *frigidarium* se rattachent au contexte chronologique de la longue période impériale romaine.

Par ailleurs, le musée conserve un rare ensemble de grands ivoires du haut Moyen Âge. Le feuillet de diptyque des Symmaque et des Nicomaque (**n° 5**), par exemple, illustre l'intérêt pour les œuvres antiques dans le monde médiéval. D'autres œuvres antiques sont composées de matériaux précieux : bijoux celtiques en or, fibules romaines émaillées ou encore mystérieuses têtes de lion en cristal (**n° 6**) réputées provenir de Trèves.

Ce noyau antique des collections du musée de Cluny est remarquable par la beauté et l'importance des œuvres qui le constituent ; il permet au visiteur de contempler certaines sources qui ont inspiré les artistes du Moyen Âge, tout en donnant à voir de précieux exemples des objets mobiliers que connurent les usagers des thermes antiques.

1 | Trésor gaulois : collier, quatre bracelets, deux anneaux et deux lingots

Bretagne, âge du bronze,
IIe millénaire avant notre ère
Or
Poids de 8,9 g à 185,4 g
Mis au jour à Saint-Marc-le-Blanc (Ille-et-Vilaine) en 1854. Acquis en 1857.
Cl. 2629 à Cl. 2637

Découvert fortuitement en 1854, le trésor de Saint-Marc-le-Blanc était, à l'origine, constitué de dix-neuf éléments en or réunis dans des vases ; il n'en reste aujourd'hui que ces neuf objets de facture exceptionnelle. L'assemblage de bijoux en apparence hétérogènes et la présence de deux lingots suggèrent que ce trésor correspond à une cache d'orfèvre. Des analogies peuvent être établies avec plusieurs trésors découverts dans les îles du monde celtique et datés du milieu ou de la fin de l'âge du bronze.

2 | Pilier des Nautes

Île-de-France, Ier siècle de notre ère
Calcaire
H. 109 ; L. 79 ; l. 79 (Cl. 18602) – H. 47 ; L. 75 ; l. 74 (Cl. 18603) – H. 47 ; L. 75 ; l. 74 (Cl. 18604) – H. 45 ; L. 92 ; l. 91 (Cl. 18605)
Dépôt de l'École des beaux-arts, 1844.
Cl. 1461 et Cl. 18602 à Cl. 18605

Ces blocs, qui appartenaient à un pilier votif, ont été découverts en 1711 sous le chœur de la cathédrale Notre-Dame. L'inscription sur l'un d'eux (Cl. 18603) indique qu'il s'agissait d'un pilier dédié à Jupiter par les nautes de Paris, sous Tibère (14-37). Ce contexte de création lui confère un caractère exceptionnel, de même que son décor sculpté, exemple de la fusion entre deux cultures puisqu'il présente simultanément des divinités des panthéons celtique (Esus, Tarvos Trigaranus, Cernunnos, Smertios) et romain (Jupiter, Vulcain, Castor et Pollux).

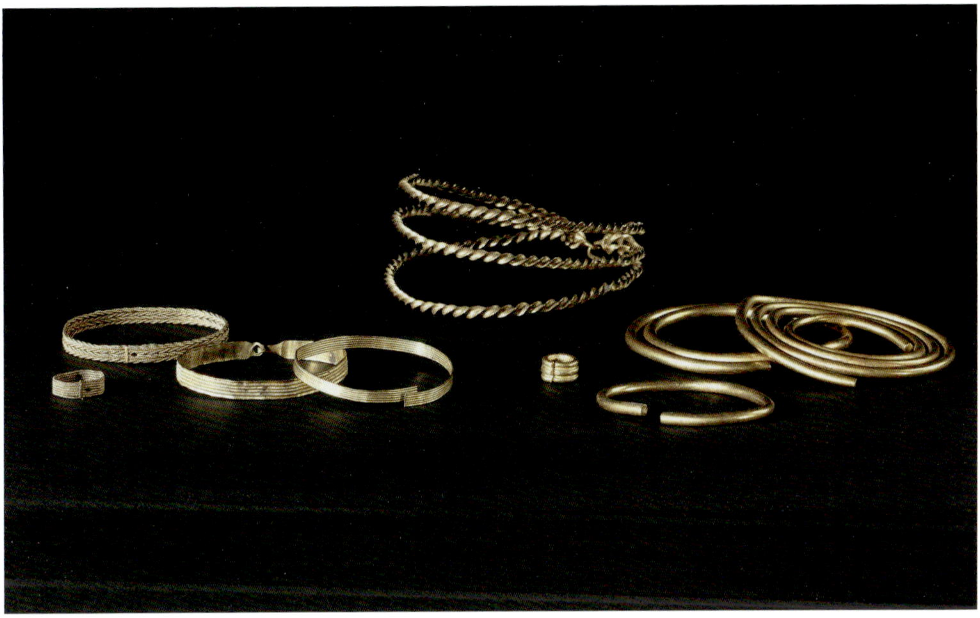

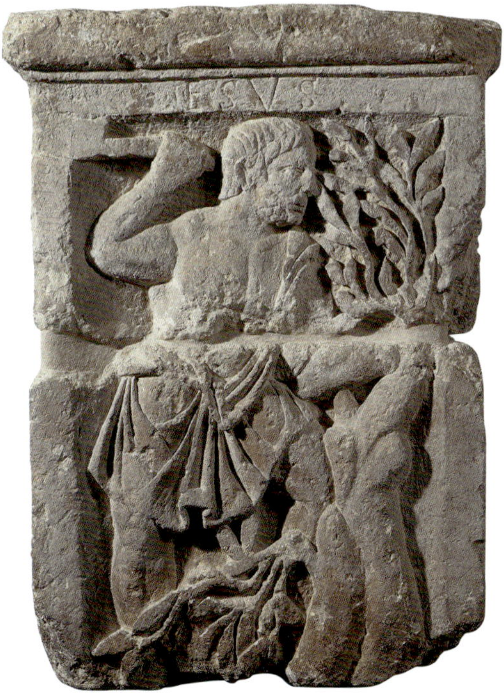

Esus

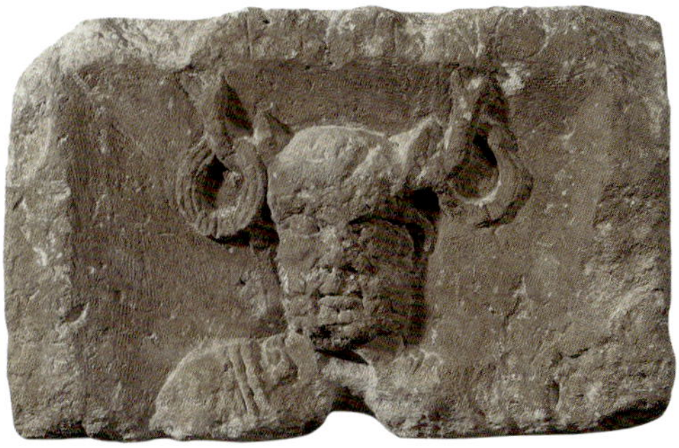

Cernunnos

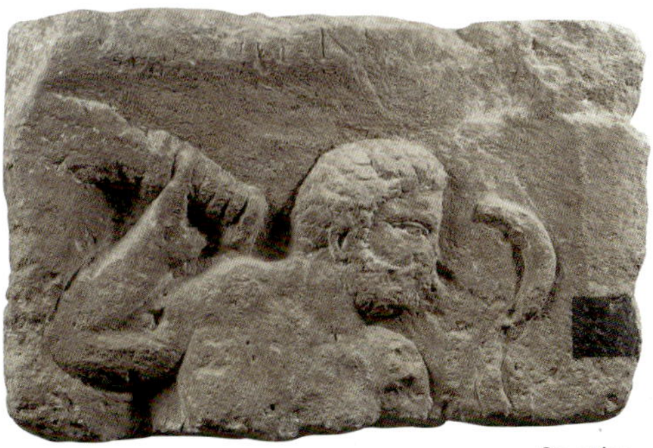

Smertios

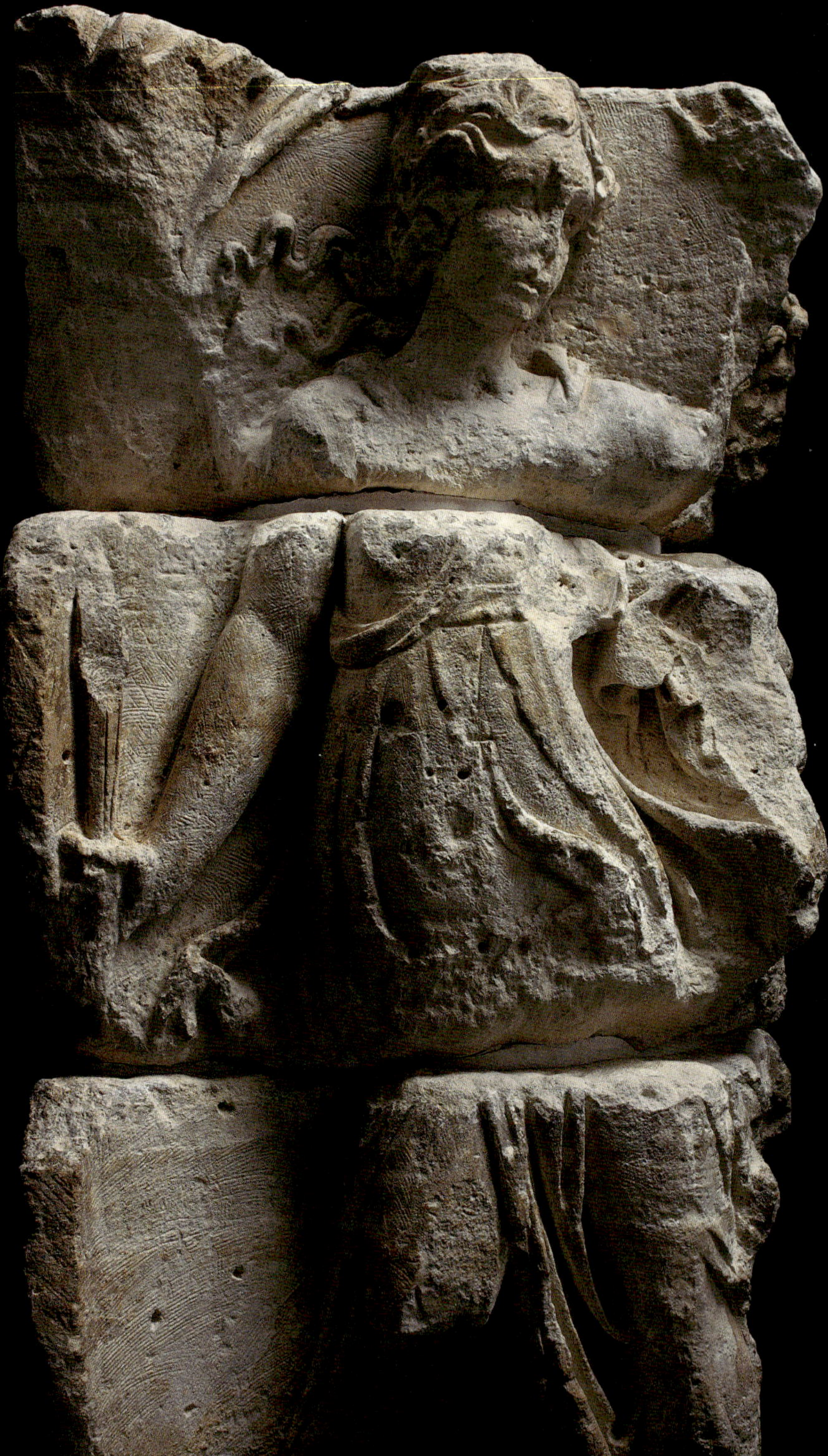

3 | Pilier de Saint-Landry

Île-de-France, première moitié du IIe siècle
Calcaire
H. 102 ; L. 60 ; l. 59 (Cl. 18606) – H. 34 ; L. 60 ; l. 60 (Cl. 18608)
Découvert en 1829 à Paris dans l'île de la Cité, lors de la destruction de l'église Saint-Landry.
Fonds Du Sommerard.
Cl. 612, Cl. 18606 et Cl. 18608

Sur ces fragments, qui appartenaient à un pilier votif, plusieurs divinités romaines sont identifiables, tels Mars ou Vulcain ; le caractère incomplet de l'œuvre en rend cependant l'interprétation difficile. Les figures sculptées complètes, en revanche, donnent à voir la très belle qualité de la sculpture gallo-romaine du IIe siècle de notre ère, nourrie de l'influence classique imprimée par l'Empire sous les règnes de Trajan et d'Hadrien.

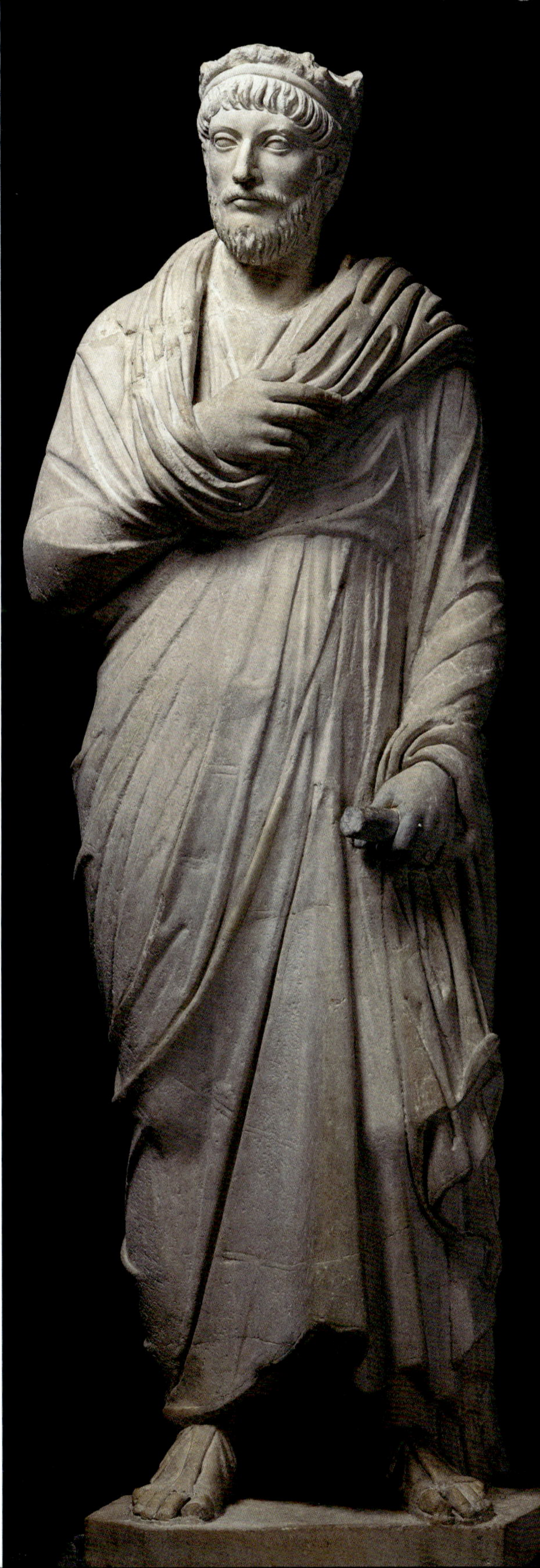

4 | Prêtre de Sérapis, dit Julien l'Apostat

Empire romain, IIe siècle
Marbre
H. 180 ; l. 62
Acquis en 1859.
Cl. 18830

On a longtemps, après comparaison avec son effigie monétaire, considéré ce portrait d'homme en prêtre païen comme celui de Julien l'Apostat. Connu pour avoir revendiqué ses croyances païennes et renoncé à se raser la barbe quand il devint empereur (361), Julien l'Apostat était un lettré, ce qui expliquerait le genre choisi par le sculpteur (un portrait de philosophe, vêtu de la toge et du *pallium*, portant un *volumen*) et illustrerait l'influence classique subie par certains ateliers romains du IVe siècle. Plus récemment, les historiens de l'art ont rattaché l'œuvre, en dépit de sa facture assez médiocre, au règne de l'empereur Hadrien (IIe siècle).

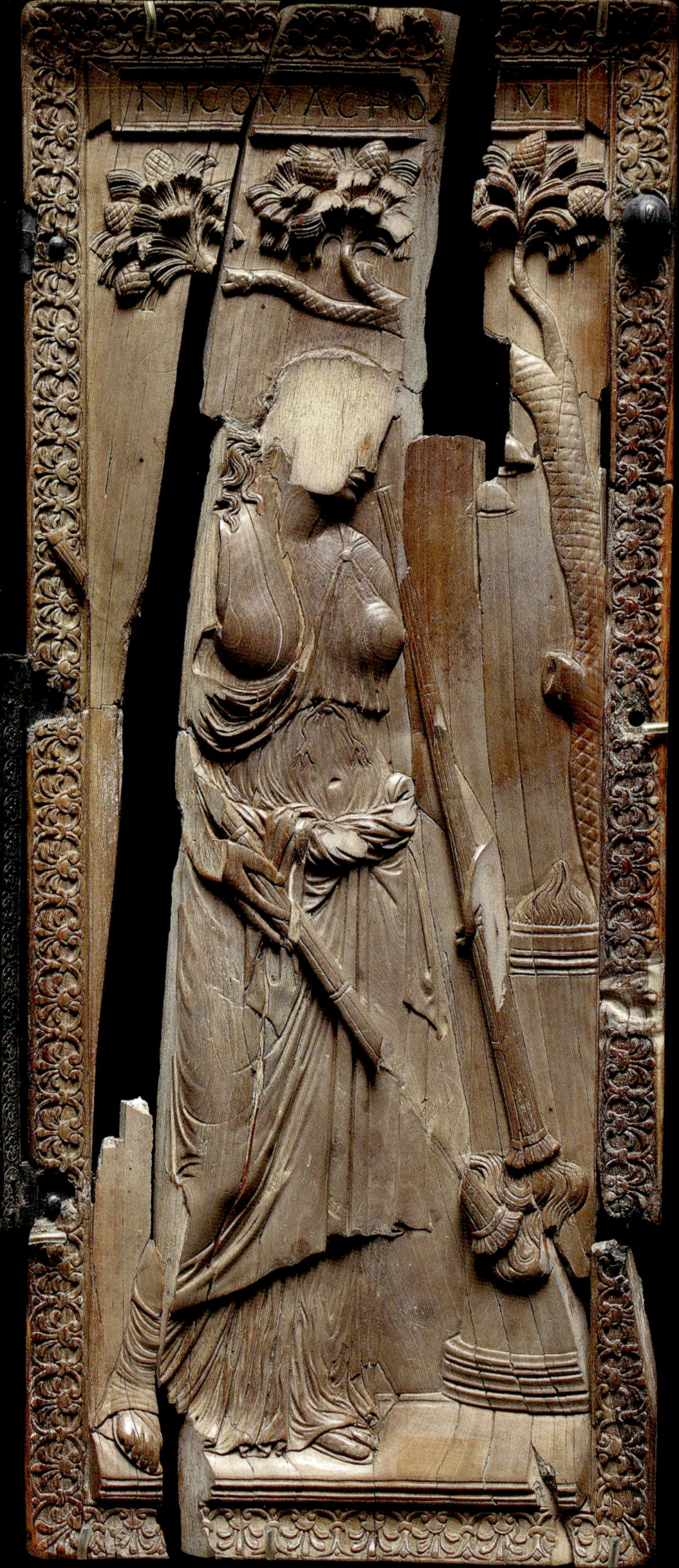
NICOMACHO
M

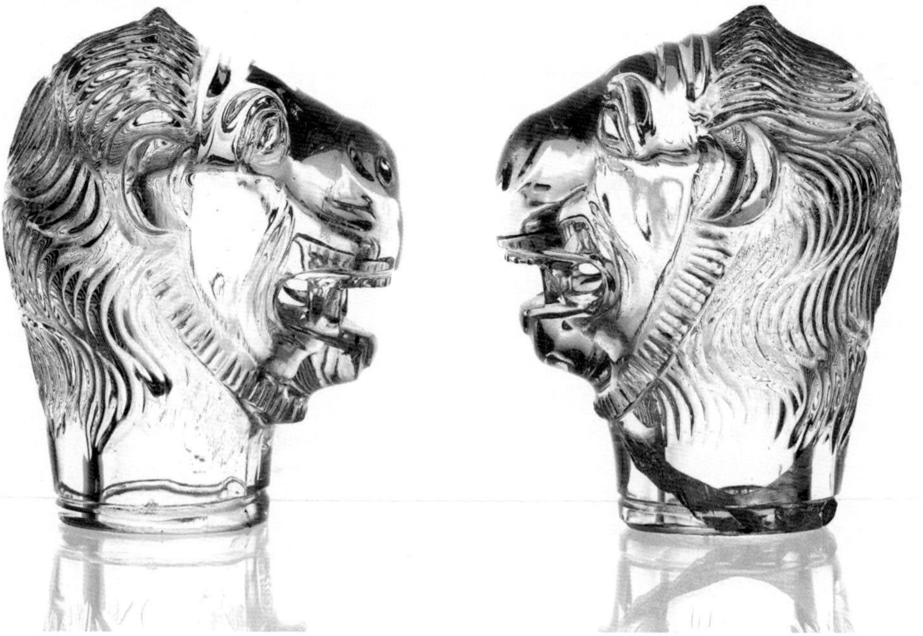

5 | Feuillet de diptyque

Rome, vers 400
Ivoire d'éléphant
H. 29,9 ; l. 12,4
Provient de l'abbaye de Montier-en-Der (Haute-Marne), où il était remonté sur le reliquaire du saint fondateur.
Acquis en 1862.
Cl. 17048

La scène représente une prêtresse de Cérès s'apprêtant à raviver, de la torche qu'elle porte, une flamme sur l'autel d'un sanctuaire dédié à Cybèle, comme le suggère la présence d'un pin à l'arrière-plan (allusion au pin sacré transporté lors des rites rendus à la divinité phrygienne). En haut du cadre, une tablette rectangulaire ornée de queues d'aronde (*tabula ansata*) porte une inscription désignant la famille romaine des Nicomaque. L'autre feuillet de ce diptyque, conservé à Londres au Victoria and Albert Museum, porte le nom des Symmaque, ce qui permet de supposer que le diptyque était destiné à célébrer un mariage entre des membres de ces lignées.

6 | Têtes de lion

Empire romain, IVe-Ve siècle
Cristal de roche
H. env. 12 ; l. env. 9 ; Pr. env. 10
Fonds Du Sommerard.
Cl. 615 et Cl. 616

L'origine exacte de cette paire de lions, qui appartient au très petit ensemble d'œuvres romaines taillées dans du cristal de roche, reste mystérieuse. Réputée provenir d'une tombe excavée de la vallée du Rhin dans laquelle aurait également été découvert l'ivoire byzantin figurant Ariane (**n° 19**), elle révèle en fait, tout comme l'ivoire, un état de conservation peu compatible avec un enfouissement. Son destin nous étant inconnu, il est malaisé d'en proposer une identification exacte, mais l'hypothèse qu'il s'agit de deux éléments mobiliers du décor d'un trône impérial ou consulaire est séduisante.

L'art copte

Dérivé du mot grec *aiguptos* («égyptien»), le terme «copte» désigne toutes les facettes socioculturelles de la civilisation chrétienne d'Égypte, depuis la naissance officielle du christianisme (édit de Théodose, 383) jusqu'à nos jours. En histoire de l'art, il est convenu d'appliquer ce terme aux œuvres créées entre le IIIe et le XIIe siècle qui montrent une cohérence artistique dépassant les limites de la chronologie politique, notamment celle de la conquête arabe de 641.

Si l'art copte s'exprime à travers nombre de techniques, c'est par les tissus qu'il est le plus connu hors d'Égypte. Héritiers directs de ceux des époques lagide (322-30 avant notre ère) et romaine, les artistes égyptiens puisèrent largement dans le répertoire mythologique gréco-romain, mais nombre d'œuvres présentent également des motifs chrétiens.

Découverts dans des nécropoles chrétiennes – principalement Antinoé, Akhmîm et Fûstat –, ces tissus sont en général des fragments de vêtements de défunts, malheureusement découpés en «tableaux» pour enrichir de nombreux musées. Le faible niveau de documentation des fouilles du XIXe siècle jette en outre un flou hélas définitif sur les provenances et sur les datations des tombes.

Lors de l'Exposition universelle de Paris au printemps 1900, le public put apprécier une exposition de textiles coptes découverts par Albert Gayet. Cette manifestation inaugurait une tendance copte dans la mode parisienne et reflétait l'intérêt croissant porté à cette civilisation, longtemps négligée au profit de l'Égypte pharaonique.

Le musée de Cluny, qui avait acheté des étoffes coptes dès 1894, poursuivit cette politique d'enrichissement avec, en 1905, un dépôt par l'État de tissus mis au jour par Gayet, puis en 1948, le legs Marcel Guérin, et en 1961 le legs Claudius Côte qui permit l'entrée dans les collections du médaillon de la Toison d'or (**n° 7**).

Aujourd'hui, les tissus coptes enrichissent le fonds du musée d'éléments orientaux, tout en y occupant une place qui fait écho aux autres collections, entre Antiquité et Moyen Âge, entre paganisme et christianisme.

7 | Jason et Médée

Égypte copte, fin du IVe ou début du Ve siècle
Tapisserie en lin polychrome
D. env. 7
Legs Cl. Côte, 1961.
Cl 22813

Cet *orbiculus* présente, sur un fond rouge, une scène de la quête de la Toison d'or par les Argonautes. Médée la magicienne, fille du roi de Colchide, tend une coupe au serpent gardant la Toison dans le bois d'Arès, afin de l'endormir et de permettre à Jason de saisir cette précieuse Toison, ici figurée sous les traits d'un agneau. Unique par son thème dans le corpus des tissus coptes, ce médaillon témoigne tout particulièrement de l'érudition classique de certains artistes.

8 | Résille de *sprang* ou autre textile

Égypte copte, Ve siècle
Lin écru et laine bleue
H. 32 ; l. 70
Provient peut-être d'Antinoë.
Dépôt de l'État, 1905.
Cl 17576

La technique du *sprang* consiste en un système de croisement d'une chaîne fixée à ses deux extrémités. Les artisans coptes la mirent en œuvre avec virtuosité pour confectionner des accessoires de costume ou de coiffure. Cette résille de *sprang*, par exemple, était destinée à couvrir la chevelure selon un système attesté dans le monde antique par les représentations sur les sculptures et vases grecs ou sur les peintures romaines, comme le célèbre portrait de femme à la tablette et au stylet, dite *Sappho* (Pompéi).

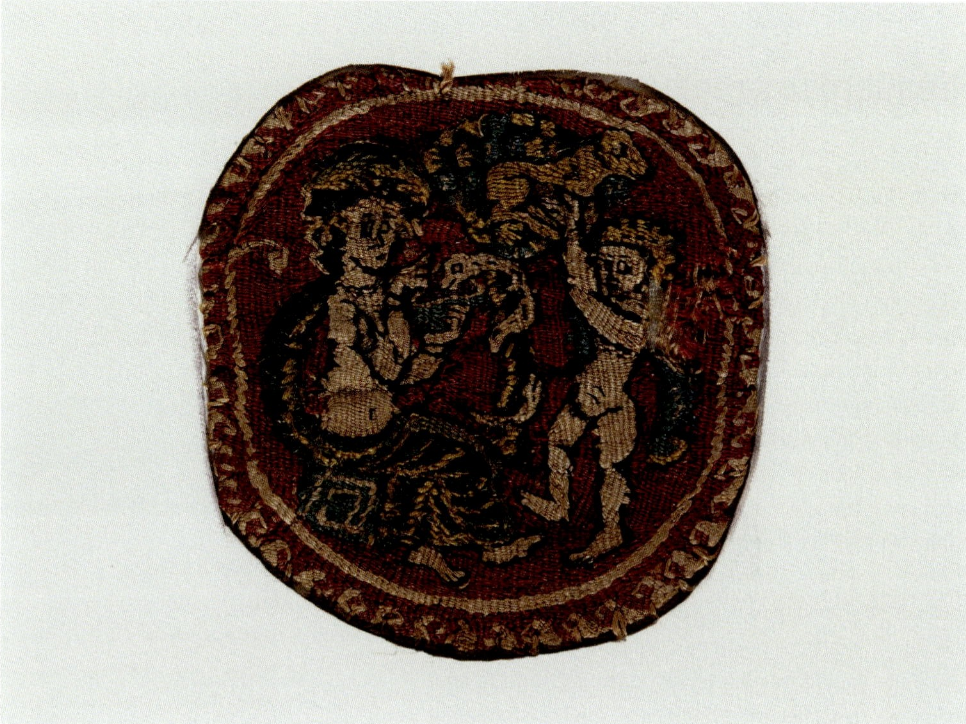

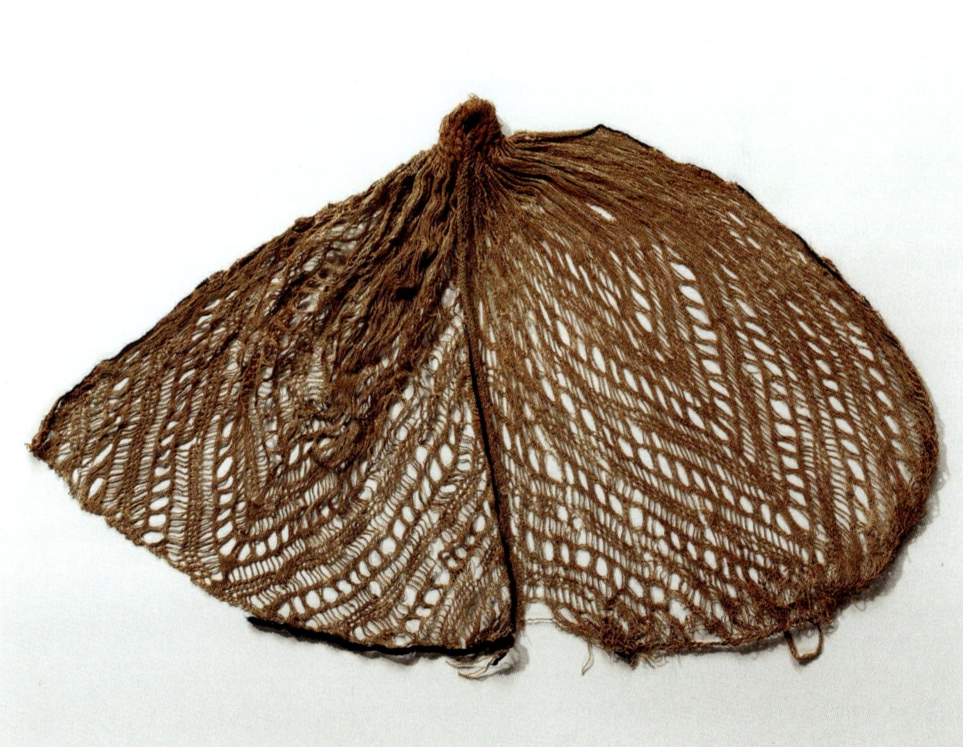

Premiers royaumes d'Occident

Dès le IIIe siècle, puis plus fréquemment aux IVe et Ve siècles, les incursions hostiles au-delà de la frontière de l'empire (le *limes*) de guerriers perçus par Rome comme « barbares » traduisirent des poussées vers l'ouest de peuples eux-mêmes bousculés par la migration des Huns. Ce mouvement vers l'Occident permit aux Saxons de rejoindre la Bretagne (actuelle Angleterre), aux Francs de s'implanter en Gaule, aux Wisigoths, Suèves et Vandales de descendre dans la péninsule Ibérique – et de là, pour ces derniers, en Afrique du Nord –, aux Goths d'entrer dans Rome. Ainsi le monde antique, loin de connaître une extinction subite en 476, fut-il progressivement bouleversé par ces contacts avec des civilisations extérieures tout en exerçant sur elles des influences, dont la conversion progressive au christianisme ne fut pas la moindre.

L'héritage gaulois sembla revivre dans les apports nouveaux des dynasties mérovingiennes, qui transformèrent les coutumes gallo-romaines sans en réduire l'importance, notamment dans le domaine de la construction monumentale. Le cimetière mérovingien de Saint-Gervais à Paris, par exemple, coïncidait avec une nécropole antique.

Les arts du métal occupèrent une place particulière dans les échanges artistiques entre ces peuples. Ainsi, il est probable que dès leur arrivée dans la péninsule Ibérique au milieu du Ve siècle, les Wisigoths ont été accompagnés d'orfèvres originaires des régions du pourtour de la mer Noire, comme le Pont ou la Thrace. Leur conversion au christianisme dut renforcer les liens avec les chrétiens du bassin méditerranéen et motiver la création d'œuvres pour les églises. Dans ce cadre, l'offrande de couronnes votives sur le modèle de la tradition byzantine apparaît comme un phénomène exemplaire du syncrétisme entre les traditions artistiques « barbares », lombarde ou wisigothique par exemple, et les pratiques du monde chrétien (**n° 15**). Renversant les royaumes des Hérules et des Gépides au début du VIe siècle, les Lombards s'implantèrent en Italie et en Dacie pour fonder un royaume dont la richesse artistique fut également nourrie à la source romaine.

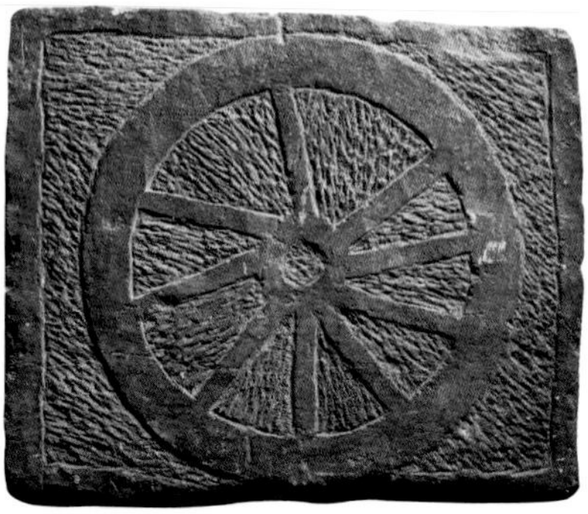

9 | Cuve de sarcophage trapézoïdal

Nord-est de la Gaule, VIIe siècle
Calcaire
H. 57 ; L. max. 227 ; l. max. 75
Eglise Saint-Séverin (Paris, 5e arrondissement). Acquise en 1856.
Cl. 2582 (réinventorié Cl. 18809)

Cette cuve monolithe est remarquable par son décor apporté en méplat sur fond strié. A la tête est sculptée une rouelle (motif récurrent dans l'art du premier Moyen Âge) et le décor de pied présente des zigzags. Sur les côtés des arcatures tombant sur architraves présentent, dans leurs parties inférieures, des croix de Saint-André (motif également fréquent sur les sarcophages mérovingiens) ou des figures géométriques triangulaires. L'analyse du calcaire a permis de proposer une facture bourguignonne ou champenoise pour ce sarcophage, issu d'une nécropole parisienne située à l'ouest de l'église Saint-Séverin.

10 | Saint Paul

Gaule (vallée de la Meuse)
ou Constantinople, fin VIe ou VIIe siècle
Ivoire d'éléphant
H. 33 ; l. 13,4
Provient de Metz (Moselle). Acquis en 1893.
Cl. 13074

Devant une arcature aux colonnes torsadées, aux chapiteaux corinthiens et au tympan orné d'une coquille, un apôtre barbu est représenté conventionnellement debout, en toge recouverte d'un manteau, les pieds nus dans des sandales. Il tient un livre fermé dont la reliure est ornée d'une croix et fait un geste de bénédiction. L'inscription gravée sur la *tabula ansata* précise qu'il s'agit de saint Paul. L'origine de l'œuvre est discutée : elle pourrait provenir de Constantinople, mais on peut également la rapprocher d'un groupe d'ivoires orientalisants exécutés en Gaule, peut-être dans le secteur mosan. La provenance messine de cette plaque et sa ressemblance avec les plaques de saint Paul du trésor de Tongres et de saint Pierre des musées royaux de Bruxelles semblent conforter cette seconde hypothèse.

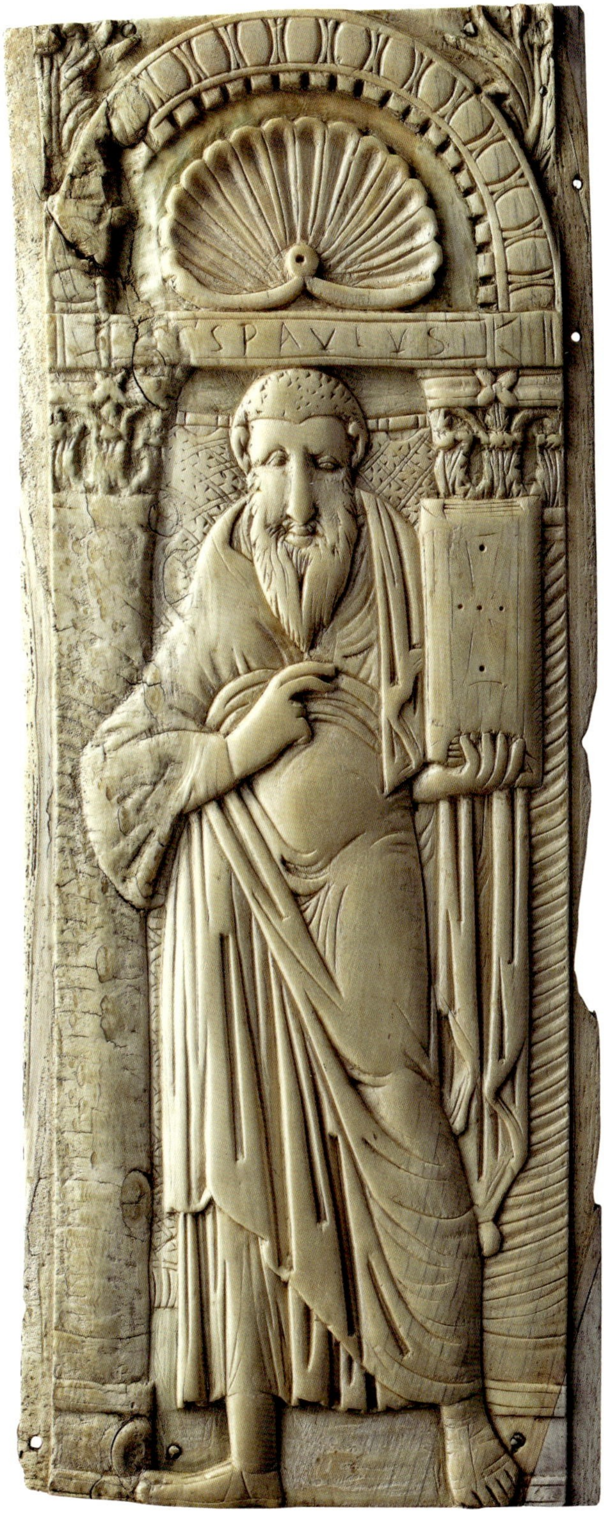

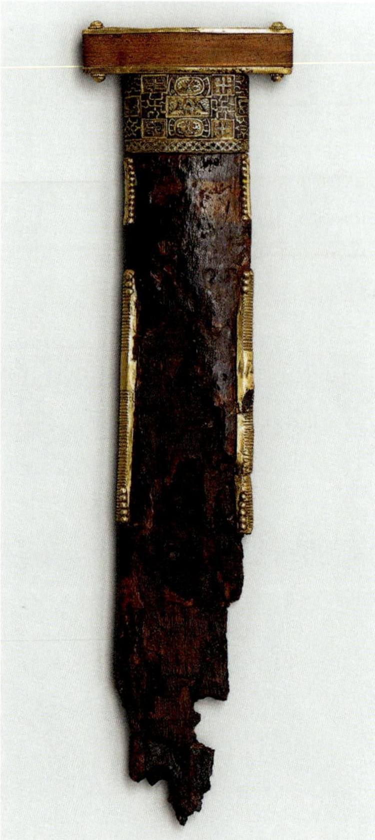

11 | Fragment d'épée et fourreau

France, VIe ou VIIe siècle
Bois, cuivre, or, nielle, acier, bois
L. max. 30 ; l. max. 8
Proviennent de Villeneuve-la-Garenne (Seine-Saint-Denis). Acquis en 1864.
Cl. 7957

Découvert lors d'un dragage de la Seine, ce fragment d'épée d'apparat mérovingienne se compose d'une lame damassée et d'une garde ornée de plaques d'or. Le fourreau en bois est orné sur sa longueur d'une gouttière en or et, à son extrémité supérieure (« chape d'entrée »), d'une plaque de cuivre à décor de damier, incrustée de plaquettes en or ciselées et niellées. Ces éléments offrent une riche combinaison de motifs caractéristiques de l'orfèvrerie mérovingienne : entrelacs, figures serpentiformes, dragons, griffons ou encore svastikas.

12 | Fibule (d'une paire) ansée dissymétrique

Gaule, VIe siècle
Argent niellé
H. max. 8 ; l. max. 4,8
Proviennent du secteur de la caserne Napoléon (Paris, IVe arrondissement), probable emplacement du cimetière mérovingien de Saint-Gervais. Acquises en 1852.
Cl. 2150 et Cl. 2151

Éléments de parure de vêtements féminins, ces fibules à têtes semi-circulaires, rythmées de cinq digitations, sont caractéristiques de techniques d'orfèvrerie qui semblent avoir été particulièrement développées dans la région rhénane et dans le nord-est de la Gaule, mais dont des exemplaires ont été retrouvés sur un large territoire européen.

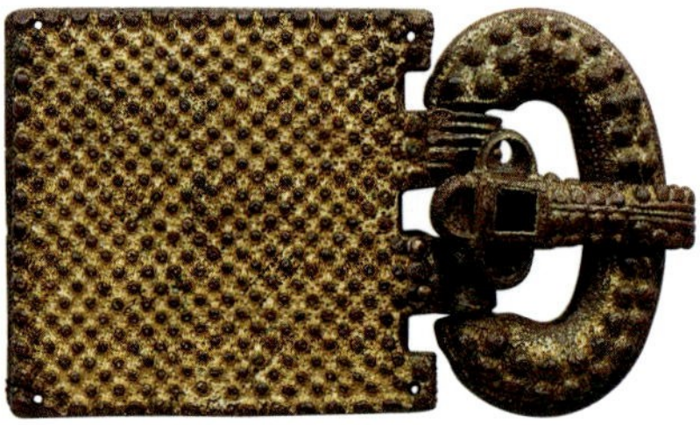

13 | Plaque-boucle de ceinture et paire de fibules aquiliformes

Royaume wisigothique, VIe siècle
Bronze et pâte de verre (fibules), bronze et grenat (plaque-boucle)
H. max. 13,5 ; l. max. 6,7 ; Ép. 2,7 (fibules) – H. 7,1 ; l. 12,3 (plaque-boucle)
Proviennent de Castelsagrat (Tarn-et-Garonne). Acquises en 1863.
Cl. 3478 (plaque-boucle) ; Cl. 3479 et Cl. 3480 (fibules)

Ces bijoux, découverts fortuitement en 1862, proviennent sans doute de la même sépulture. Le décor compartimenté des fibules tout comme le traitement de bossettes de la surface de la plaque-boucle sont caractéristiques des productions d'orfèvrerie wisigothique dès le VIe siècle. Le site de découverte de cet ensemble, à proximité immédiate de la péninsule Ibérique et de la Septimanie, suggère une présence wisigothique dans cette aire, bien que la possession de bijoux wisigothiques ne constitue en rien une preuve d'appartenance à ce peuple.

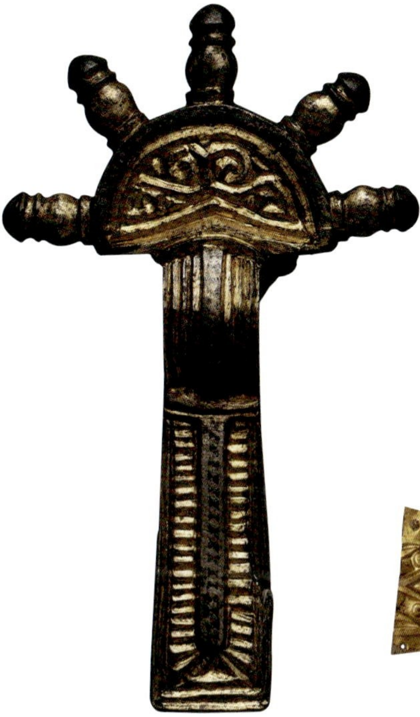

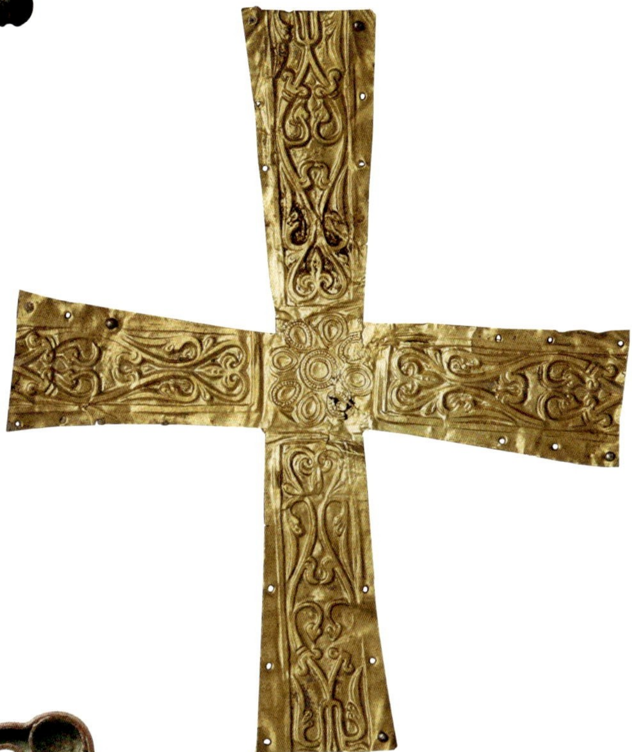

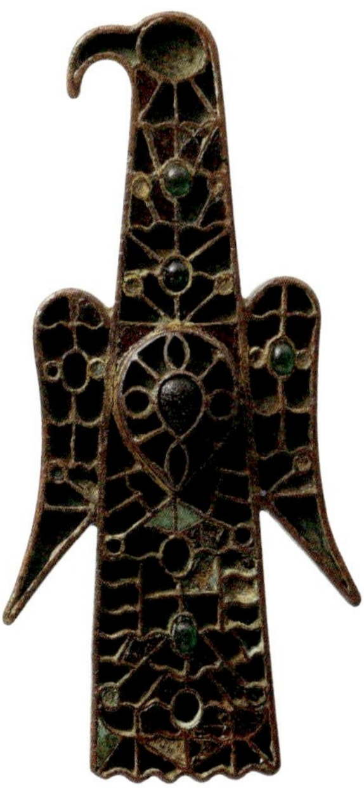

14 | Croix pectorale

Lombardie, fin du VIe ou VIIe siècle
Or
H. 12,8 ; l. 10,9
Legs F.-A. Wasset, 1906.
Cl. 14964

Cette croix découpée dans une feuille d'or, martelée puis estampée d'un décor de motifs végétaux, fut probablement découverte sur un site funéraire et appartient sans conteste à une série de croix exhumées en Italie du Nord, en Suisse et dans le sud de l'Allemagne, c'est-à-dire dans une zone géographique qui fut sous la domination lombarde à partir du VIe siècle. On sait, par comparaison avec les modes byzantines notamment, que les croix de ce type étaient cousues sur un vêtement au moment de la mise au tombeau, ou du vivant de la personne.

15 | Couronnes votives, croix, pendeloques et chaînes de suspension

Espagne wisigothique, VIIe siècle
Or, saphirs, émeraudes, améthystes, perles, cristaux de roche, nacre et jaspe
H. de 1,9 à 8,4 (pendeloques) – H. 18,5 ; l. 10,8 (croix) – H. de 17 à 67,3 ; D. de 11 à 16,8 (couronnes)
Proviennent de La Fuente de Guarrazar (Castille, Espagne). Acquis en 1864.
Cl. 2878 à Cl. 2885, Cl. 3211, Cl. 23215 à Cl. 23218

La mise au jour d'un ensemble d'orfèvrerie à Guarrazar, près de Tolède – par un Français ayant effectué des fouilles dans sa propriété entre 1858 et 1860 – constitue l'une des plus importantes découvertes archéologiques pour le monde ibérique médiéval. Composé de vingt-six couronnes à l'origine, le trésor n'en compte plus aujourd'hui que dix, conservées intégralement ou par éléments séparés : au Museo arqueológico et au Palacio Real de Madrid pour une part, au musée de Cluny pour trois couronnes, une croix et six éléments séparés. Ces couronnes furent créées dans un contexte votif ; des croix et pendeloques, symboles du pouvoir royal – probablement offerts à un ou plusieurs établissements religieux de Tolède – y étaient attachées. Sur deux couronnes, les pendeloques en forme de lettres révèlent le nom de deux donateurs, dont le roi wisigoth Receswinthe (l'initiale R est conservée au musée de Cluny) qui régna à Tolède, capitale du royaume, de 653 à 672. C'est là une donnée précieuse pour la datation de l'ensemble du trésor, mais aussi une information capitale sur le contexte de l'utilisation première de l'œuvre. C'est sans doute en 711, date de l'invasion de l'Espagne par les troupes arabo-berbères, que fut hâtivement enfoui ce trésor ; il constitue désormais un insigne témoignage de l'art issu des grandes migrations de la fin de l'Antiquité.

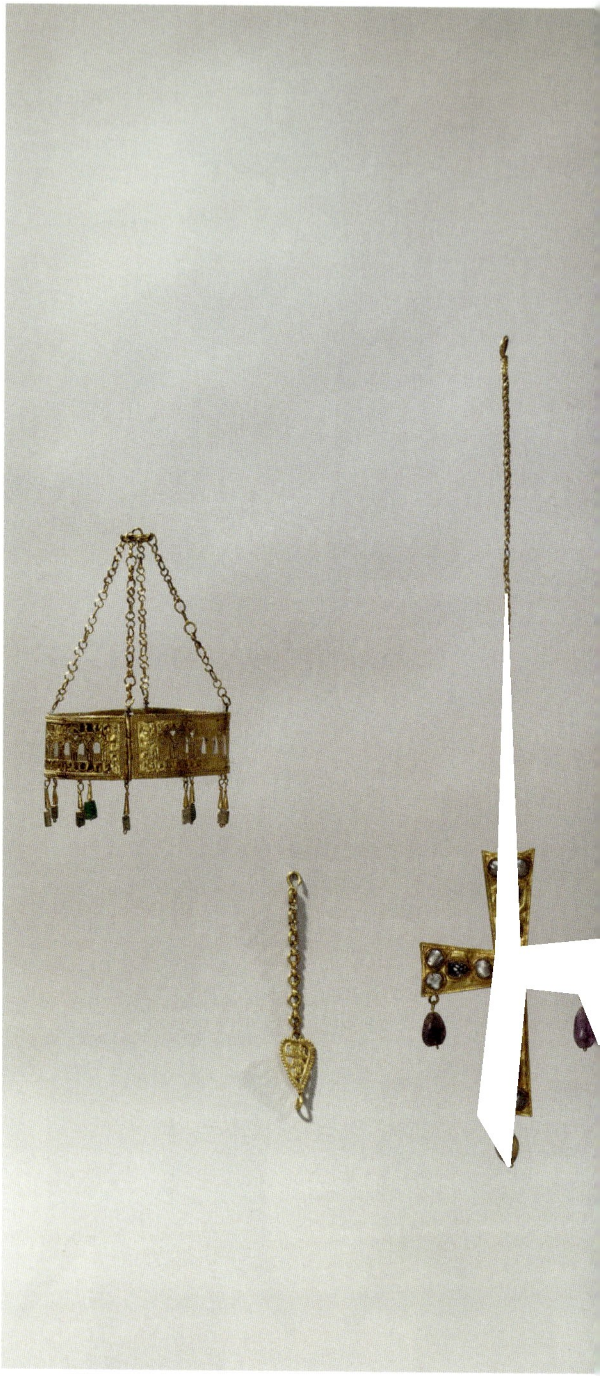

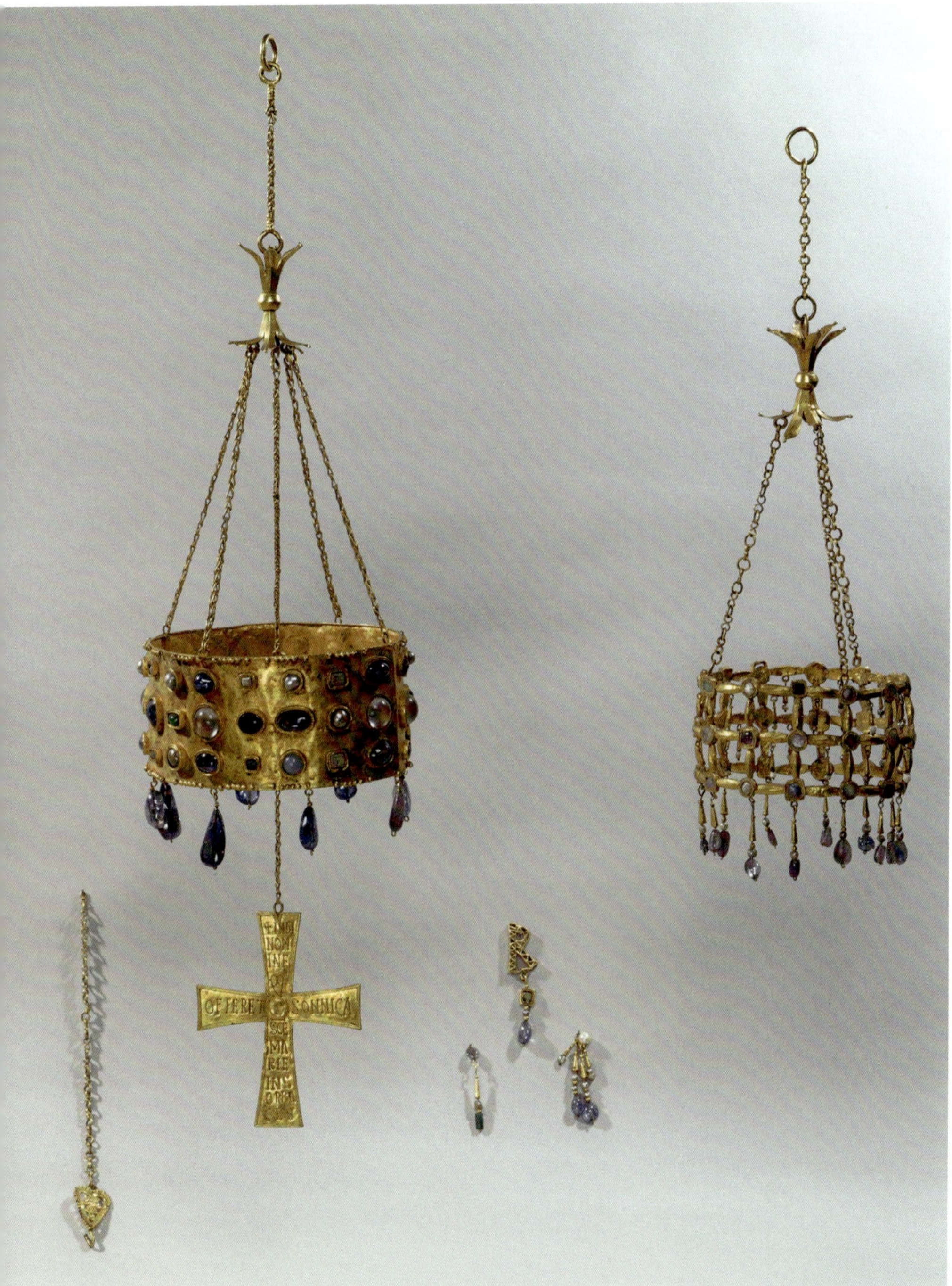

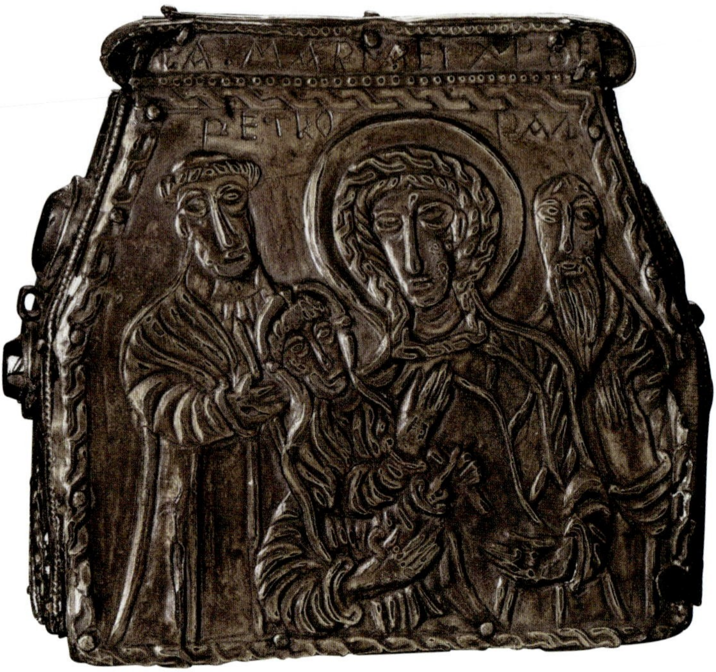

16 | Châsse-reliquaire

Europe occidentale, VIIe ou VIIIe siècle
Argent et cuivre dorés sur âme de bois
H. 8,2 ; L. 9,2 ; l. 2,9
Acquise en 1900.
Cl. 13968

En forme de petit édicule, cette châsse est recouverte de cuivre doré sur sa face arrière, d'une feuille d'argent au décor en repoussé sur sa face avant : on y voit la Vierge à l'Enfant entourée des apôtres Pierre et Paul. Les côtés de la châsse comportent des fleurons et des cabochons. Cette petite châsse appartient à un groupe très restreint de reliquaires métalliques produits au haut Moyen Âge et dont la provenance n'est pas toujours aisée à établir. On notera néanmoins ici la parenté frappante avec la châsse de Mortain (Manche), d'origine insulaire.

17 | Diptyque

Angleterre (?), VIIIe siècle (avers) ; Italie (?), Xe siècle (revers)
Ivoire d'éléphant
H. 34, 3 ; l. 10,7
Provient du trésor de la cathédrale de Beauvais.
Acquis en 1843.
Cl. 391 A et B

Ces deux plaques sont sculptées sur chaque face mais le remploi dont elles firent l'objet – visant sans doute à constituer des plaques de reliure – a entraîné un arasement de l'avers. On y devine toutefois des scènes de la vie du Christ – Baptême, Crucifixion, Ascension – traitées dans un style qui pourrait être insulaire. Le revers présente, dans un cadre de feuilles d'acanthe, un décor de rinceaux au sein duquel sont figurés des animaux exotiques ou fabuleux. Le lieu d'exécution de ce revers est discuté mais il est probable qu'il se situe au sud des Alpes.

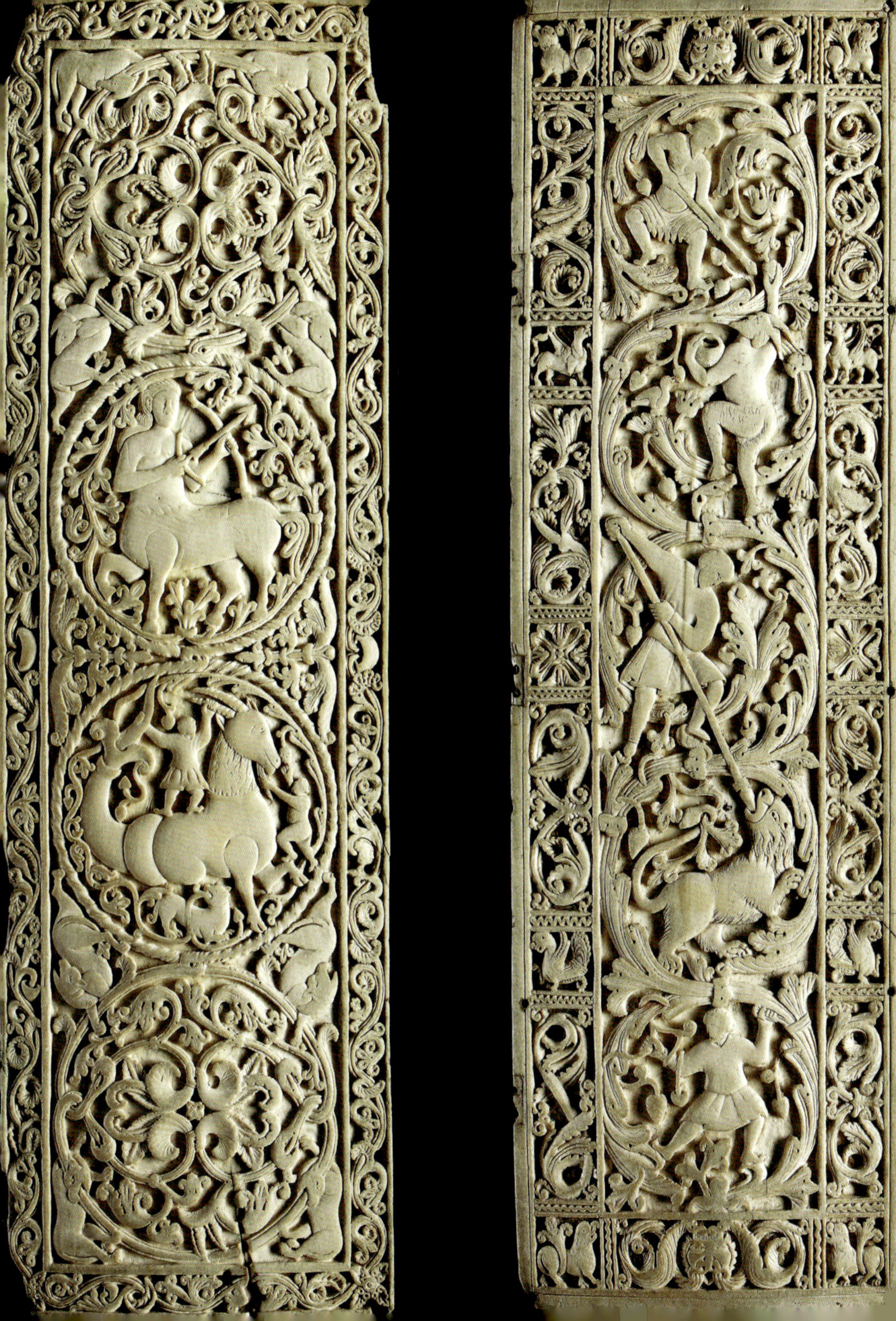

Byzance

En fondant la ville de Constantinople en 330 sur les rives du Bosphore, à la croisée de l'Occident et de l'Orient, l'empereur Constantin ouvrait plus d'un millénaire d'histoire de ce Moyen Âge grec, appelé aujourd'hui « période byzantine », du nom porté par la ville antique jusqu'à cette date.

Après un temps d'épanouissement jusqu'au milieu du VIIe siècle – sous le règne de Justinien (527-567) notamment –, Constantinople connut la menace de l'essor de l'islam sur le pourtour méditerranéen ainsi qu'une crise religieuse importante, l'iconoclasme (726-843).

Le retour d'une orthodoxie religieuse en 843 ouvrit une ère de splendeur politique et artistique qui trouva son terme en 1204, date du sac de Constantinople par les croisés. La dernière période de l'histoire byzantine – dite « des Paléologues » – s'acheva par la chute de l'empire, lorsque Constantinople fut soumise par les Turcs.

L'art byzantin a représenté pour le Moyen Âge occidental d'une part l'héritage direct des traditions littéraire, philosophique et artistique gréco-romaines, d'autre part un contact privilégié avec l'exotisme oriental.

Dès le IVe siècle, l'art du tissage de la soie se développa dans l'empire. La production et le port de ces soieries étaient un privilège de l'élite de cour. Cette dimension impériale, illustrée par des motifs comme l'aigle ou la victoire à l'hippodrome, explique sans doute que les tissus byzantins aient été privilégiés pour accompagner la mémoire carolingienne au Moyen Âge. À Aix-la-Chapelle, le corps de Charlemagne fut peut-être enveloppé dans un textile au motif de quadrige (**n° 20**) et le trésor comporte encore une représentation tissée d'éléphants. À Auxerre, la relique de saint Germain fut recouverte d'un tissu de soie à motif d'aigle, offrant aux pèlerins la vision des ors orientaux recouvrant l'un des premiers saints de l'Église.

L'ivoire, autre support privilégié des artistes byzantins, fut également diffusé dans les trésors religieux d'Occident, procurant aux sculpteurs une série de modèles. Quelques précieux témoignages de la splendeur des ivoires byzantins sont aujourd'hui conservés au musée de Cluny. Celui-ci possède également l'un des rares exemplaires de grandes croix byzantines en argent (**n° 21**).

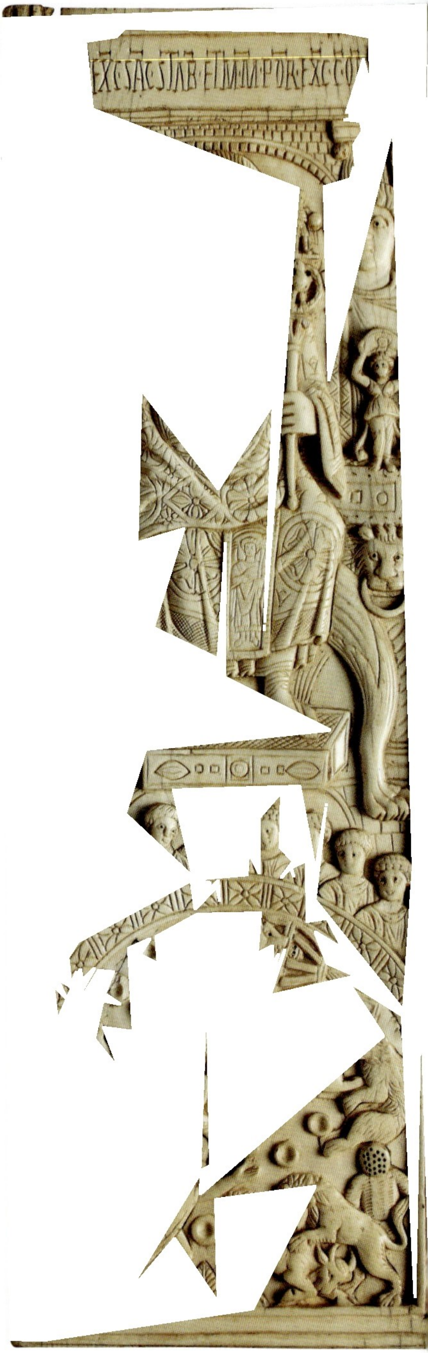

18 | Feuillet de diptyque : Areobindus

Constantinople, 506
Bas-relief sur ivoire d'éléphant
H. 39 ; l. 13,5
Acquis en 1894.
Cl. 13135

L'usage, adopté au IVe siècle par les consuls de Constantinople, de commander un diptyque de tablettes à écrire pour remercier les notables ayant soutenu leur candidature aux responsabilités consulaires entraîna un développement considérable du travail de l'ivoire à Constantinople. On connaît plusieurs exemplaires réalisés à l'occasion de l'élection d'Areobindus, en 506. Sous le cartouche à queues d'aronde (*tabula ansata*) désignant le consul et rappelant ses titres, ce dernier est représenté trônant, vêtu d'une tunique brodée. Il tient d'une main le sceptre, de l'autre la *mappa* qui lance les jeux du cirque. Ceux-ci, qui occupent la moitié inférieure du feuillet, donnent au sculpteur l'occasion de brillantes variations sur la représentation des jeux antiques.

19 | Ariane, ménade, satyre et amours

Constantinople, première moitié du VIe siècle
Haut-relief sur ivoire d'éléphant
H. 40 ; l. 13,8 ; Pr. 7,5
Fonds Du Sommerard.
Cl. 455

Réputée avoir été découverte dans une tombe de la vallée du Rhin avec une paire de têtes de lion en cristal (**n° 6**), cette sculpture – probable applique pour un élément mobilier – est l'un des plus beaux exemples connus du travail de l'ivoire à Constantinople. Sculptée en très haut relief, Ariane, flanquée d'une ménade, d'un satyre et de deux amours, tient une coupe et un thyrse. La densité de la composition, l'admirable rendu du corps dévoilé sous la draperie souple de la robe, la plénitude du visage de la déesse, confèrent à cette sculpture une beauté représentative de la subtile reprise des motifs antiques par les artistes byzantins. L'Ariane du musée de Cluny fut probablement créée dans le même atelier que le célèbre feuillet de diptyque impérial, dit « ivoire Barberini » (musée du Louvre).

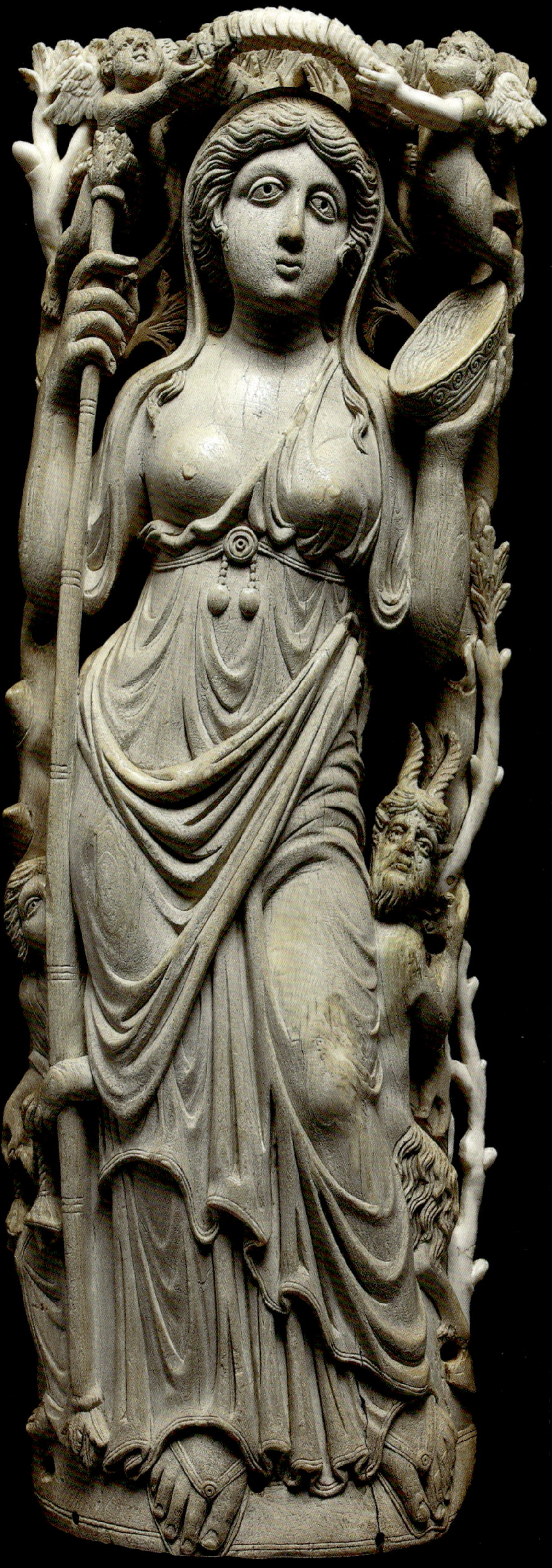

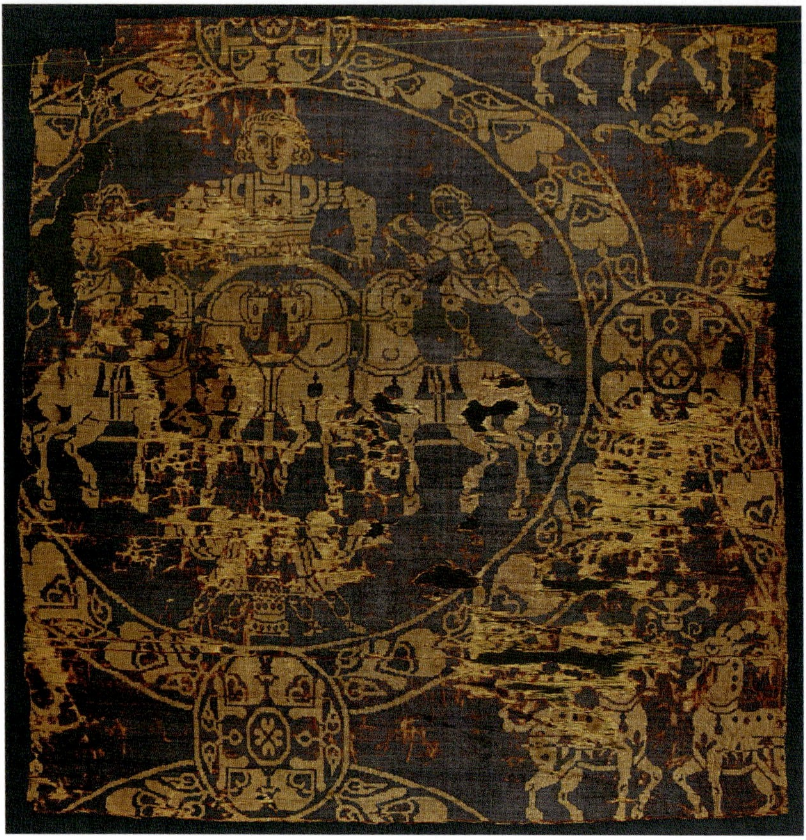

20 | Le Quadrige

Constantinople, VIIIe siècle
Samit de soie façonnée
H. 73 ; l. 72,5
Provient de la cathédrale d'Aix-la-Chapelle.
Dépôt du musée du Louvre, 1895.
Cl. 13289 (ML 371)

La constitution de trésors dans les églises fut l'un des faits artistiques majeurs du Moyen Âge occidental. Composés d'objets utiles à l'exercice du culte et d'un ensemble d'œuvres dont la vocation est plus purement décorative, ces trésors se caractérisent par leur recherche d'éclat, illustrée par l'orfèvrerie comme par les chatoyantes soieries orientales. Si rien n'a pu confirmer la légende selon laquelle cette soierie byzantine au motif antiquisant de quadrige ceint de la couronne de la victoire provient de la châsse de Charlemagne, sa présence dans le trésor carolingien d'Aix-la-Chapelle correspondrait parfaitement au programme artistique du nouvel empereur d'Occident.

21 | Croix

Constantinople, fin du XIe ou début du XIIe siècle
Argent partiellement doré et niellé sur âme de fer
H. 40 ; l. 39
Acquise en 1987.
Cl. 23295

La face de la croix présente des médaillons sculptés au repoussé où apparaît Marie au centre, encadrée par Jésus en haut, Jean-Baptiste en bas et deux archanges aux extrémités des bras de la croix. Au revers (ci-contre), des épisodes de la vie de Marie entourent la scène centrale où elle figure avec l'Enfant Jésus. Les métaux précieux qui les composent ayant occasionné vols et fontes, très peu de grandes croix de procession byzantines ont été conservées.

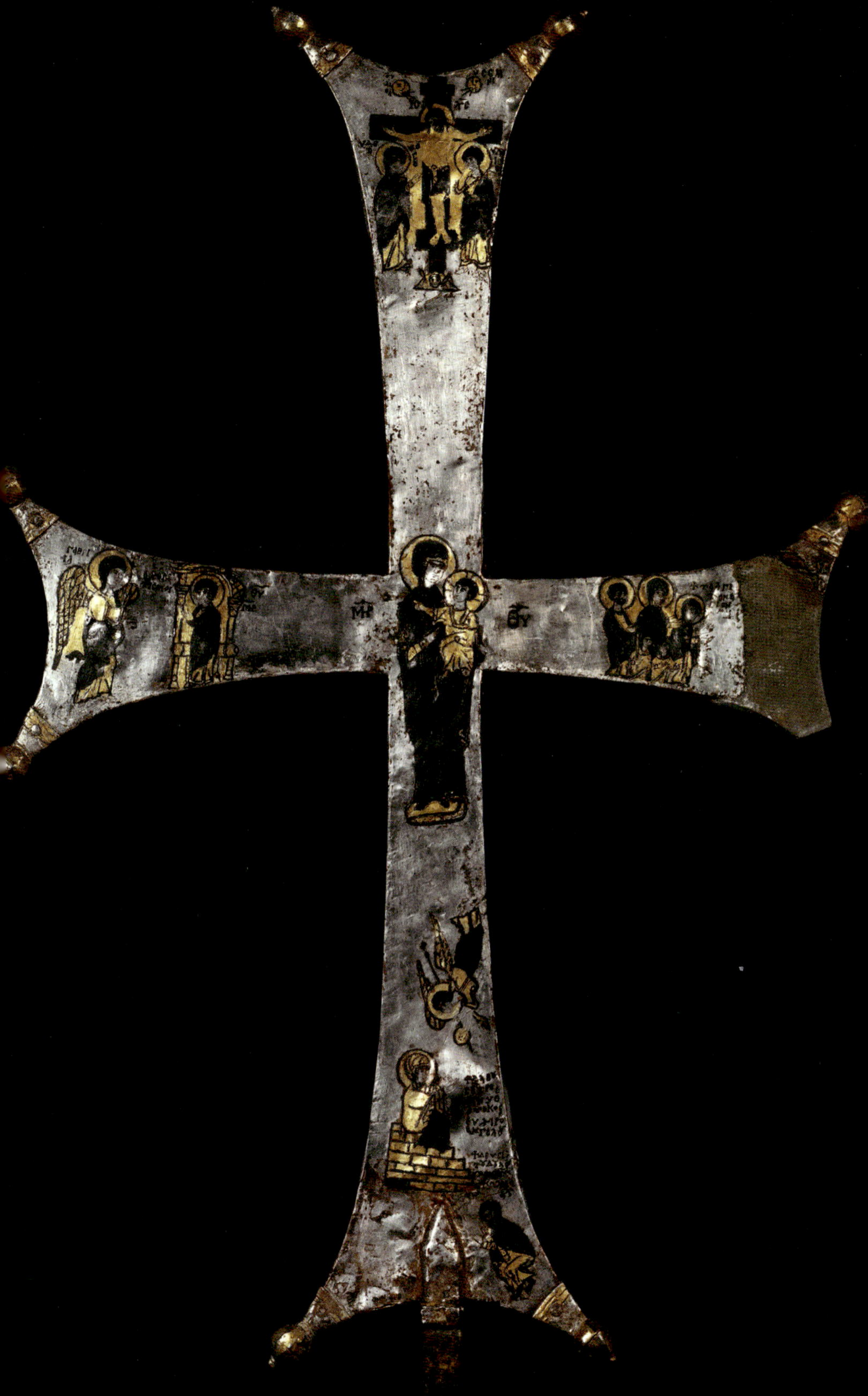

L'Empire autour de l'an mil

Le couronnement impérial du roi de Germanie Otton Ier à Rome le 2 février 962 marque la renaissance d'un empire dans la partie occidentale de l'Europe, un peu plus d'un siècle après la fin de l'Empire carolingien. Ce nouvel empire, aux mains de la dynastie ottonienne (936-1024), a beau être réduit aux pays germaniques et italiens, il n'en réactive pas moins le rêve de la *renovatio imperii* carolingienne et son ambition de construire un empire universel autour de Rome. Otton Ier prend, comme Charlemagne, le titre d'« empereur auguste ». Comme leurs prédécesseurs, les souverains ottoniens entendent rivaliser avec l'Empire byzantin, avec lequel ils entretiennent des liens politiques et diplomatiques étroits : en 972, Otton II épouse la princesse Théophano. Ils promeuvent un art impérial destiné à rehausser leur prestige, à souligner leur pouvoir et, dans une surenchère de créations luxueuses, à faire d'eux les égaux des *basileis* (**n° 22**).

Les arts monumentaux et précieux sont vivifiés par les commandes des empereurs ottoniens, mais aussi des prélats et des abbés. Les grands monastères – Reichenau, Echternach, Fulda – jouent un rôle important comme commanditaires et comme lieux de production. L'empreinte des modèles artistiques carolingiens demeure puissante, notamment dans les ateliers rhénans et mosans. Néanmoins, l'illusionnisme antique revivifié par la Renaissance carolingienne tend à s'affaiblir et à céder la place à une stylisation croissante. Il faut en revanche souligner la force des influences byzantines, tant iconographiques que stylistiques, alimentées par les échanges culturels, commerciaux et religieux. Ainsi, la présence de saint Nicolas vêtu en évêque latin sur un autel portatif (**n° 26**) montre-t-elle que le culte de l'évêque de Myre (Asie Mineure) avait gagné l'Empire avant même le transfert de ses reliques à Bari en 1087. Les œuvres byzantines – ivoires et tissus notamment – étaient connues dans l'Empire ottonien où des artistes byzantins étaient venus travailler.

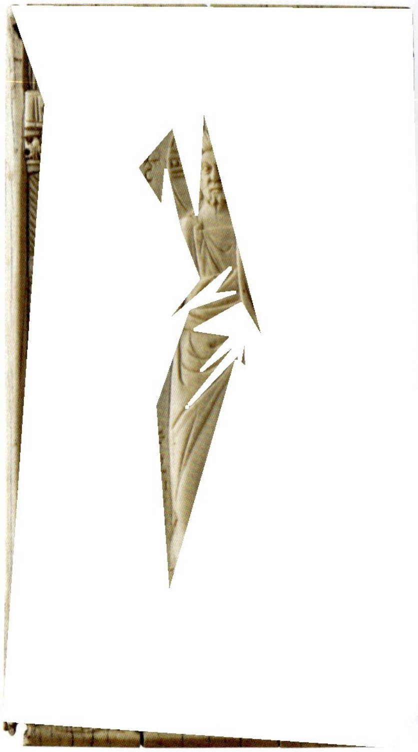

22 | Plaque de reliure : couronnement d'Otton II et de Theophano

Constantinople ou Empire germanique,
982 ou 983
Bas-relief sur ivoire d'éléphant
H. 18 ; l. 10
Fonds Du Sommerard.
Cl. 392

Cette plaque de reliure présente, sous un baldaquin aux colonnes cannelées dont tombe un rideau, le Christ consacrant le couronnement de l'empereur Otton II et de son épouse Theophano. Il pose les mains sur les couronnes gemmées à pendentifs des deux personnages impériaux, nommés par des inscriptions grecques et latines. Tous trois se tiennent sur des tabourets ; sous l'un d'eux est lové un petit homme qu'une inscription identifie comme « Jean » – on a pensé à l'évêque Jean Philagathos. Otton II et Theophano sont figurés sur un mode byzantin, tant dans leurs attributs et leurs vêtements que par l'usage du grec dans l'épigraphie et dans le style sculptural. Il est néanmoins probable que cet ivoire a été créé dans l'Empire sur le modèle d'œuvres byzantines.

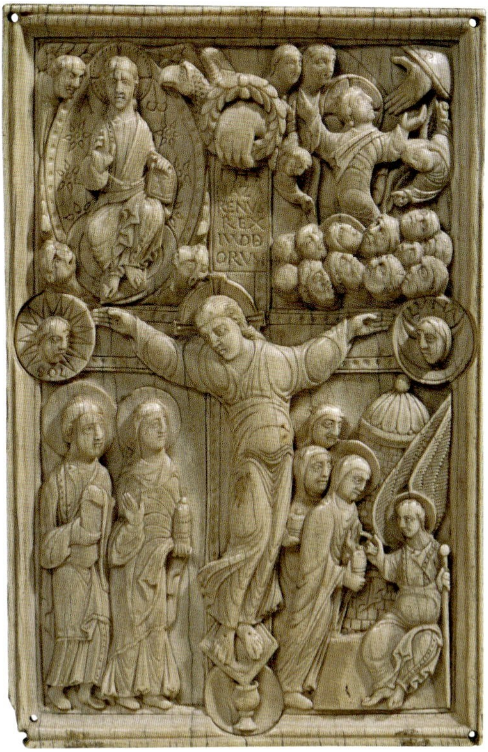

23 | Plaque de reliure : Crucifixion, Saintes Femmes

Cologne, vers 1000
Bas-relief sur ivoire d'éléphant
H. 17,4 ; l. 11,6
Acquis en 1893.
Cl. 13064

Cette plaque de reliure présente un programme narratif savant : une Crucifixion au centre et quatre scènes à chacun des angles de la croix. En bas à gauche, saint Jean et la Vierge sont aux pieds du Christ ; en bas à droite apparaissent les Saintes Femmes au tombeau. En haut à droite est figurée l'Ascension, avec la main de Dieu tendue vers son fils. Enfin, le Christ de la Parousie est représenté en haut à gauche, dans une mandorle encadrée des symboles des évangélistes. Cet ivoire est proche d'un ensemble d'œuvres dont la création peut être rattachée à quelques grands artistes actifs à l'époque ottonienne, entre Rhin et Meuse, plus précisément, semble-t-il, à Cologne.

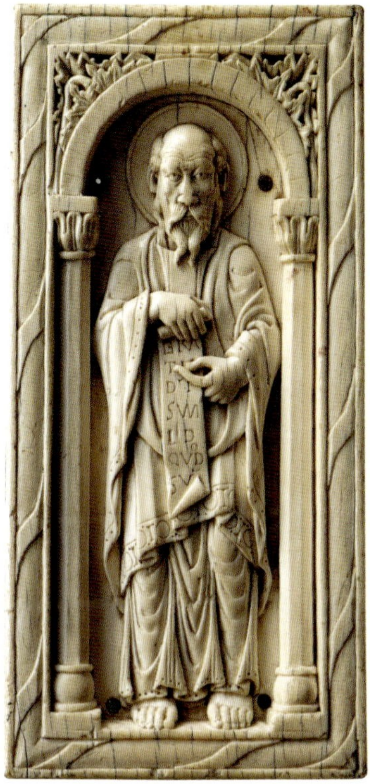

24 | Plaque de reliure : saint Paul

Trèves (?), Echternach (?), fin du Xe siècle
Ivoire d'éléphant
H. 21,2 ; l. 10,3
Acquise en 1845.
Cl. 1505

Sous une arcature aux colonnes lisses et aux chapiteaux corinthiens, un apôtre barbu est représenté de face, les pieds nus, en tunique et chasuble. Il déroule un phylactère sur lequel est gravée une phrase de la première Épître de saint Paul aux Corinthiens : « C'est par la grâce de Dieu que je suis ce que je suis. » La très grande qualité plastique de cet ivoire le rattache à quelques grands sites de production de plaques de reliure en ivoire vers l'an mil, comme le *scriptorium* de l'abbaye d'Echternach ou celui de Trèves où fut actif un grand sculpteur dit le « Maître allemand » (« *Deutscher Schnitzer* »).

25 | Devant d'autel

Fulda (?) ou Trèves-Echternach (?), première moitié du XIe siècle
Or sur âme de chêne, pierreries, perles, verroteries, cuivre doré et émaillé de rouge (inscription)
H. 120 ; l. 177,5 ; Pr. 13
Provient du trésor de la cathédrale de Bâle. Acquis en 1854.
Cl. 2350

Ce devant d'autel ou *antependium* présente, sur un fond de rinceaux peuplés d'animaux et d'oiseaux, cinq arcades surmontées des vertus cardinales, abritant le Christ entouré des trois archanges et de saint Benoît (à gauche), glorifié par l'inscription. Aux pieds du Sauveur se prosternent les figures des commanditaires, l'empereur germanique, Henri II (1002-1024) ou Henri III (1039-1056), et son épouse. Cette œuvre, qui exalte le Christ mais aussi l'empereur, son lieutenant sur terre, témoigne de la richesse de l'orfèvrerie de l'Empire, imprégnée d'influences carolingiennes et byzantines.

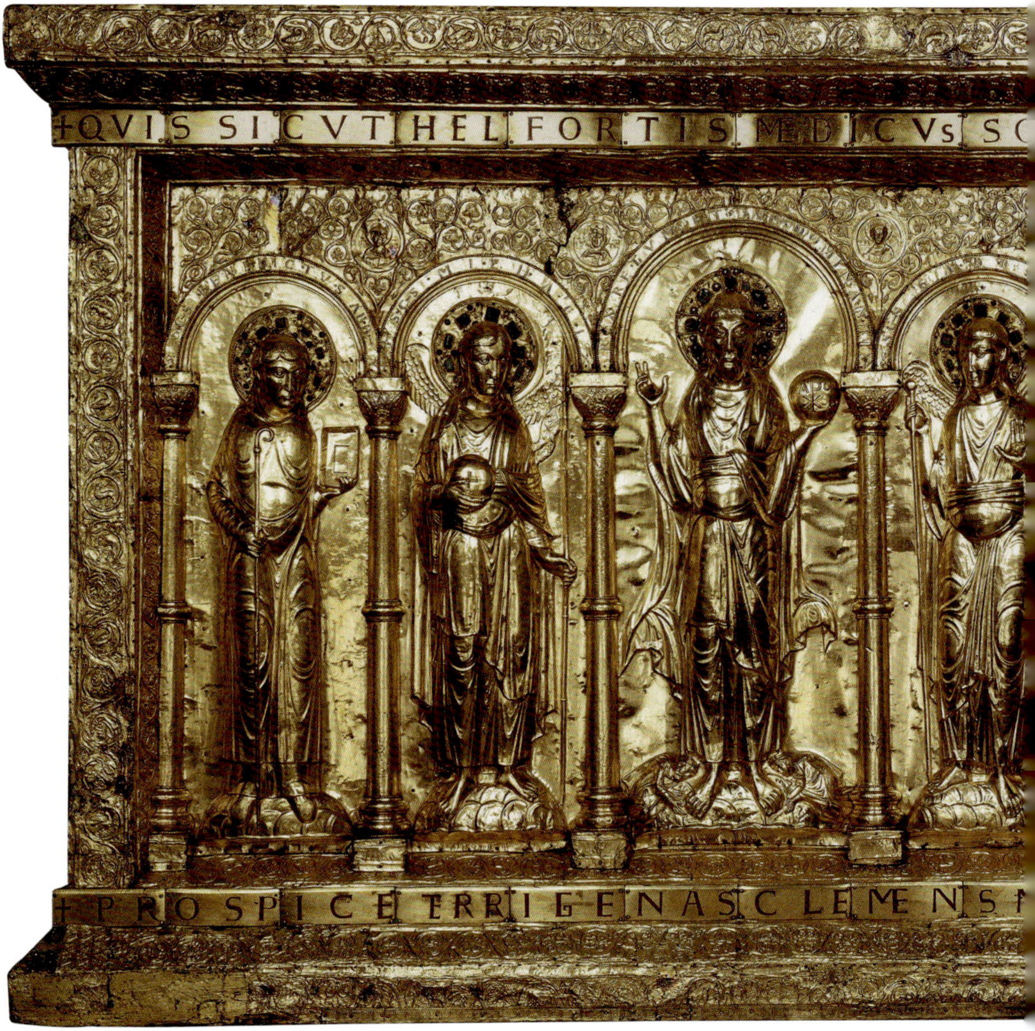

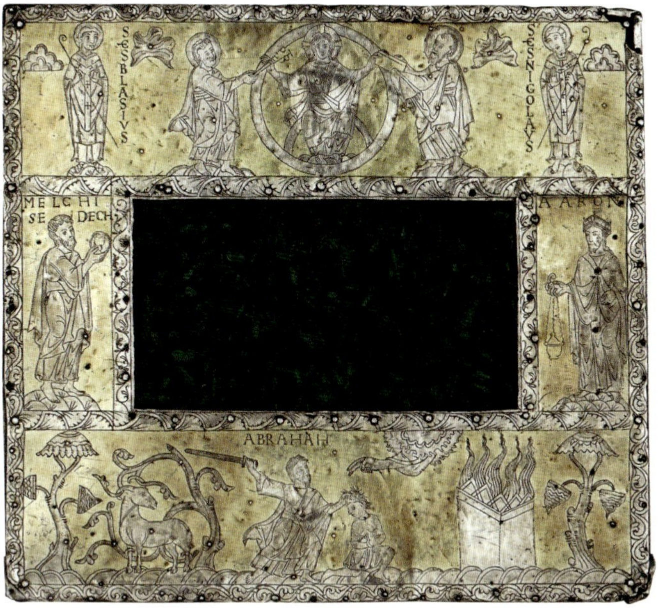

26 | Autel portatif

Fulda ou Bamberg (?), premier tiers du XIe siècle
Argent partiellement doré et gravé sur âme de bois, porphyre
L. 25,6 ; l. 23
Collection F. Spitzer. Acquis en 1893.
Cl. 13072

Les autels portatifs permettaient aux clercs de célébrer la messe lors de leurs voyages. La face figure le Christ remettant la Loi à saint Paul et les clefs à saint Pierre, eux-mêmes entourés des saints Blaise et Nicolas. Les figures et scènes de l'Ancien Testament ici représentées – Melchisédech, Aaron, le sacrifice d'Abraham – annoncent le sacrifice du Christ et la Messe. Au revers sont figurés, à l'intérieur de cinq médaillons, l'Agneau de Dieu et les vertus cardinales. Cet autel est proche des pièces d'orfèvrerie réalisées à Fulda ou à Bamberg sous le règne d'Henri II (1002-1024).

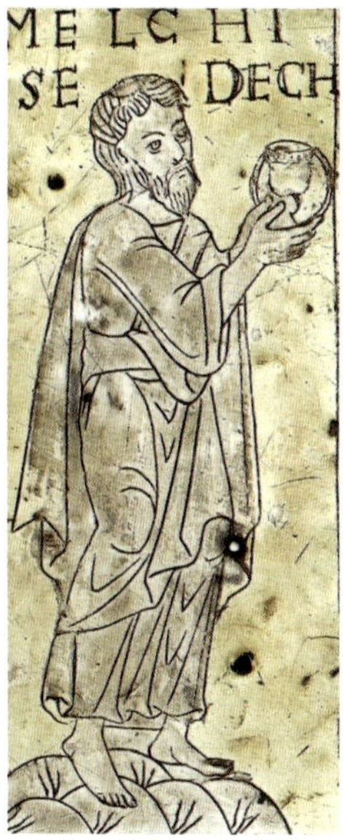

Détail : Melchisédech

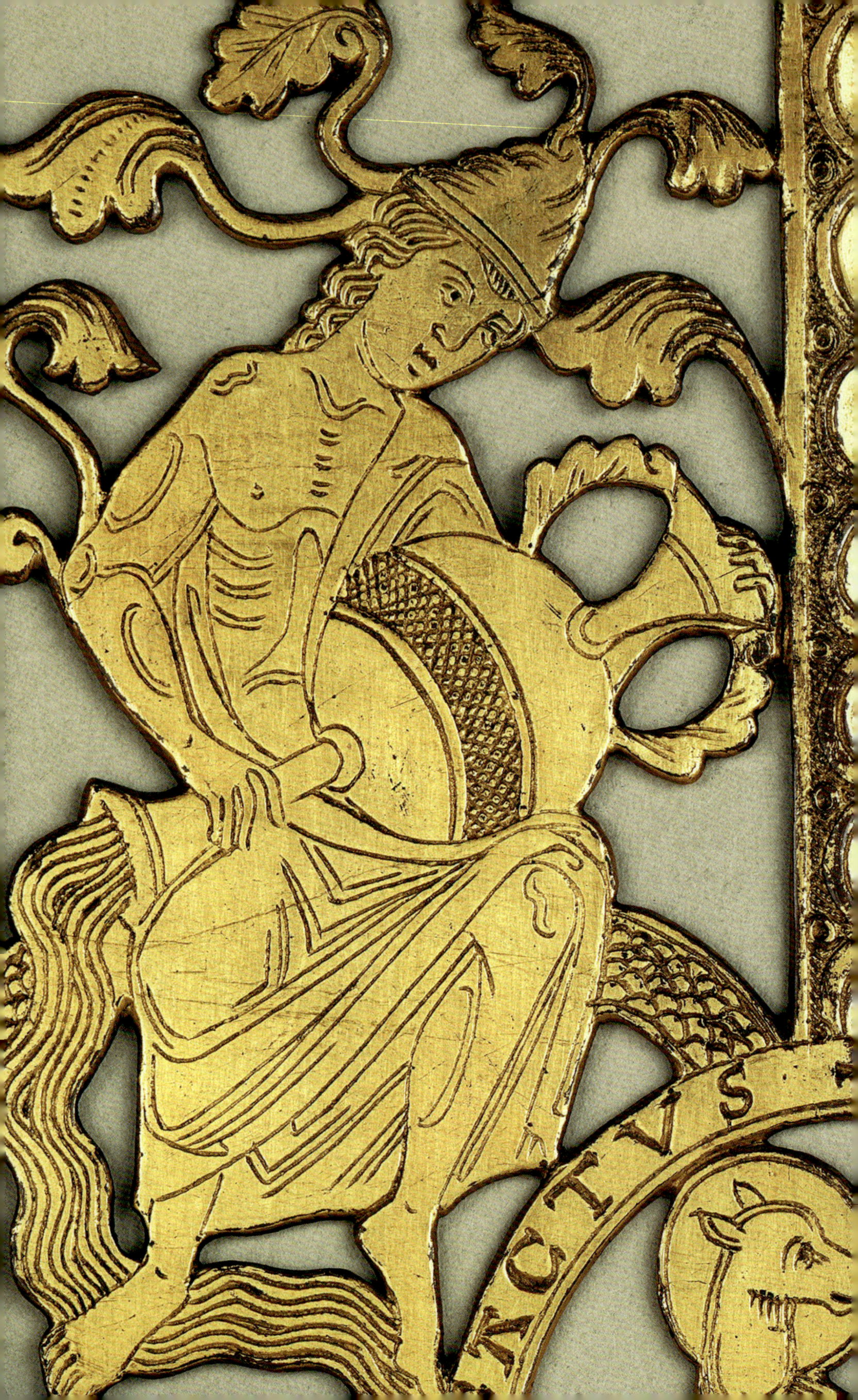
ACTVS

L'art roman

La notion d'art roman est relativement récente et ses limites, aujourd'hui encore, sont floues. Jusqu'à la fin du XVIIIe siècle, tout le Moyen Âge est « gothique », appellation méprisante née de la Renaissance. Ce n'est qu'en 1818 que Charles de Gerville emploie pour la première fois, dans une lettre, le terme d'« art roman ». Ce faisant, il appliquait à l'art un adjectif issu de la linguistique, servant à désigner les langues dérivées du latin. Si le terme s'impose rapidement, c'est avant tout comme une définition par défaut : est « roman » ce qui est postérieur aux mondes carolingien et ottonien et antérieur à l'art gothique, sans que soit définie, dans un premier temps du moins, sa nature propre. À la fin du XIXe siècle et au XXe siècle, deux phénomènes influent d'ailleurs largement sur son appréhension : d'une part la nature des édifices conservés – souvent modestes, les plus prestigieux ayant été reconstruits –, de l'autre la montée des nationalismes. Alors que Français et Allemands s'affrontent au sujet de la nationalité de Charlemagne ou du caractère propre au génie de l'un ou de l'autre peuple de l'art gothique, l'art roman, lui, semble suffisamment divers pour que chaque nation, chaque région, ait l'impression de pouvoir se l'approprier en marquant sa différence avec ses voisins par la nature même de ses églises.

Ci-contre : détail du nº 47

Pour autant, il n'est pas illusoire de chercher à donner une vision d'ensemble de l'art roman. Il se définit avant tout, même si cela peut surprendre, par son travail de la lumière et de la couleur et par sa recherche de monumentalité. Les grands édifices font une place importante à la lumière que l'architecture, par un savant jeu de volumes, découpe et fait jouer par contraste avec les ombres. Surtout, ils étaient systématiquement peints, y compris leurs sculptures monumentales, tantôt simplement, tantôt avec de grands ensembles narratifs. L'enluminure en témoigne tout autant par la subtilité des oppositions entre les rehauts de blancs et les tracés noirs que par la délicatesse de la palette. Dans la sculpture comme dans l'orfèvrerie s'épanouit un monde végétal et fantastique dont la souplesse permet une grande variété décorative. L'influence antique est présente par le biais d'une réinterprétation stylisée plus que par celui de la copie servile. Les liens avec Byzance jouent certes un rôle dans cet épanouissement, mais plus encore les œuvres et les monuments de l'Antiquité constantinienne, dont beaucoup étaient encore visibles, à Rome et dans toute l'Europe. En outre, l'expansion économique et démographique que connaît le continent à partir du XIe siècle et qui conduit à le couvrir d'un « blanc manteau d'églises » – selon une expression utilisée dès cette époque par Raoul Glaber – entraîne la multiplication des centres artistiques et des commandes.

France

La naissance de l'art roman en France est marquée, tout d'abord, par la formidable expansion de l'ordre de Cluny et, surtout, par la rapide diffusion du courant réformateur dont il est porteur, et dont les conséquences, notamment liturgiques, transforment à la fois la physionomie des églises et la fonction des objets qu'elles renferment. Certains artisans de la réforme clunisienne sont aussi de grands bâtisseurs, tel Guillaume de Volpiano dont l'influence est sensible, entre autres, à Saint-Bénigne de Dijon, à la Trinité de Fécamp, à Notre-Dame de Jumièges, mais aussi à Saint-Germain-des-Prés. C'est également le cas, en Méditerranée occidentale, d'Oliba, évêque de Vic, ou d'Isarn, abbé de Saint-Victor de Marseille. À la fascination de l'antique – qui se traduit par des copies et des remplois, mais aussi par la prégnance du chapiteau corinthien comme forme sous-jacente des chapiteaux romans – s'ajoute une large ouverture sur le monde, tant militaire (que l'on pense à l'expansion normande ou aux croisades) que commerciale. C'est ainsi qu'arrivent des tissus, venus notamment de l'Espagne musulmane, ou des éléments de cristal de roche taillé. Le rapport entre l'œuvre d'art et le culte se transforme aussi. Si le monde carolingien était réticent envers les images monumentales suspectes d'inciter à l'idolâtrie, le monde roman en fait au contraire un élément central de la pédagogie et de la dévotion. Les représentations se multiplient et suivent l'évolution de la foi : à côté des représentations du Christ triomphant, héritées de l'Antiquité tardive, se développent celles du Christ souffrant ou mort, parfois placées au centre de véritables mises en scène (**n° 32**). Le rôle de plus en plus central donné à la Vierge comme principale médiatrice entre Dieu et les hommes se reflète lui aussi dans l'art, que ce soit dans le domaine des arts de la couleur ou dans celui de la sculpture où se multiplient les représentations de la Vierge à l'Enfant (**n° 34**). Plus largement, l'époque romane voit croître un besoin de visibilité. Désormais, les reliquaires ne sont plus conservés dans des cryptes mais placés sur des autels et offerts à la vue des fidèles, d'où un renouveau de l'art de leur fabrication.

27 | Chapiteau adossé : le Christ en majesté

Paris, vers 1030-1040
Calcaire
H. 69,5 ; l. 76 ; Pr. 44
Provient de l'église Saint-Germain-des-Prés.
Déposé en 1820. Attribué en 1843.
Cl. 18612

Fondée par Childebert, l'église Saint-Germain-des-Prés fut partiellement reconstruite au début du XIe siècle. C'est à la fin de cette campagne que furent sculptés les chapiteaux de la nef. Placé au-dessus d'un autel secondaire, près d'une entrée latérale, le chapiteau au Christ en majesté est le résultat de la collaboration de deux ateliers. Le Christ tient dans sa main droite une hostie, réaffirmant le principe de la transsubstantiation (répétition du miracle de la Cène) en un temps où celui-ci était remis en cause.

28 | Chapiteau : le Verseau

Paris, vers 1100-1110
Calcaire
H. 44 ; l. 115 ; Pr. 108
Provient de l'abbatiale de Sainte-Geneviève.
Deux fragments déposés séparément
par l'École des beaux-arts, en 1969 et 1983.
EBA 146–200 et EBA WB 115

Seule grande abbaye de la rive gauche située dans l'enceinte de Paris, Sainte-Geneviève joue un rôle central dans la vie de la cité, et s'oppose régulièrement au pouvoir épiscopal. La nef de l'église est reconstruite au début du XIIe siècle ; ses colonnes sont enrichies de chapiteaux particulièrement monumentaux, aux figures très trapues, aux modelés sommaires. Deux de ces chapiteaux sont consacrés aux signes du zodiaque, illustration de la circularité de l'écoulement du temps et, au-delà, de la perfection de la Création.

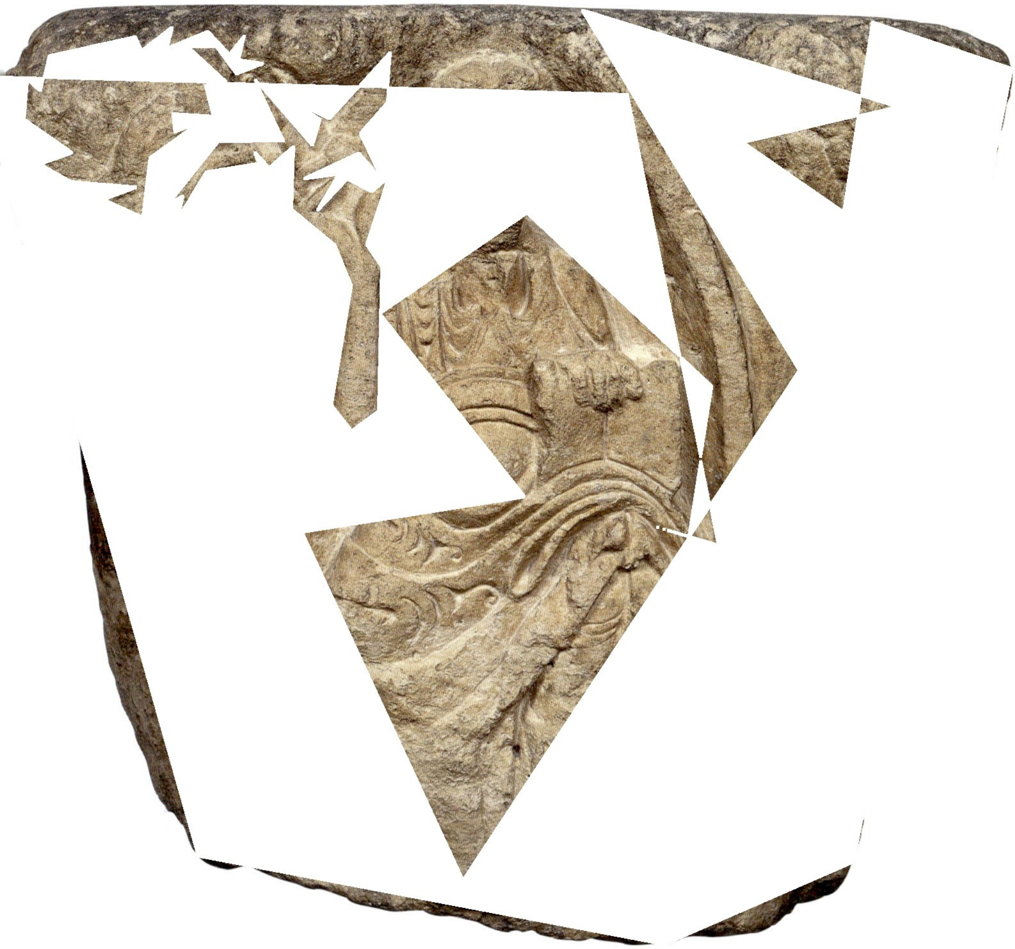

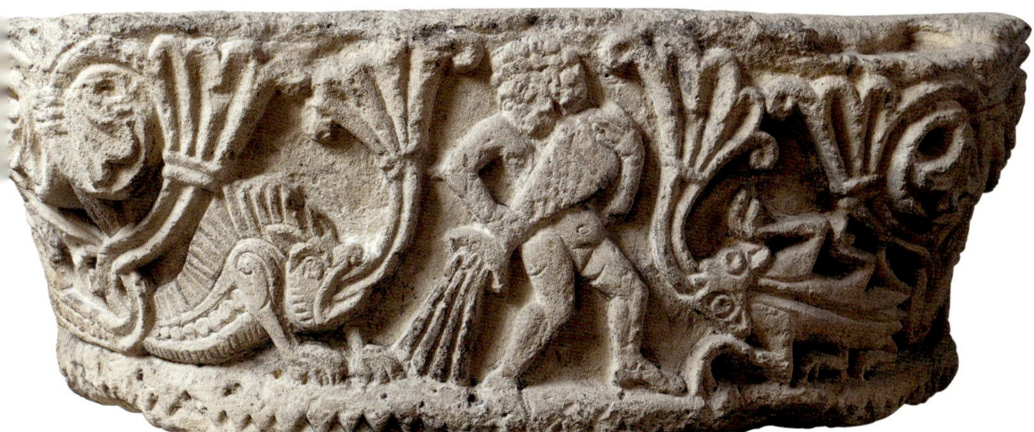

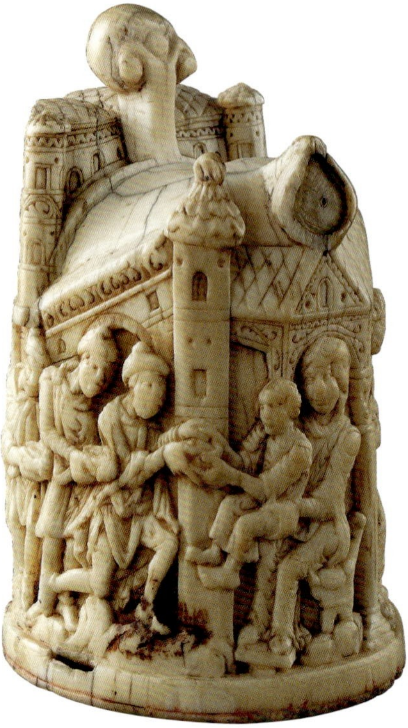

29 | Reine de jeu d'échecs ou reliquaire

Reims (?), dernier quart du XIe siècle
Ivoire
H. 8,7 ; D. 5,2
Proviendrait du trésor de la cathédrale de Reims.
Fonds Du Sommerard.
Cl. 396

Cette étonnante petite pièce d'ivoire a la forme d'un vizir, équivalent à l'époque de notre reine au jeu d'échecs, alors même que l'iconographie ne se prête guère à cet usage profane : on y trouve des scènes de l'Enfance et du Baptême du Christ, ainsi que d'un autre baptême qui pourrait être celui de Clovis. De ce fait mais aussi parce qu'elle est creuse, cette œuvre pourrait être un reliquaire, sous la forme d'une église à plan centré.

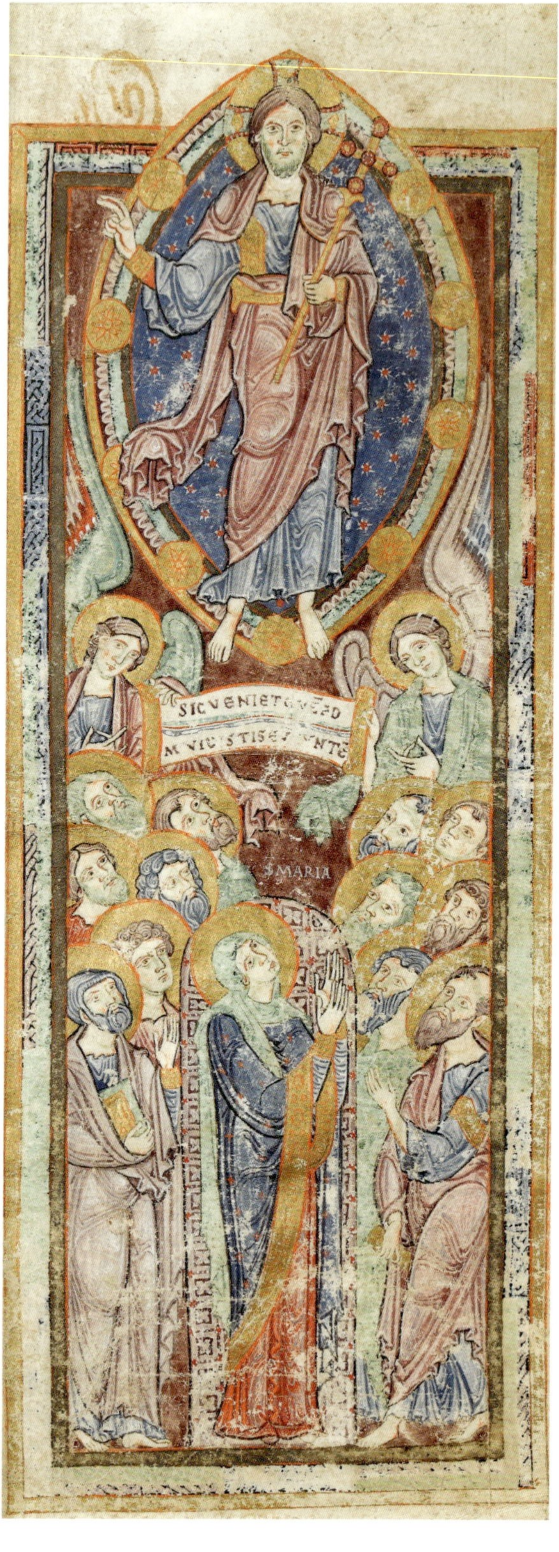

30 | Feuillet de manuscrit : Ascension

Bourgogne, vers 1100
Enluminure sur parchemin
H. 38 ; l. 15,50
Détaché du lectionnaire de Cluny
Trésor national acquis en 2004.
Cl. 23757

Ce feuillet détaché introduisait les leçons de l'office de l'Ascension dans le célèbre Lectionnaire de l'abbaye bénédictine de Cluny en Bourgogne (BnF, n.a.l. 2246). De taille exceptionnelle, peint dans un style sûr et dynamique et servi par une grande splendeur de moyens – emploi de l'or et de couleurs chatoyantes, ornementation fouillée –, le feuillet atteste le haut degré de compétence des peintres œuvrant pour la fastueuse abbaye. Par ses éléments byzantinisants, il fait écho aux peintures murales de la chapelle du prieuré de Berzé-la-Ville (vers 1100).

31 | Offrande d'un roi à un saint

Bourgogne, fin du XIIe siècle
Fresque
H. 75 ; l. 105
Provient de l'abbaye de Charlieu (Loire).
Inventorié en 1953.
Cl. 22601

Fragment d'un décor disparu à la fin du XIXe siècle, cette scène d'offrande ferait allusion aux donations faites par le roi Boson au monastère bourguignon en 879, symboliquement reçues ici par l'un des saints protecteurs de l'abbaye, Étienne ou Fortunat. Sur les murs du réfectoire, un Christ en majesté, entouré des apôtres, des prophètes et des saints, attestait, comme à Montmorillon (Vienne), le regain de l'influence byzantine sur l'art de la fin du XIIe siècle.

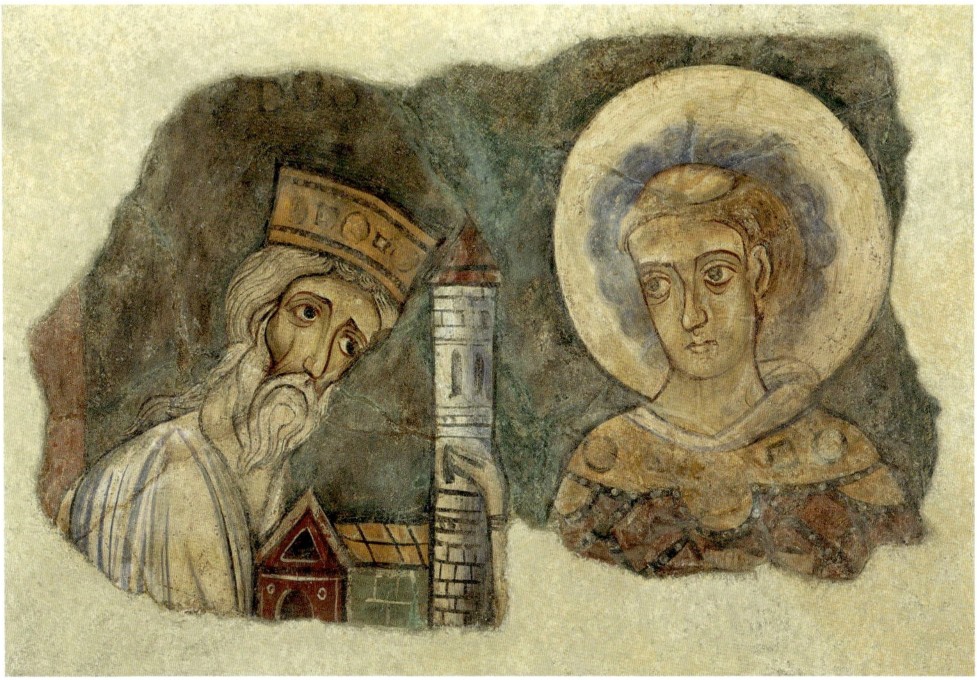

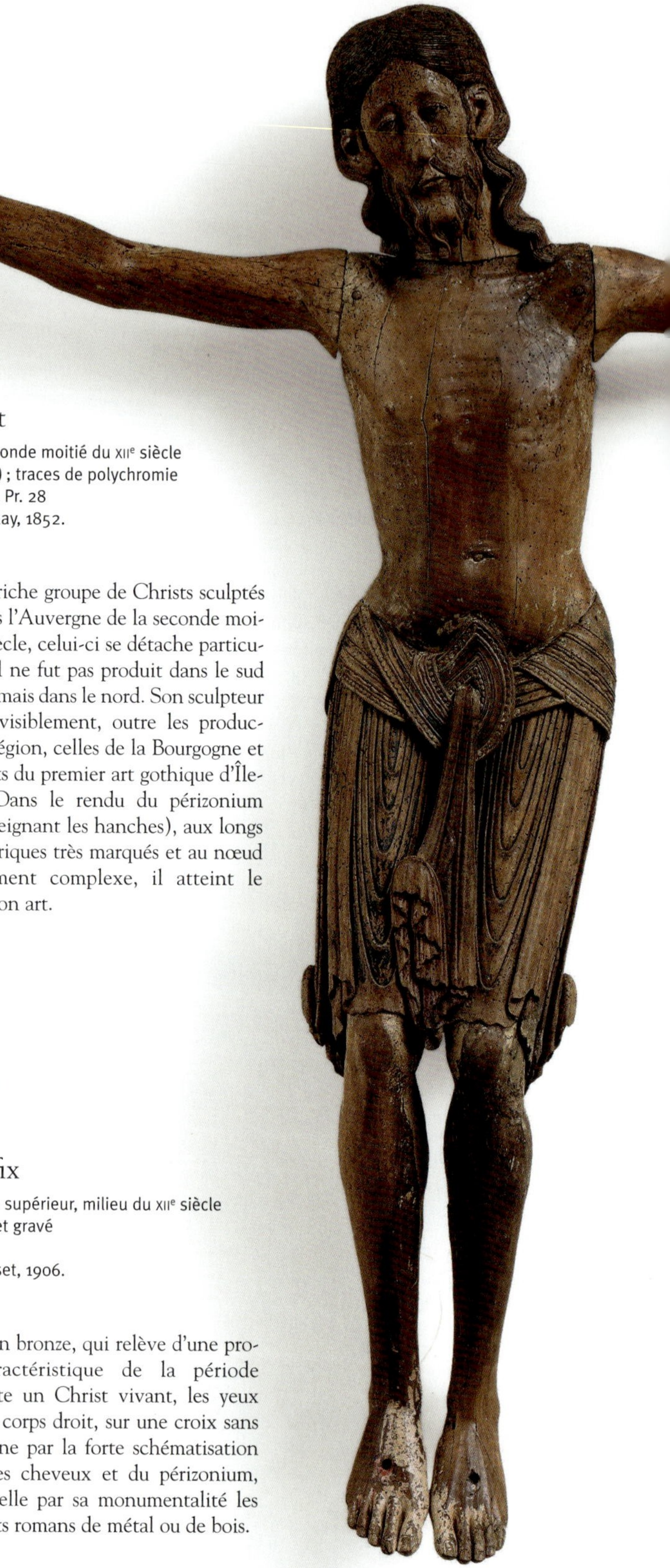

32 | Christ

Auvergne, seconde moitié du XIIe siècle
Bois (poirier ?) ; traces de polychromie
H. 181 ; l. 189 ; Pr. 28
Don A. G. Mallay, 1852.
Cl. 2149

Au sein du riche groupe de Christs sculptés sur bois dans l'Auvergne de la seconde moitié du XIIe siècle, celui-ci se détache particulièrement : il ne fut pas produit dans le sud de la région mais dans le nord. Son sculpteur connaissait visiblement, outre les productions de sa région, celles de la Bourgogne et certains fruits du premier art gothique d'Île-de-France. Dans le rendu du périzonium (vêtement ceignant les hanches), aux longs plis concentriques très marqués et au nœud particulièrement complexe, il atteint le sommet de son art.

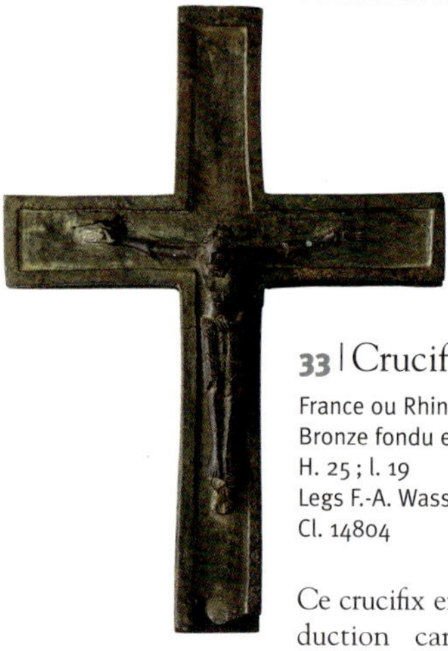

33 | Crucifix

France ou Rhin supérieur, milieu du XIIe siècle
Bronze fondu et gravé
H. 25 ; l. 19
Legs F.-A. Wasset, 1906.
Cl. 14804

Ce crucifix en bronze, qui relève d'une production caractéristique de la période romane, porte un Christ vivant, les yeux ouverts et le corps droit, sur une croix sans décor. Romane par la forte schématisation des traits, des cheveux et du périzonium, l'œuvre rappelle par sa monumentalité les grands Christs romans de métal ou de bois.

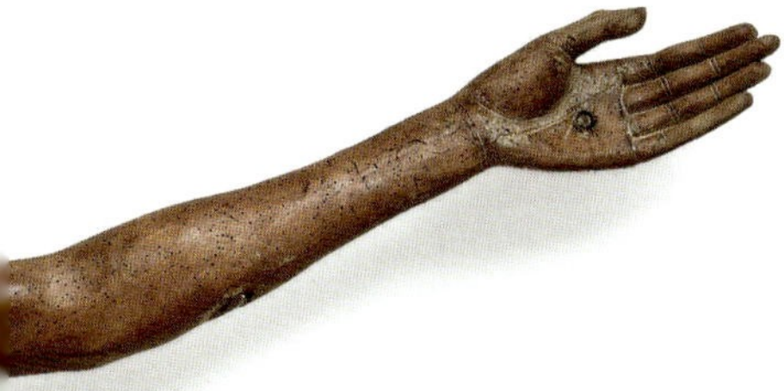

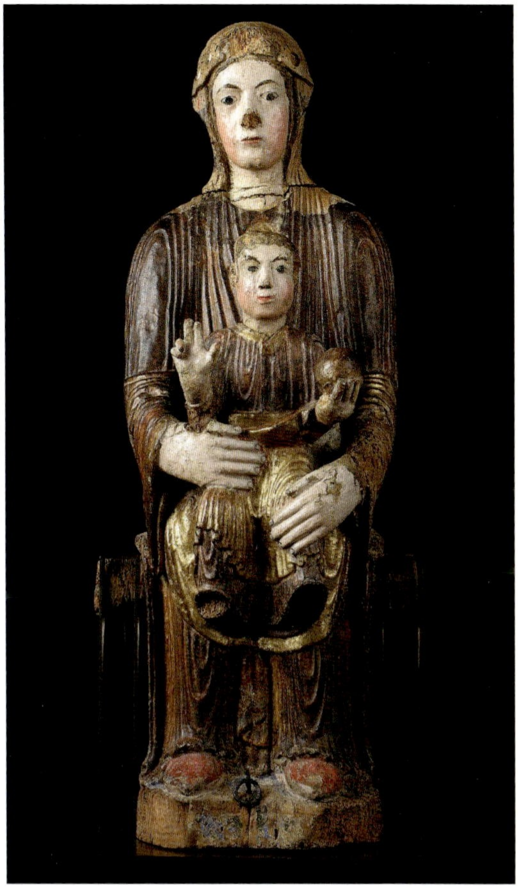

34 | Vierge à l'Enfant

Auvergne, dernier quart du XIIe siècle
Bois
H. 80 ; l. 32 ; Pr. 29
Provient de Clermont-Ferrand. Acquise en 1874.
Cl. 9270

Les premières représentations de la Vierge à l'Enfant remontent certes aux premiers temps du christianisme, mais l'Auvergne du XIIe siècle en produisit un nombre particulièrement important sur bois, dont beaucoup sont conservées. Sans doute faut-il y voir un effet de la fascination exercée par la Vierge d'or de la cathédrale de Clermont, œuvre du Xe siècle tenue pour miraculeuse et disparue à la Révolution. Proche par son style de l'apogée de la production auvergnate, la Vierge du musée se distingue par le caractère aigu, presque tranchant, de ses plis.

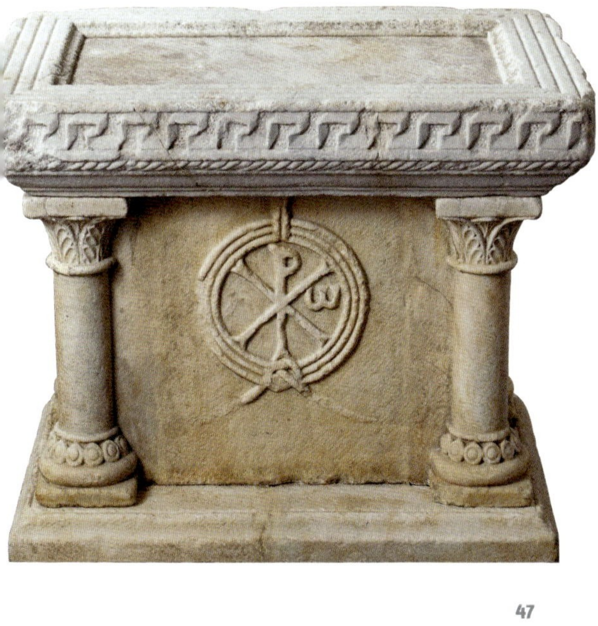

35 | Table d'autel

Comminges, seconde moitié du XIIe siècle
Marbre
H. 97 ; l. 117 ; Pr. 78
Trouvée à l'emplacement de l'ancien couvent des Augustins de Montréjeau. Acquise en 1943.
Restaurée en 2008.
Cl. 22392

Montréjeau ne fut fondée qu'en 1272 et la provenance première de cette table d'autel est inconnue. Sculptée dans le marbre, matériau abondant dans les Pyrénées, elle se caractérise par sa grande sobriété. Seule la frise de grecque qui borde la table et surtout le chrisme de la face principale viennent l'animer. Le traitement des éléments, du médaillon notamment – à la façon d'une *imago clipeata* –, s'inspire manifestement des sarcophages antiques.

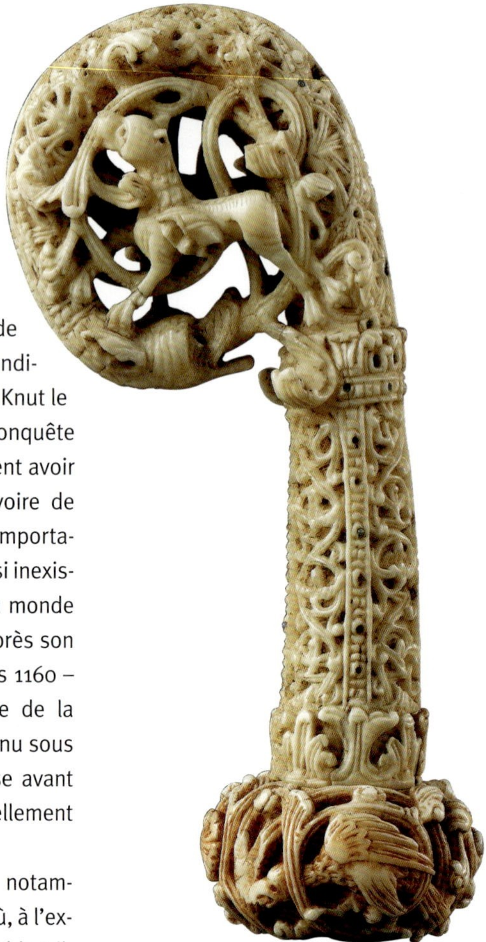

Angleterre

L'Angleterre des XIe et XIIe siècles est une terre de confluences. Les liens anciens avec le monde scandinave, qui atteignent leur apogée avec le règne de Knut le Grand (1016-1035), se maintiennent après la conquête normande de 1066. L'Angleterre semble notamment avoir été une plaque tournante du commerce de l'ivoire de morse, matière d'autant plus précieuse que les importations d'ivoire d'éléphant en Europe sont alors quasi inexistantes. S'y ajoutent les relations avec le reste du monde insulaire, en particulier avec l'Irlande – surtout après son invasion par les Anglo-Normands dans les années 1160 – et la Normandie. En naquit, de part et d'autre de la Manche, un art particulier, traditionnellement connu sous le nom de *Channel School*. Celui-ci se caractérise avant tout par son goût pour un riche décor essentiellement constitué de rinceaux exubérants (**nos 36 à 38**).

Remarquable par ses innovations techniques – notamment sur le chantier de la cathédrale de Durham où, à l'extrême fin du XIe siècle et pour la première fois semble-t-il, sont utilisés arcs-boutants et voûtes d'ogive –, l'Angleterre romane joue aussi un rôle central dans la diffusion de certaines formes d'art comme les tentures narratives, largement répandues dans la Scandinavie de la fin du premier millénaire mais que les ateliers anglais, notamment du Kent, propagent dans le reste de l'Europe au XIe siècle et dont l'exemple le plus célèbre est la broderie de Bayeux.

Au XIIe siècle, l'Angleterre se caractérise aussi par une large ouverture au monde, par le biais d'importations mais aussi de reprises locales de formes venues d'autres régions, en particulier d'Aquitaine – avant même l'accession des Plantagenêts au trône anglais – et d'Île-de-France. L'Angleterre sera ainsi l'une des premières régions à adopter les formes nouvelles du gothique, dès les années 1170.

36 | Crosseron

Angleterre, milieu du XIIe siècle
Ivoire de morse, incrustations de verre
H. 11,9 ; l. 4,6 ; Ép. 2,7
Ancienne collection F. Spitzer. Acquis en 1893.
Cl. 13066

Ce crosseron comporte deux parties distinctes : le crosseron lui-même et le nœud, sculpté dans un autre morceau d'ivoire. Sur les faces du nœud se détachent un lion et un aigle dont les corps épousent la contrainte des motifs circulaires formés par des rinceaux. À la base de la tige verticale du crosseron, des feuilles d'acanthe sont le point de départ d'un réseau de rinceaux qui se déploie sur la volute et trouve son terme en une tête de dragon. Le double motif de l'aigle et du lion réapparaît à l'intérieur de la volute. Il est pertinent de rapprocher cet ivoire des œuvres anglaises du XIIe siècle.

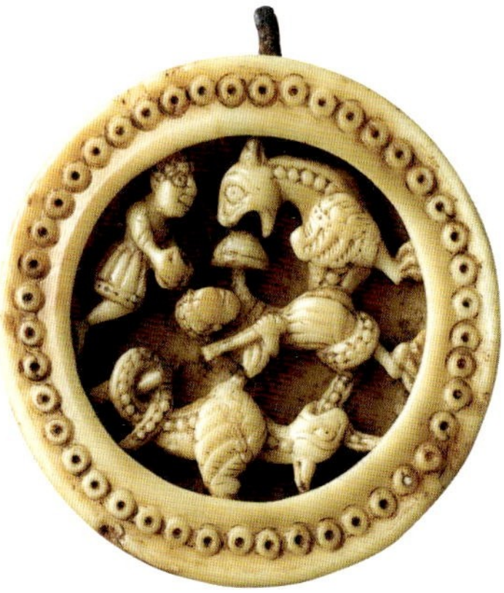

37 | Pion de tric-trac : Hercule et l'hydre de Lerne (?)

Angleterre ou Scandinavie,
deuxième moitié du XIIe siècle
Ivoire de morse
D. 5,5 ; Ép. 1,5
Don A. Sachs, 1951.
Cl. 22591

Pratiqué depuis l'Antiquité, le jeu de trictrac se répand dans toute l'Europe à la période médiévale. La Scandinavie et l'Angleterre se spécialisent, à partir du XIe siècle, dans la production de pièces de jeu taillées dans des défenses de morse. Nombre d'entre elles présentent, à l'intérieur d'une guirlande végétale ou simplement géométrique, des scènes bibliques ou – comme ici – mythologiques, attestant la prégnance de la culture antique dans le monde roman.

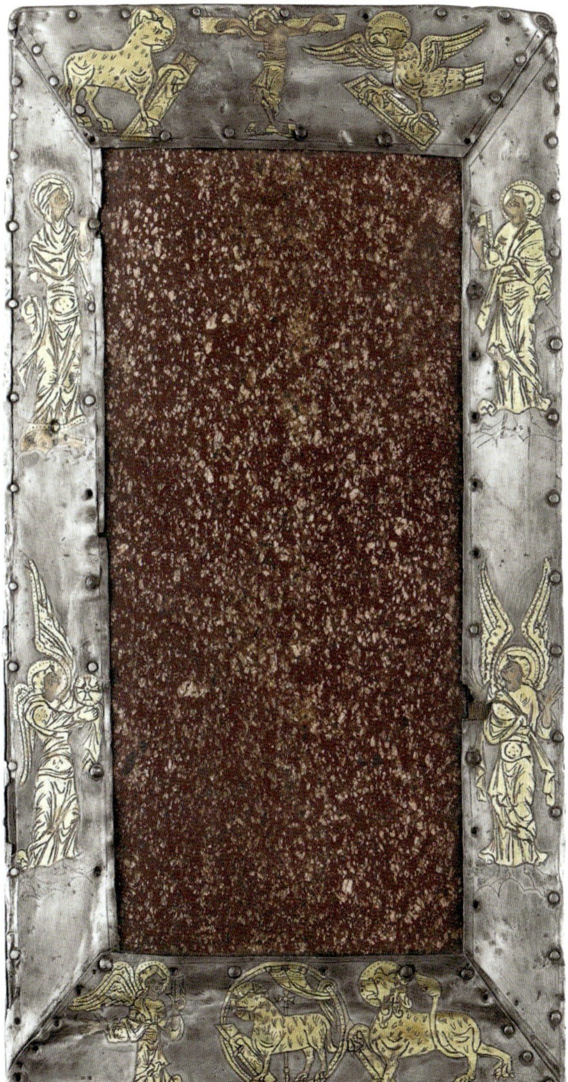

38 | Autel portatif

Angleterre, milieu du XIe siècle
Porphyre, argent doré et niellé sur âme de bois,
fer, traces de tissu
H. 26,1 ; l. 13,8 ; Ép. 1,5
Anciennes collections Maillet du Boulay et Stein.
Acquis en 1886.
Cl. 11459

Le décor gravé sur l'argent présente en haut une Crucifixion encadrée des symboles des évangélistes Luc et Jean puis, sur les bandes verticales, Marie et saint Jean en-dessous desquels se tiennent respectivement les archanges Gabriel et Raphaël ; en bas apparaît l'*Agnus Dei* entre les symboles de Matthieu et de Marc. La provenance de cet autel portatif est inconnue mais son origine est sans doute liée au cercle artistique de Winchester.

La péninsule Ibérique

Appréhender l'art dans la péninsule Ibérique aux XIe et XIIe siècles présuppose de prendre en compte la complexité d'un territoire alors fortement divisé. Au nord, six entités politiques chrétiennes forment des configurations changeantes : les comtés catalans, le comté puis – à partir de 1140 – le royaume de Portugal, les royaumes d'Aragon, de Navarre, de Castille et León enfin. Au sud, après l'effondrement du califat omeyyade de Cordoue en 1031, al-Andalus a éclaté en une multitude de petits royaumes, les *taifas*, par la suite annexés par les Almoravides puis par les Almohades. C'est, pour les royaumes chrétiens, une période d'expansion lente mais presque continue vers le sud : Tolède est conquise en 1085, Lisbonne en 1147. Malgré un contexte tendu, la péninsule est aussi un lieu d'échanges et de commerce essentiel dans l'importation des œuvres venues du monde islamique. Al-Andalus s'impose en outre comme un grand centre de production de certains matériaux de luxe prisés en Europe, notamment l'ivoire d'éléphant et les tissus (**n° 39** et **n° 40**).

Quant aux anciens royaumes du Nord, ils sont aujourd'hui particulièrement riches en art roman, les monuments gothiques ayant été construits plus au sud, au fil de la conquête de la péninsule. C'est au nord qu'ont lieu les premières expériences de voûtement de vaisseaux relativement larges, comme à Sant Pere de Rodes. La quantité de peintures murales conservées y est impressionnante. Par ailleurs, si l'ouest de la péninsule – tout particulièrement Saint-Jacques-de-Compostelle – joue, avec la région toulousaine, un rôle moteur dans le développement du portail monumental, la Catalogne, elle, se distingue avant tout par la richesse des décors de ses cloîtres (**n° 42**) – dont certains, tel celui de Sant Cugat del Vallès, portent la signature de leur auteur – et par ses grands ensembles intérieurs à fonction liturgique, ses grandes Descentes de croix ou visites des Saintes Femmes au Tombeau notamment (**n° 41**).

39 | Fragment du suaire de saint Lazare

Andalousie, XIe siècle
Taffetas brodé de soie et d'or
H. 55 ; l. 30
Provient de la cathédrale d'Autun.
Don D. David-Weill, 1933.
Cl. 21865

Certaines œuvres célèbres de l'art textile islamique, parmi lesquelles le suaire d'Autun, sont issues des ateliers musulmans du sud de l'Espagne. Sur un morceau de soie bleu foncé se détachent deux médaillons polylobés au décor brodé figurant un sphinx et un cavalier chasseur portant faucon et lièvre. Ce fragment d'étoffe provenant du suaire de saint Lazare revêt une importance particulière en raison de l'inscription sur le morceau conservé à Autun qui le relie au gouverneur Abd al-Malik, victorieux en 1007 dans une bataille contre les chrétiens.

40 | Fragment de la chasuble de saint Exupère

Andalousie, XIIe siècle
Samit façonné
H. 45 ; l. 21,6
Provient de la basilique Saint-Sernin de Toulouse.
Acquis en 1892.
Cl. 12869

Ce fragment fut détaché d'une chasuble – longtemps dite « chape du roi Robert » – qui enveloppait les reliques de saint Exupère dans la basilique Saint-Sernin de Toulouse. Son décor présente, sur un fond de soie bleu-noir, des motifs de paons affrontés autour d'un arbre de vie, posés sur une base comportant une inscription en caractères coufiques. L'inspiration orientale de ce motif d'animaux affrontés sur un tissu produit dans un atelier andalou illustre la fécondité des échanges artistiques et les modes de transmission des motifs au Moyen Âge.

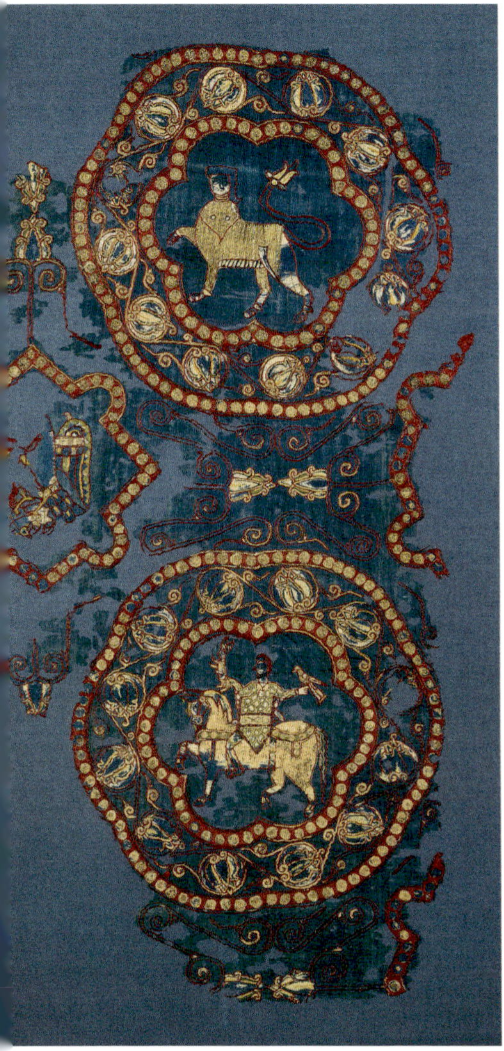

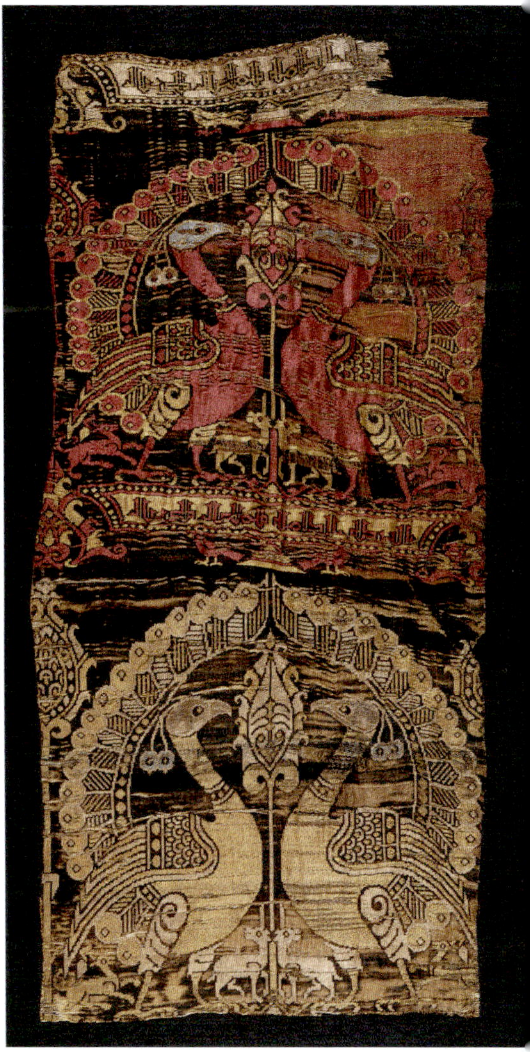

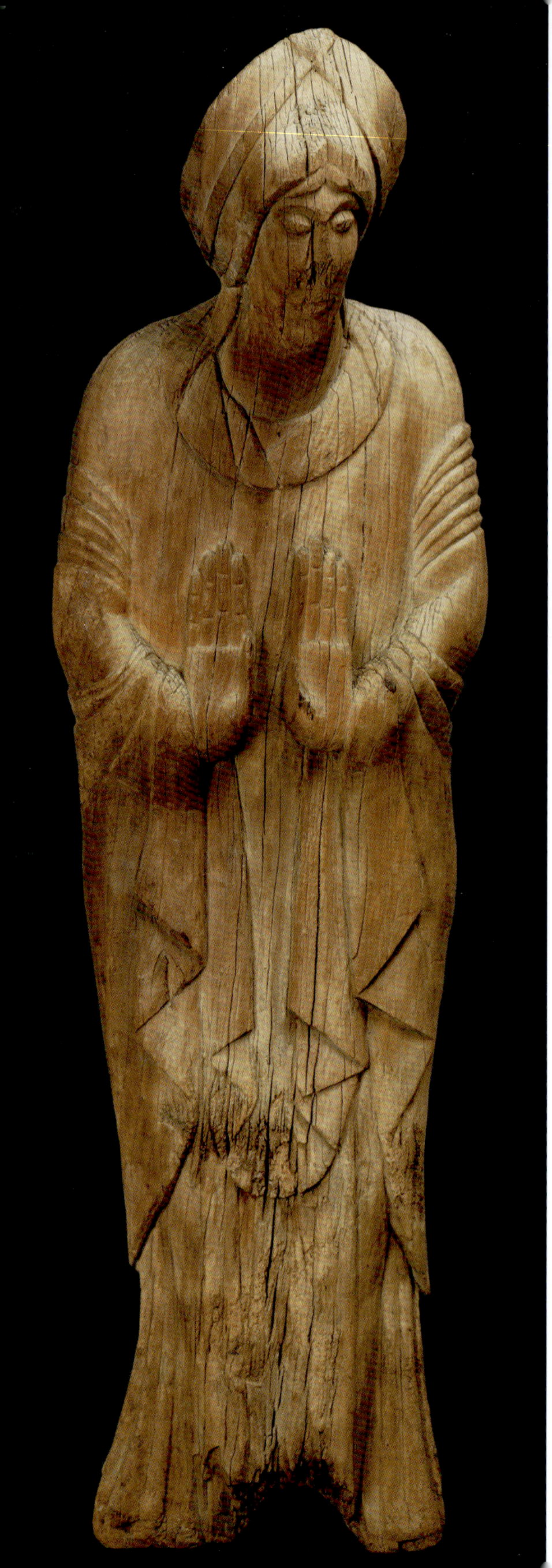

41 | Sainte Femme

Catalogne, Vall de Boí, Taüll (?), vers 1120–1140
Poirier avec traces de polychromie
H. 133 ; l. 31 ; Pr. 38
Provient peut-être de l'une des deux églises de Taüll. Don de l'ARMMA avec la participation d'AREVA, 2001.
Cl. 23673

Le Vall de Boí connaît, dans la première moitié du XIIe siècle, une intense activité artistique, tant dans le domaine de la peinture murale que dans celui de la sculpture monumentale. À côté de groupes de la Descente de croix, il en existait aussi au moins un consacré à la Résurrection, auquel appartiennent cette Sainte Femme et une Marie Madeleine aujourd'hui au Fogg Art Museum, Cambridge (Massachusetts, États-Unis).

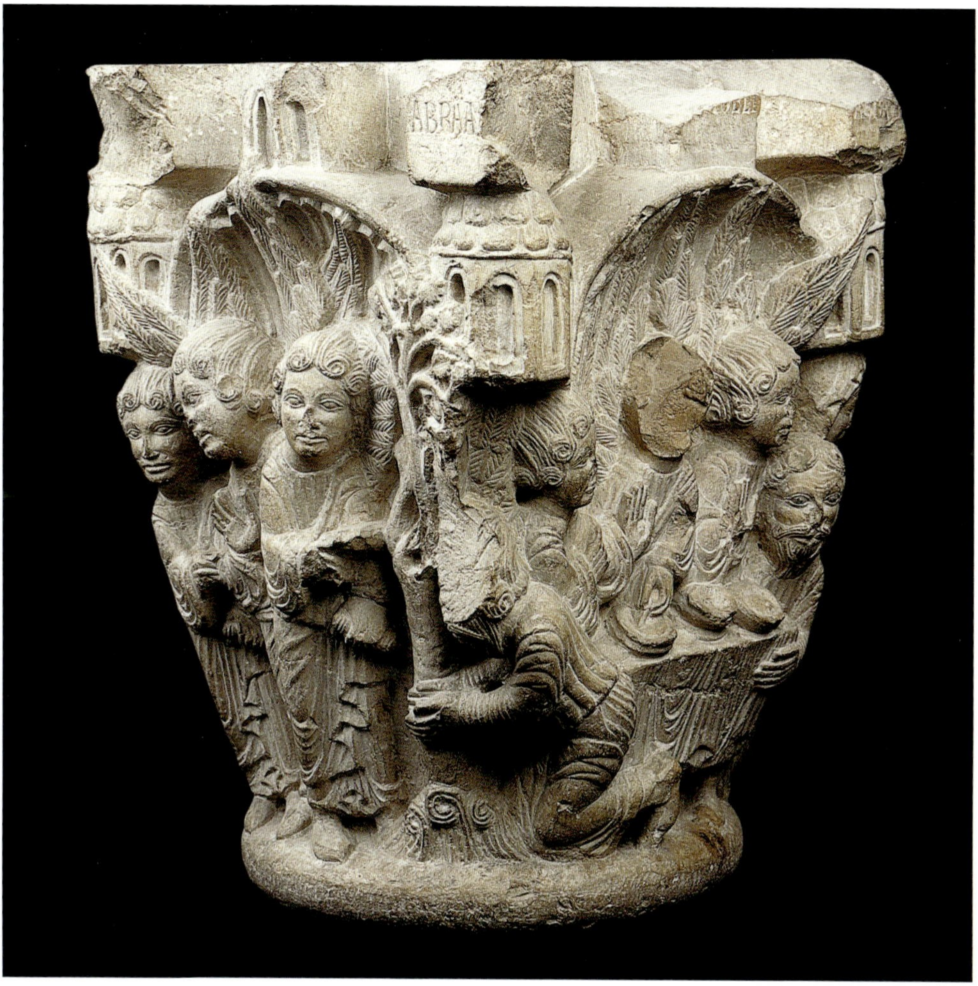

42 | Chapiteau : scènes de l'histoire d'Abraham

Catalogne, fin du XIIe siècle
Calcaire
H. 37 ; l. 27,5 ; Pr. 27
Ancienne collection S. Baron. Acquis en 1881.
Cl. 10755 et Cl. 19000

À la fin du XIIe siècle, l'influence du chantier de la cathédrale de Gérone domine la production sculptée catalane. Elle est perceptible dans ce chapiteau où l'on reconnaît les épisodes du chêne de Mambré – trois hommes, que la typologie chrétienne interprétera comme un symbole de la Trinité, apparaissent à Abraham alors qu'il est assis sous cet arbre – et du sacrifice d'Isaac. Ce thème trouve un traitement proche au pilier sud-est du cloître de la cathédrale de Gérone, mais révèle ici un remarquable sens de l'espace dramatique.

Italie et Sicile

L'Italie du Nord est l'un des berceaux de l'art roman méridional. Les églises lombardes partagent avec les édifices catalans ou savoyards (entre autres) une même recherche sur le voûtement et sur l'animation du mur. Par ailleurs, la création y subit une triple influence antique : celle, tout d'abord, de l'Antiquité classique, encore largement présente et visible (qu'il suffise ici d'évoquer le Marc Aurèle du Capitole), mais plus encore celle de l'époque paléochrétienne, dont subsistaient aussi de nombreux exemples à Rome et ailleurs, et celle de l'époque de Justinien, forte surtout dans le sud et l'est de la péninsule, en particulier autour de Ravenne. Davantage que d'autres régions, l'Italie, surtout septentrionale, est marquée à l'époque romane par la diversification des commanditaires due à l'éclatement des structures politiques, mais surtout à l'héritage impérial encore sensible dans la géographie ecclésiastique à travers la multiplicité et les dimensions relativement restreintes des évêchés (**n° 43** et **n° 44**).

Quant à l'Italie méridionale, sa destinée a été bouleversée par l'invasion musulmane de la Sicile, commencée au IXe siècle mais qui ne s'achève que vers 965. Tête de pont commerciale pour les Aghlabides puis pour les Fatimides pendant près d'un siècle, elle est conquise à partir de 1060 par des aventuriers normands qui s'y établissent. Avant la fin du XIe siècle, un royaume s'étend rapidement à tout le sud de la péninsule. Profitant de la position géographiquement centrale de l'île dans le monde méditerranéen et des structures commerciales mises en place au cours des décennies précédentes, les Normands en font un foyer de création particulièrement luxueux, qui s'appuie sur la présence d'artistes originaires non seulement de Sicile mais aussi d'Ifriqiya (est du Maghreb) ou des autres territoires normands, et sur la disponibilité de matériaux précieux – notamment l'ivoire d'éléphant, ensuite réexporté dans toute l'Europe occidentale (**n° 45** et **n° 46**).

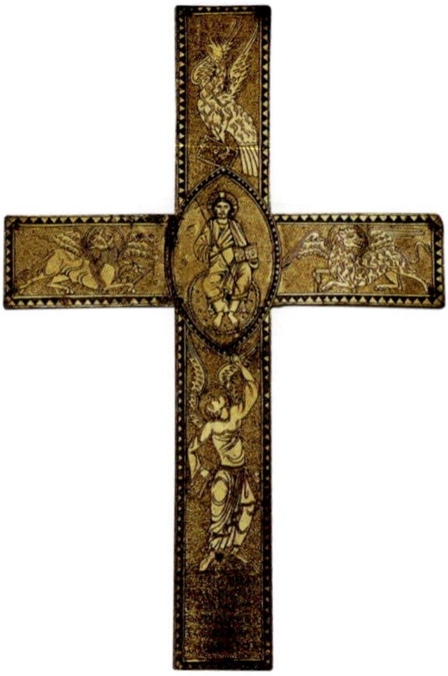

43 | Croix

Italie (?), début du XIIe siècle
Cuivre gravé et doré
H. 45 ; l. 36
Acquise en 1895.
Cl. 13229

Cette croix, remarquable par la qualité de sa gravure, figure au revers le Christ en majesté dans une mandorle entourée des symboles des quatre évangélistes. Elle porte à la base une inscription imprécatoire à l'encontre d'éventuels voleurs. Son style la rapproche des œuvres du Saxon Roger de Helmarshausen, l'un des rares orfèvres de cette époque dont le nom soit connu ; il s'agit plutôt, toutefois, d'une production italienne nourrie d'influences septentrionales.

44 | Reliure d'évangéliaire

Italie du Nord (?), début du XIIe siècle
Argent repoussé, gravé, partiellement doré et niellé sur ais de bois ; parchemin
H. 28,3 ; l. 20,4 ; Ép. 6
Acquise en 1954.
Cl. 22653

Cette reliure enserre toujours le manuscrit pour lequel elle a été conçue. Les scènes centrales des plats supérieur et inférieur – remise des clefs à Pierre et de la Loi à Paul, Crucifixion – sont encadrées de niches abritant anges, apôtres et évêques d'Italie du Nord. Sous les figures repoussées apparaît le bourrage, mélange d'argile et de cire destiné à les soutenir. Sans doute créée en Italie du Nord, cette œuvre témoigne de l'influence de l'art germanique dans cette région de l'Empire.

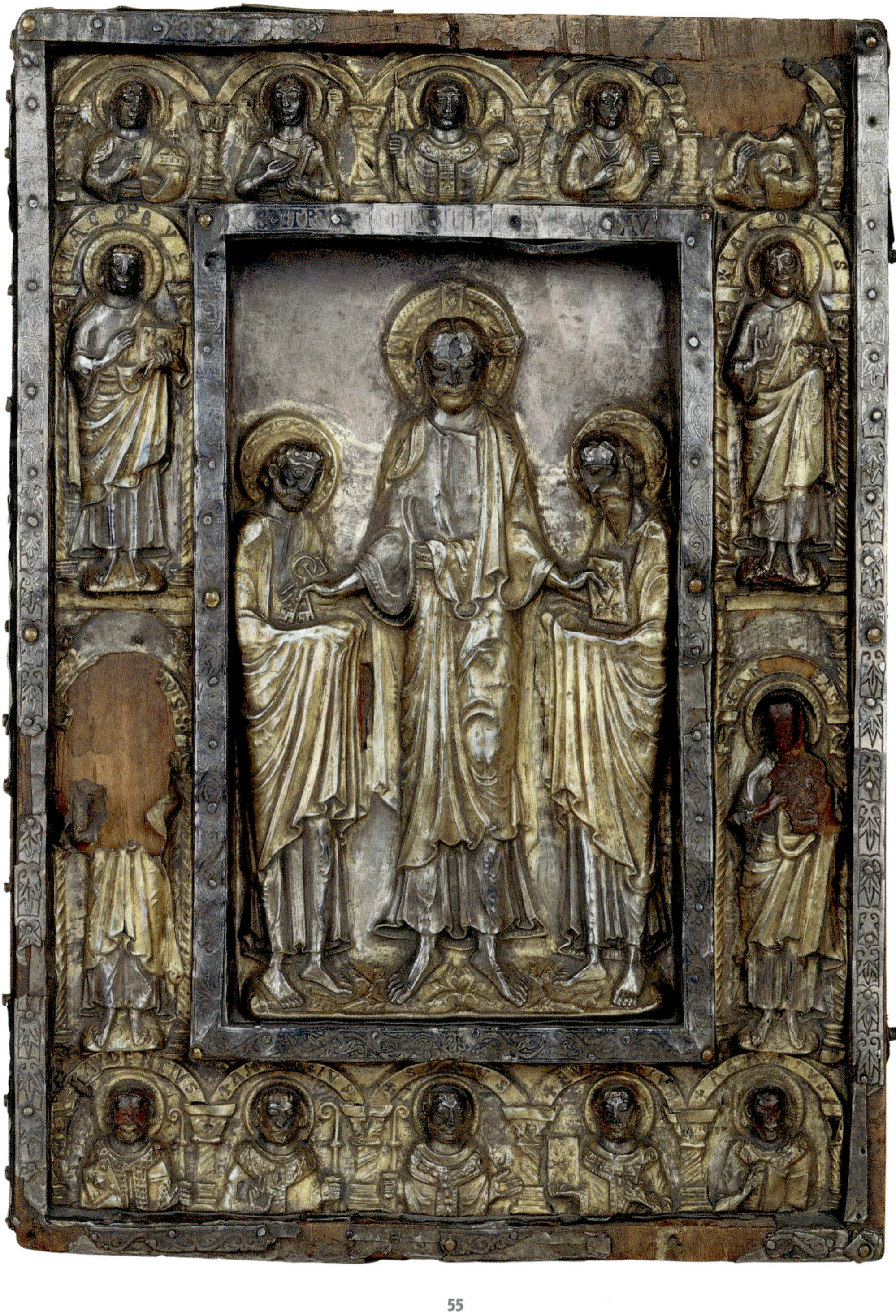

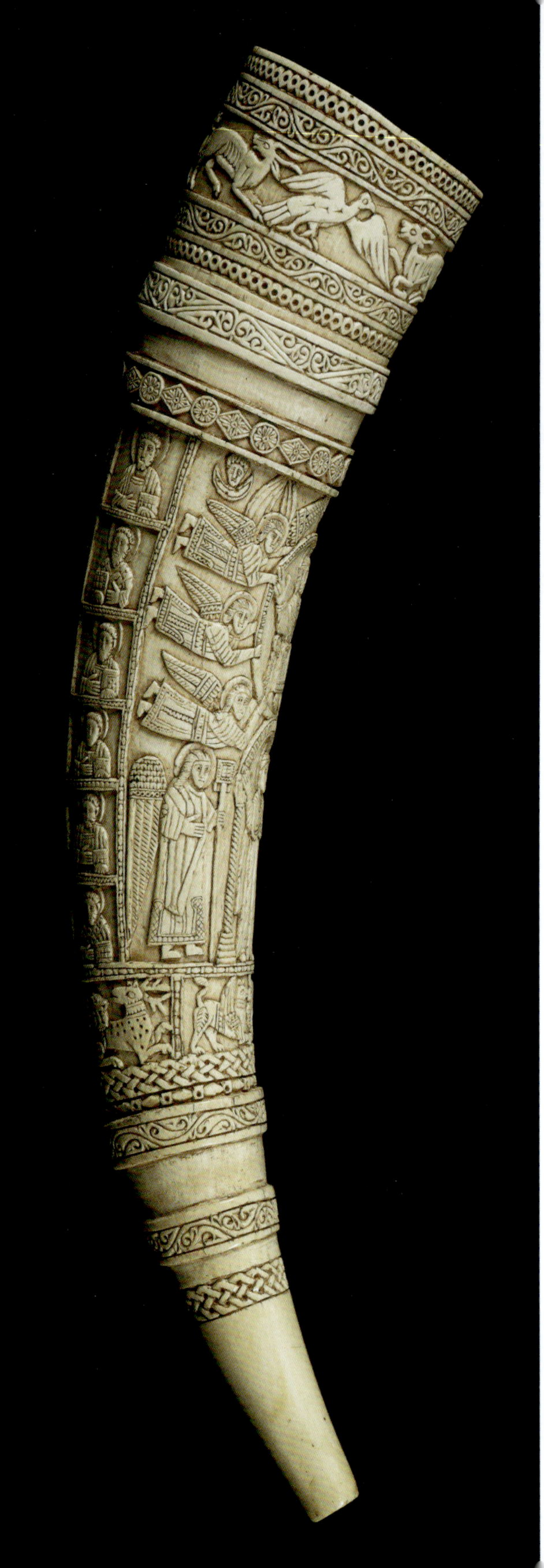

45 | Olifant

Italie du Sud (Amalfi ?), fin du XIe siècle
ou début du XIIe siècle
Ivoire d'éléphant
H. 64,5 ; D. 12
Provient du trésor de Saint-Arnoul de Metz.
Ancienne collection F. Spitzer. Acquis en 1893.
Cl. 13065

Plus grand port commercial d'Europe occidentale jusqu'à sa conquête par les Normands en 1131 puis par Pise en 1137, Amalfi devient, à la fin du XIe siècle, un important centre de production d'ivoire, spécialisé notamment dans les grands olifants. Ces derniers, constitués de défenses d'éléphants évidées et sculptées, étaient utilisés aussi bien comme trompes que comme corne à boire ou comme reliquaires. Ici, la scène de l'Ascension qui occupe le registre central laisse supposer une destination religieuse.

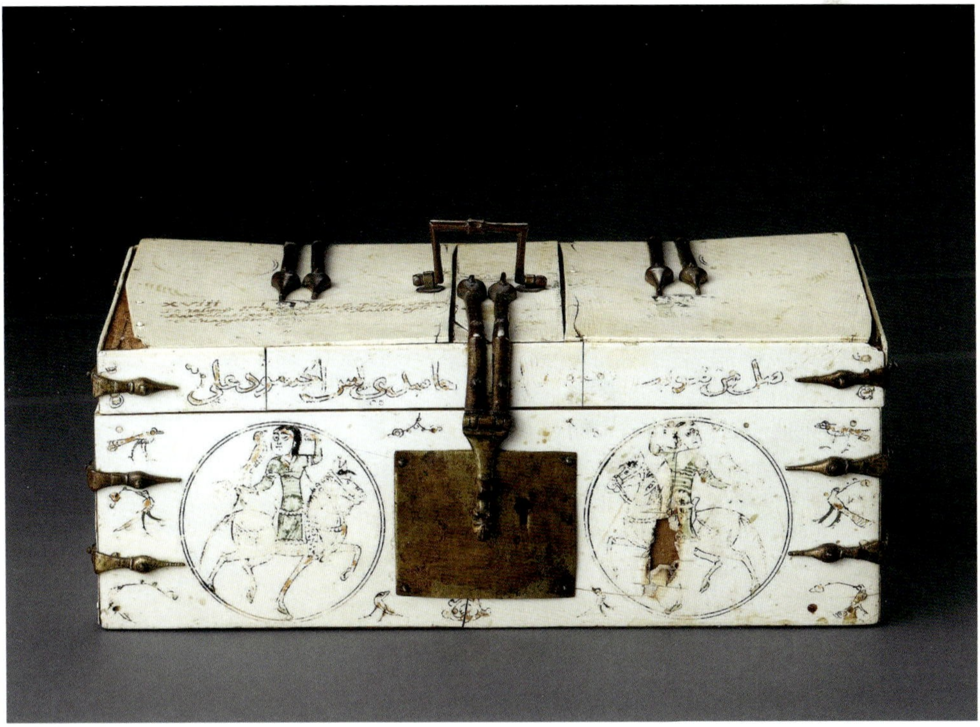

46 | Coffret

Sicile, fin du XIIe siècle
Ivoire d'éléphant peint et doré sur âme de bois, bronze doré
H. 11 ; l. 31 ; Pr. 17
Acquis en 1879.
Cl. 9698

L'ouverture de la Sicile normande sur l'ensemble de la Méditerranée se traduit aussi par la diversité des styles artistiques qui s'y mêlent. À côté d'œuvres très antiquisantes et d'autres très proches du goût du nord de la France, certaines manifestent une étroite proximité avec le monde islamique. C'est le cas de ce coffret, orné de cavaliers peints dans des médaillons et d'inscriptions arabes tirées des *Mille et Une Nuits*. Son iconographie, liée à la chasse, est toute profane, comme l'était probablement son usage, du moins initialement.

L'Empire

Aux XIe et XIIe siècles, l'Empire est constitué de l'union, fluctuante et jamais vraiment maîtrisée, de régions de la Germanie et de l'Italie. Les empereurs peinent à unifier ce conglomérat de territoires, d'autant plus que la persistance du système électif, malgré la constitution de dynasties (Saliens, Staufen) – qui d'ailleurs ne s'imposent guère longtemps –, affaiblit le pouvoir central. En outre, le pouvoir impérial sort diminué de sa lutte avec la papauté. La querelle des Investitures s'achève par le concordat de Worms (1122) : il met fin au système de la *Reichskirche* (Église d'Empire) qui avait placé l'Église au service de l'empereur. Les forces centrifuges l'emportent et les puissances locales, laïques et ecclésiastiques, jouissent d'une grande autonomie.

La diversité des courants artistiques de l'Empire reflète cette mosaïque de régions aux fortes identités, dans un contexte artistique où la stylisation romane s'impose et où les influences antiques et byzantines restent puissantes, par l'intermédiaire de l'Italie notamment. Le musée conserve deux œuvres remarquables de l'art de la vallée de la Meuse (**n° 47** et **n° 50**), région qui connaît au XIIe siècle un grand essor économique, religieux et artistique. Les puissants évêques de Liège et les grandes abbayes de la vallée de la Meuse, mais aussi l'empereur Frédéric Barberousse, sont autant de commanditaires. L'art mosan, marqué par les recherches théologiques de l'époque et fortement imprégné d'influences classiques, a donné lieu à de splendides ouvrages de bronze, d'orfèvrerie et d'émaillerie. Au XIIe siècle, les régions de la Meuse et du Rhin, mais également l'Angleterre et la Basse-Saxe, constituent, à côté du Limousin et du nord de l'Espagne, des pôles d'épanouissement de l'émaillerie champlevée.

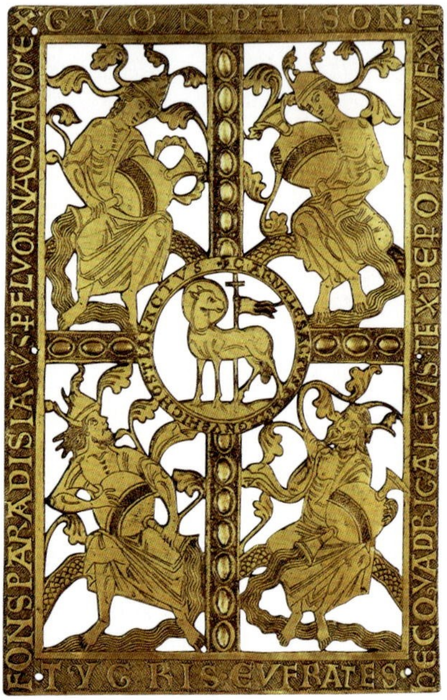

47 | Plaque de reliure

Région mosane, milieu du XIIe siècle
Cuivre gravé et doré
H. 22,5 ; l. 15
Fonds Du Sommerard. Cl. 1362

Cette plaque ajourée, finement gravée, figure les quatre fleuves du paradis (Tigre, Euphrate, Gyon, Phison) entourant l'Agneau de Dieu. Elle devait faire pendant à une plaque représentant les quatre évangélistes autour du Christ en majesté. La correspondance entre Ancien et Nouveau Testament – les quatre fleuves du paradis préfigurant, comme le suggère l'inscription, la diffusion du message de Rédemption par les évangélistes – est un trait caractéristique de l'art mosan, tout comme la force des modèles antiques perceptibles dans la personnification des fleuves.

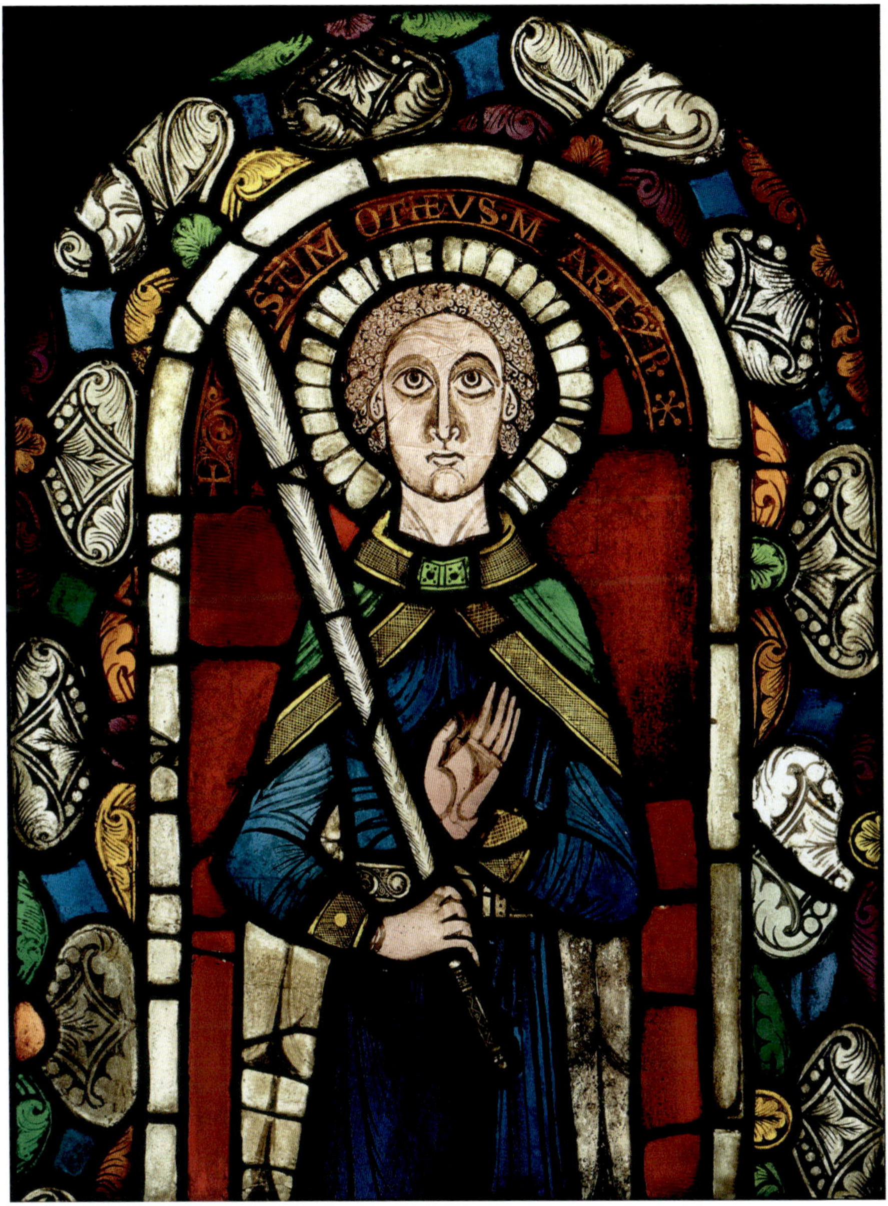

48 | Saint Timothée

Alsace, vers 1140
Verre, grisaille, plomb
H. 58 ; l. 45
Provient de Neuwiller-lès-Saverne (Bas-Rhin).
Don É. Boeswilwald, 1853. Cl. 13335

De dimensions réduites, découpé dans des verres épais, le vitrail de saint Timothée a longtemps été considéré comme l'un des plus anciens vitraux conservés du XIIe siècle : il ne daterait cependant que du milieu du siècle. Hiératique, dotée de la palme de son martyre, la figure du disciple de saint Paul occupait une baie de la chapelle romane Saint-Sébastien dans l'importante abbaye clunisienne de Saint-Pierre-et-Saint-Paul, à Neuwiller.

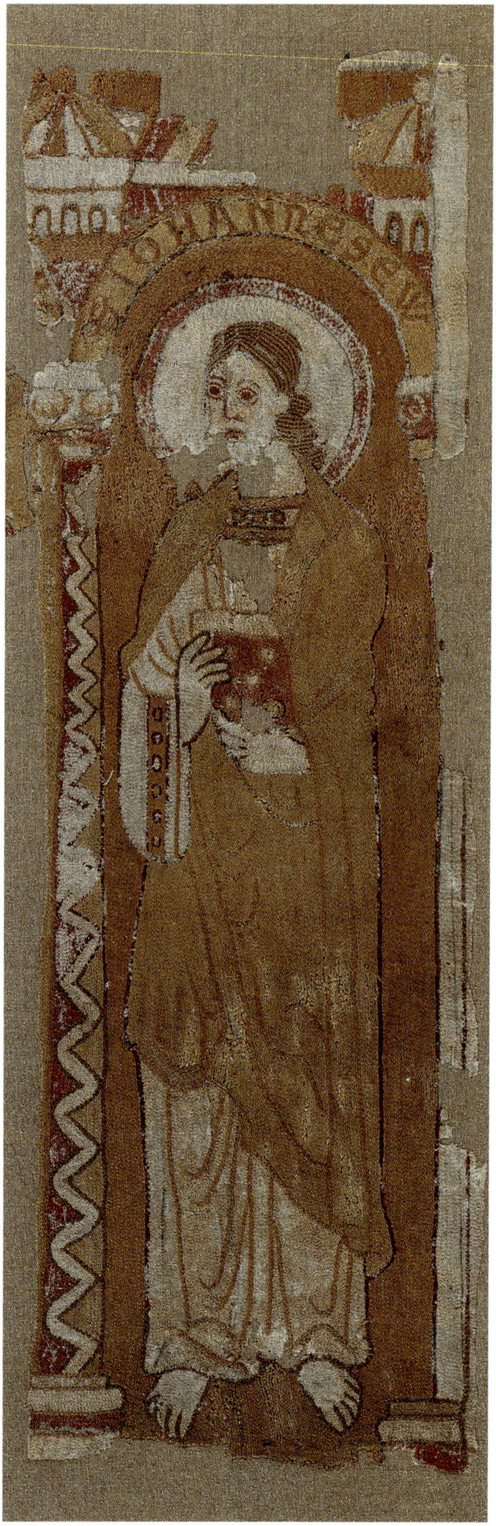

49 | Devant d'autel ou tenture murale (détail)

Basse-Saxe, vers 1150-1160
Toile de lin, fils de soie
H. 72,5 ; l. 49
Ancienne collection du chanoine F. Bock.
Acquis en 1860. Cl. 3048

Cette pièce fragmentaire en lin brodé représente trois apôtres sous des arcades : saint Jean l'Évangéliste, seule figure à peu près complète, saint Pierre muni de sa clef, et un apôtre non identifiable. Elle faisait partie d'un devant d'autel ou d'une tenture murale aujourd'hui dispersée, provenant peut-être du monastère d'Huysburg, près d'Halberstadt. Ce tissu, dont les caractéristiques correspondent bien à l'art de la Basse-Saxe au XIIe siècle, y fut sans doute fabriqué.

50 | Retable de la Pentecôte

Région mosane, vers 1160-1170
Cuivre repoussé et doré sur âme de bois ; nimbes de cuivre champlevé, émaillé et doré ; vernis brun
H. 85 ; l. 215
Attribué au musée en 1895. Cl. 13247

Ce retable, qui était placé à l'arrière de l'autel, représente la descente de l'Esprit Saint sur les apôtres le jour de la Pentecôte. Les colonnes évoquent les sept dons de l'Esprit et les piliers de la maison de la Sagesse, dont l'Église est le nouveau Temple. Sans doute exécutée pour l'abbaye de Stavelot, cette œuvre constitue, par son iconographie élaborée et son style imprégné d'influences classiques, l'une des plus belles productions de l'art mosan.

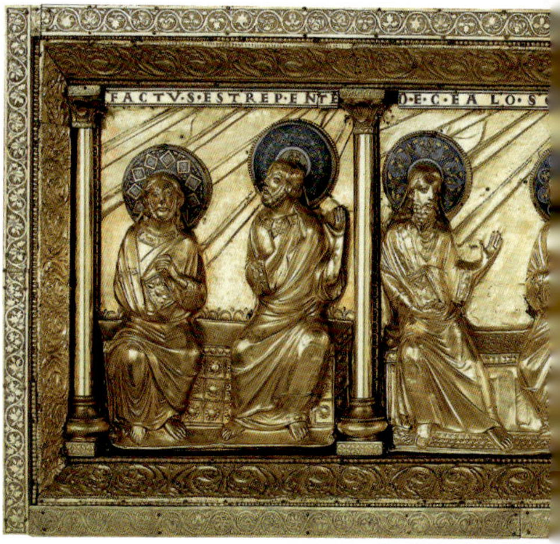

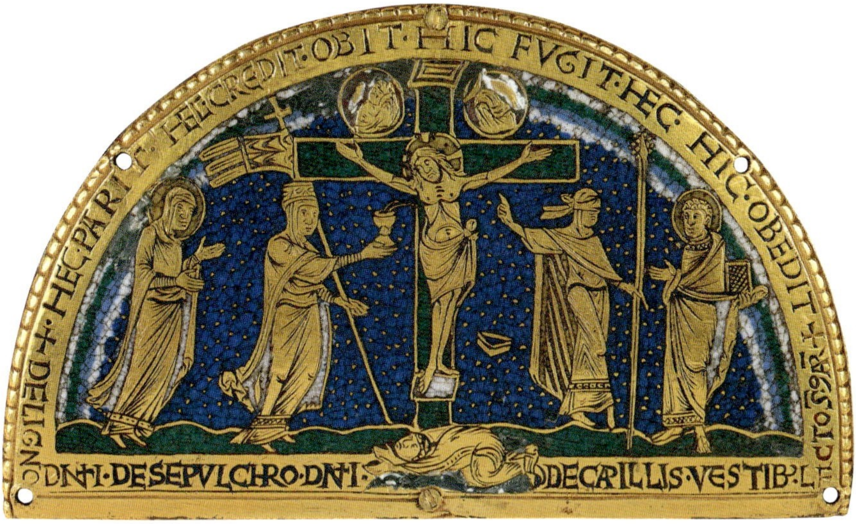

51 | Plaque de reliquaire

Hildesheim (Basse-Saxe), vers 1160-1170
Cuivre champlevé, gravé, émaillé et doré
H. 9 ; l. 15,3
Ancienne collection F. Spitzer. Acquis en 1893.
Cl. 13068

Cette plaque semi-circulaire, provenant sans doute d'un reliquaire, présente autour du Christ en croix les allégories de l'Église et de la Synagogue, la Vierge et saint Jean. Des inscriptions explicitent le rôle de chacun. Le moine donateur, anonyme, se prosterne au pied de la croix. Le fond d'émail bleu parsemé de points dorés et le style des silhouettes rattachent cette plaque – dont le pendant, conservé aux musées royaux d'Art et d'Histoire de Bruxelles (Inv. 3141), comporte la représentation allégorique des Vertus – à l'émaillerie de l'Allemagne du Nord, de la Basse-Saxe plus précisément.

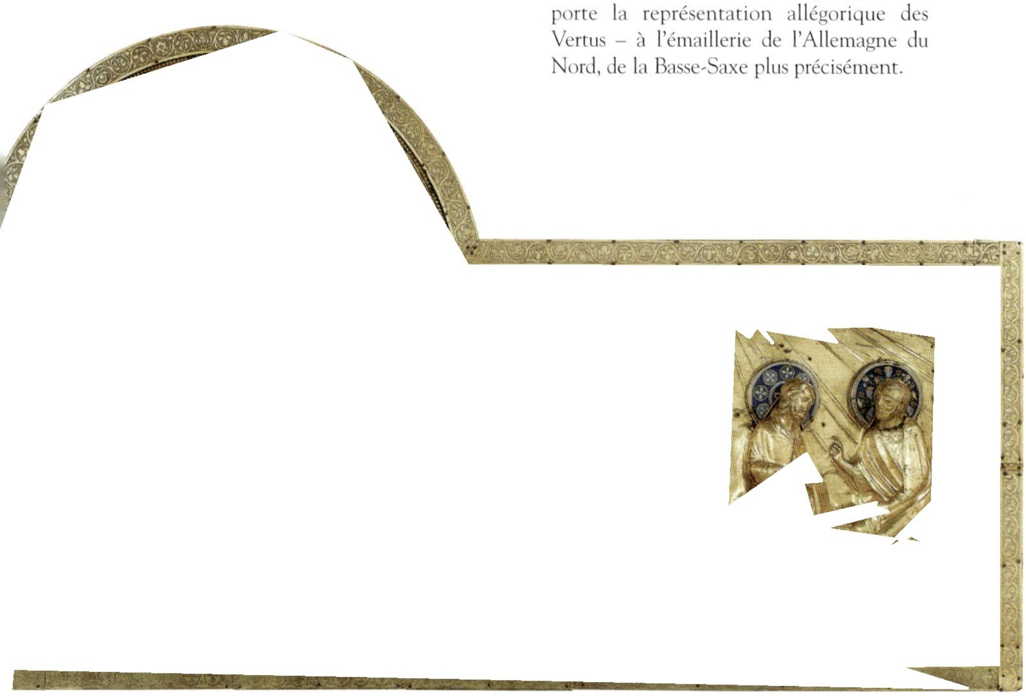

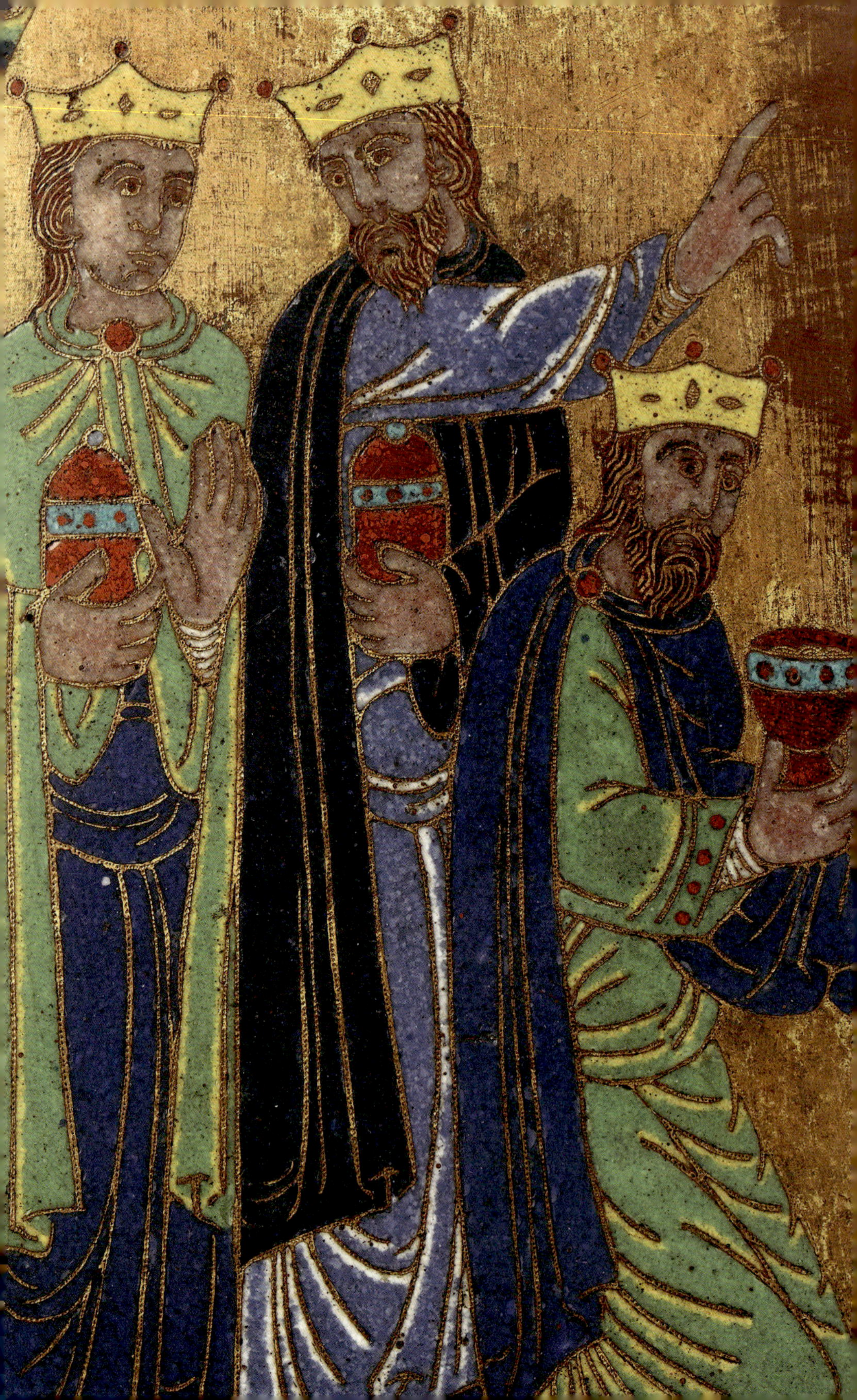

L'œuvre de Limoges

Le terme d'œuvre de Limoges (*opus lemovicense*), qui apparaît dans les documents en 1169, désigne la production des ateliers d'orfèvrerie et d'émaillerie limousins, dont les premiers témoignages datent du deuxième quart du XIIe siècle. Elle correspond à l'essor de l'émaillage sur cuivre champlevé, qui se développe au XIIe siècle dans deux foyers principaux : l'un septentrional (vallées du Rhin et de la Meuse, Basse-Saxe, Angleterre), l'autre méridional (Limoges et nord de l'Espagne). Cette technique consiste à placer l'émail dans des alvéoles (ou « champs ») creusées dans une plaque de métal – généralement de cuivre – assez épaisse, les parties « épargnées » (non émaillées) étant dorées au mercure. L'œuvre de Limoges connut dès la fin du XIIe siècle une large diffusion dans toute l'Europe, favorisée à partir de 1215 par la décision du concile de Latran IV d'autoriser l'emploi de l'émail champlevé pour les vases sacrés.

Abondante et diversifiée, la production comprend toute la gamme des pièces religieuses : croix, retables, pyxides, ciboires, colombes eucharistiques, encensoirs, chandeliers, reliures de livres sacrés, crosses, reliquaires, châsses... Elle se compose aussi de pièces profanes (boîte aux scènes courtoises). Le décor profane ou courtois de certaines pièces, comme les gémellions (coupes jumelles destinées au lavement des mains) ou les chandeliers (**n° 54**), n'exclut pas un usage liturgique. La production limousine inclut enfin des objets en cuivre doré, destinés pour la plupart à être fixés sur des parements émaillés : appliques, médaillons, éléments de retables et de coffrets, figures tombales.

Le succès de l'œuvre de Limoges peut s'expliquer par le prix relativement modeste des matériaux, la vivacité des couleurs, la verve narrative, mais aussi par la capacité des ateliers limousins à fournir une production abondante – comme la cinquantaine de châsses de saint Thomas Becket connues aujourd'hui (**n° 55**) – voire en série. Les ateliers de Limoges pouvaient toutefois aussi réaliser des œuvres uniques pour des commanditaires prestigieux, notamment la cour des Plantagenêts et l'ordre de Grandmont (**nos 52** et **53**).

Les premières productions limousines présentaient des figures émaillées sur un fond doré, lisse ou vermiculé (orné de fins rinceaux). Vers 1180-1190 se développe une nouvelle technique : sur un fond émaillé, les figures sont laissées en réserve, gravées et dorées, et portent souvent des têtes d'applique en relief. Plus facile à mettre en œuvre, cette technique est mieux adaptée à une fabrication abondante, ce qui n'exclut pas la création d'œuvres de qualité (**n° 56**). Ce nouveau parti se généralise pendant le premier XIIIe siècle, à l'exception d'un courant archaïsant qui reprend les figures émaillées sur fond doré (**nos 61** et **62**). La seconde moitié du XIIIe siècle voit la multiplication de fabrications de moindre qualité, voire stéréotypées. Au début du XIVe siècle, la production se raréfie et se recentre sur une clientèle locale.

Ci-contre : détail du n° 53

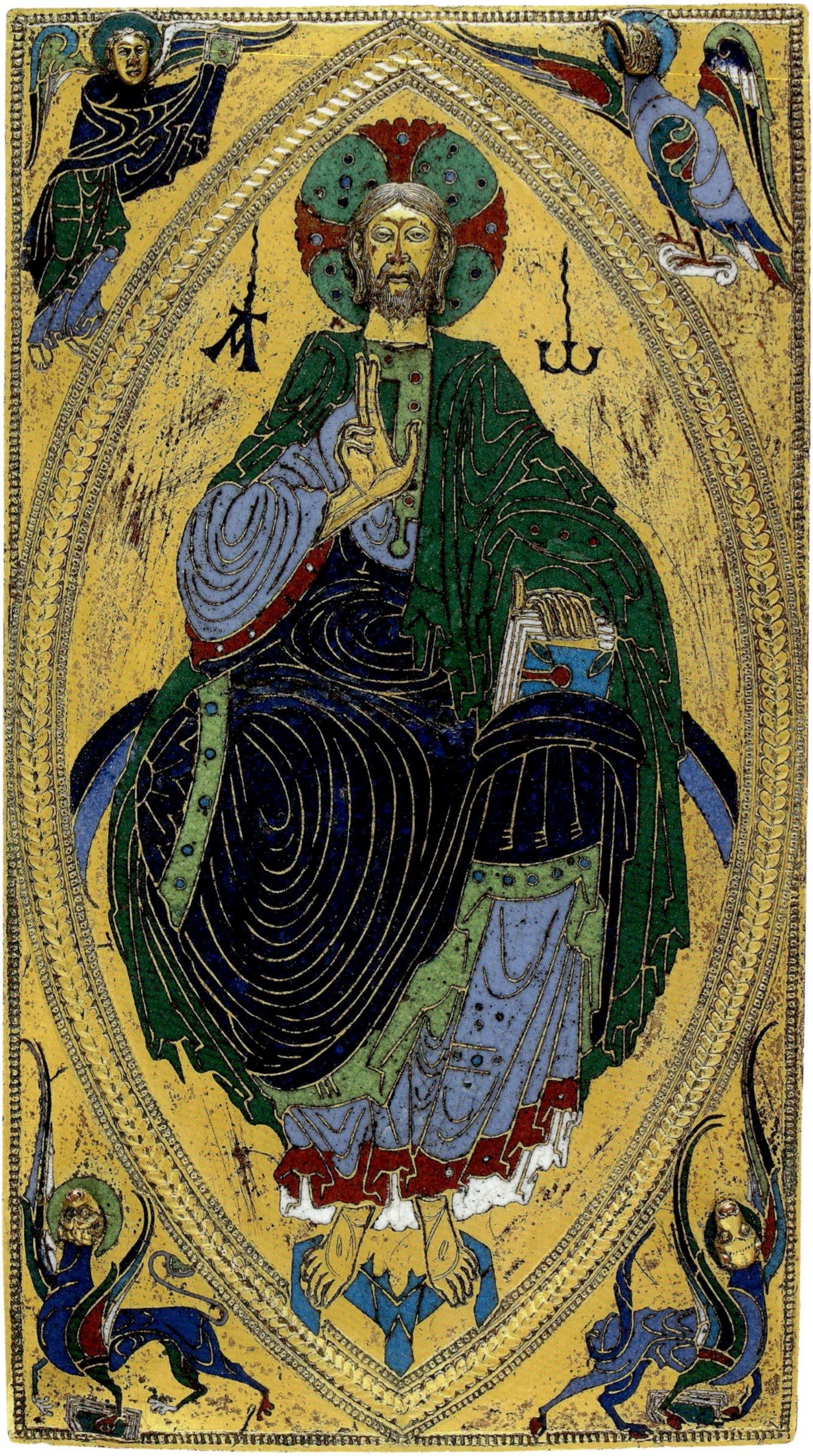

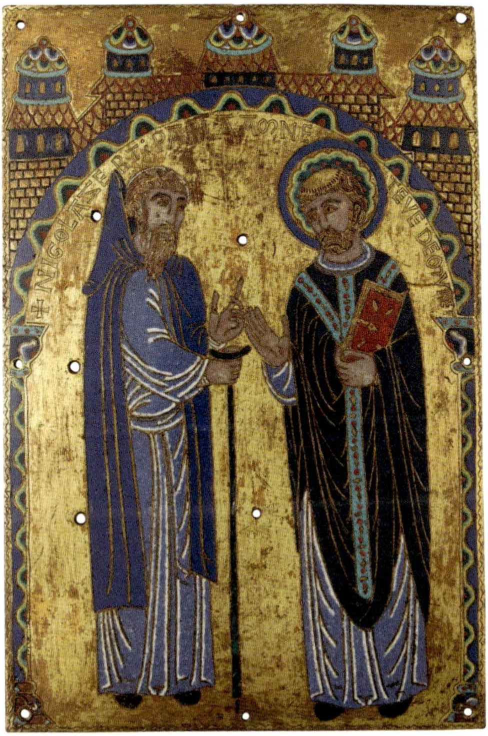

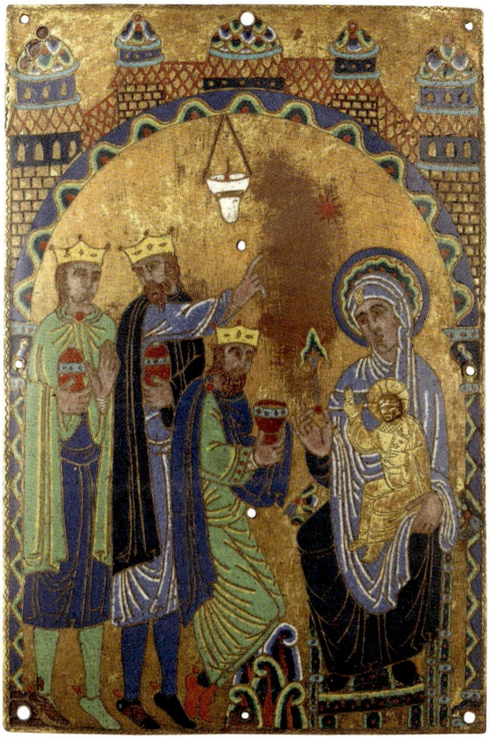

52 | Plaque de reliure : Christ en majesté

Espagne (Silos ?) ou Limousin,
troisième quart du XIIe siècle
Cuivre champlevé, cloisonné, gravé, ciselé, émaillé et doré
H. 23,6 ; l. 13,6
Ancienne collection F. Spitzer. Acquis en 1893.
Cl. 13070

Cette plaque émaillée devait, avec son pendant figurant la Crucifixion, conservé à Madrid, former la reliure d'un luxueux livre liturgique. Rare exemple méridional d'association d'émaux champlevés et cloisonnés, elle fut sans doute exécutée dans un atelier espagnol ou limousin. Un puissant Christ en majesté trône dans une mandorle, entouré du tétramorphe – ou Quatre Vivants. Romane par la frontalité du Christ, la stylisation du corps et des drapés, mais aussi par la vivacité des symboles des évangélistes cantonnés dans les écoinçons, cette plaque de reliure constitue un chef-d'œuvre de l'émaillerie médiévale.

53 | Deux plaques : Adoration des Mages ; saint Étienne de Muret et Hugues Lacerta

Limoges, vers 1190
Cuivre champlevé, émaillé et doré
H. 26,2 ; l. 17,8
Fonds Du Sommerard.
Cl. 956 a et b

Ces deux plaques sont les seuls éléments conservés du retable qui ornait l'autel majeur de l'abbaye de Grandmont. Ordre érémitique fondé par Étienne de Muret († 1124), Grandmont s'enrichit et passa de luxueuses commandes aux ateliers limousins. Le retable, qui associait des scènes de la vie du Christ à la figuration des actes du saint fondateur, fut probablement exécuté juste après la canonisation de ce dernier en 1189. Sur les fonds dorés, les figures émaillées sont rehaussées des couleurs vives et subtiles des émaux limousins.

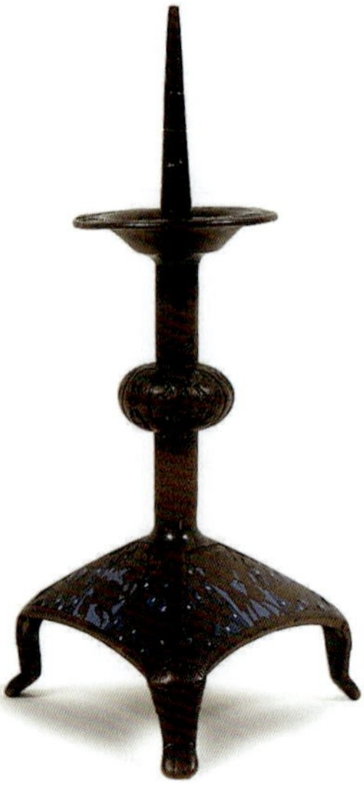

54 | Chandelier

Limoges, vers 1180-1190
Cuivre champlevé, émaillé et doré
H. 25 ; l. 12,6
Ancienne collection du duc d'Arenberg.
Acquis en 1995.
Cl. 23440

Ce chandelier est orné de scènes émaillées remarquables par leur verve narrative et leur vivacité : jongleuses, lutteurs. Quoique profanes, ces scènes n'excluent pas un usage liturgique de l'objet. Assez rare, cette iconographie rattache l'œuvre aux ateliers limousins liés à la cour d'Aquitaine. Les oiseaux fantastiques du nœud et le décor vermiculé du fût suggèrent une datation autour des années 1180-1190.

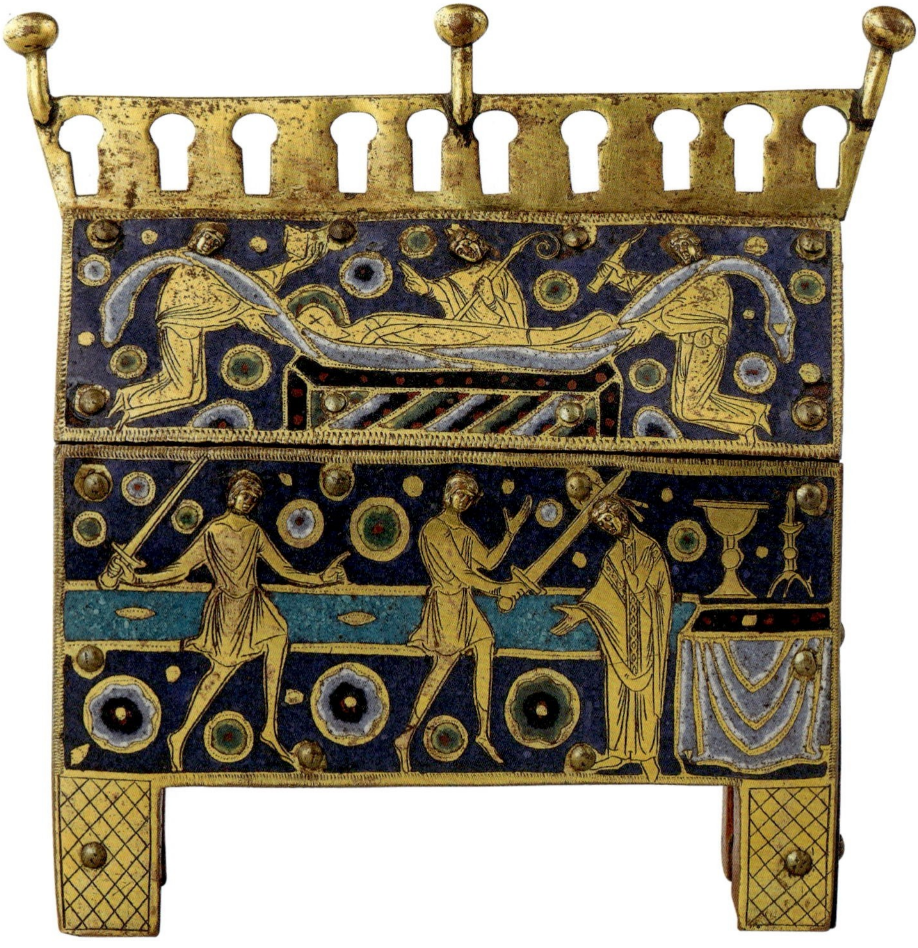

55 | Châsse de saint Thomas Becket

Limoges, vers 1190-1200
Cuivre champlevé, gravé, émaillé et doré
H. 15,9 ; l. 14,1 ; Pr. 5,8
Acquise en 1987.
Cl. 23296

Les ateliers limousins fabriquèrent de nombreuses châsses pour abriter les reliques de l'archevêque de Cantorbéry, Thomas Becket, assassiné en 1170 dans sa cathédrale à l'instigation du roi d'Angleterre Henri II Plantagenêt et canonisé dès 1173. Il subsiste environ cinquante châsses, dont deux sont conservées au musée. Le meurtre du prélat apparaît sur le flanc de la face majeure, son inhumation sur le toit. Ces images servaient le discours ecclésiastique contre les abus du pouvoir politique.

56 | Châsse des Rois mages

Limoges, vers 1200
Cuivre champlevé, gravé, ciselé, émaillé et doré
H. 20,7 ; l. 19,7 ; Pr. 8,5
Ancienne collection F. Spitzer.
Bien d'intérêt patrimonial majeur, acquis en 2006 grâce au mécénat de CNP Assurances sollicité par l'ARMMA.
Cl. 23822

Le thème de l'Adoration des Mages compte parmi les sujets privilégiés des châsses de l'œuvre de Limoges, en résonance avec les usages liturgiques limousins et les traditions courtoises aquitaines. Plus rare est la représentation de la chevauchée des Mages, figurée sur le toit de la châsse. Par la qualité de son exécution, l'étendue de la palette, la finesse de la gravure et de la ciselure, cette œuvre constitue l'un des plus beaux exemples de la production des ateliers limousins autour de 1200.

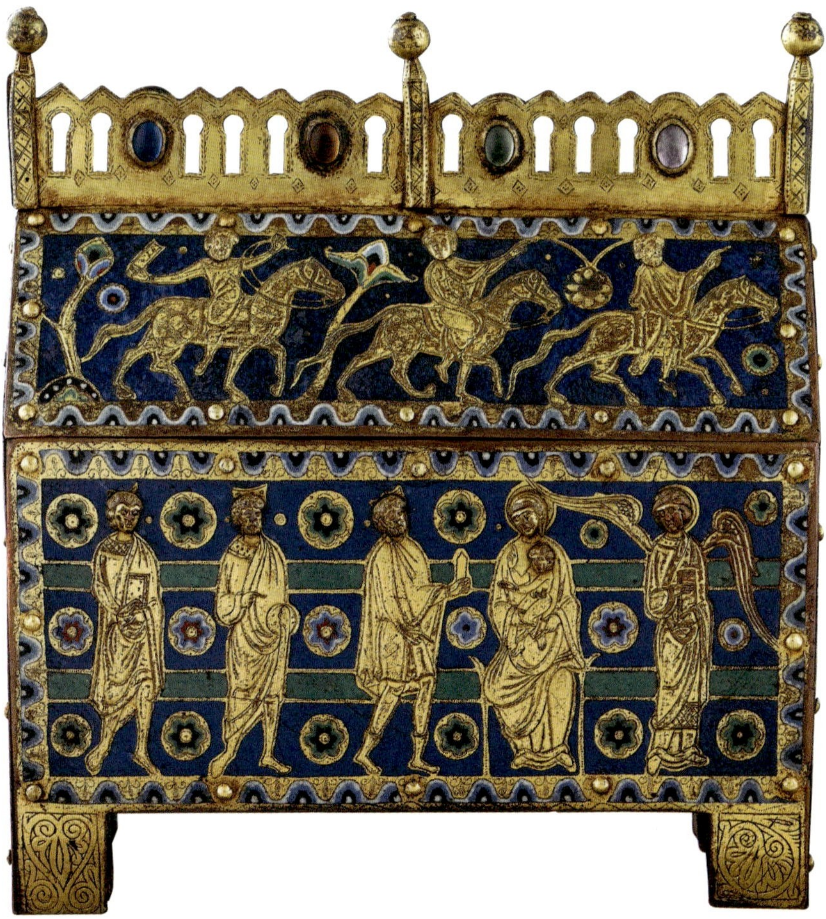

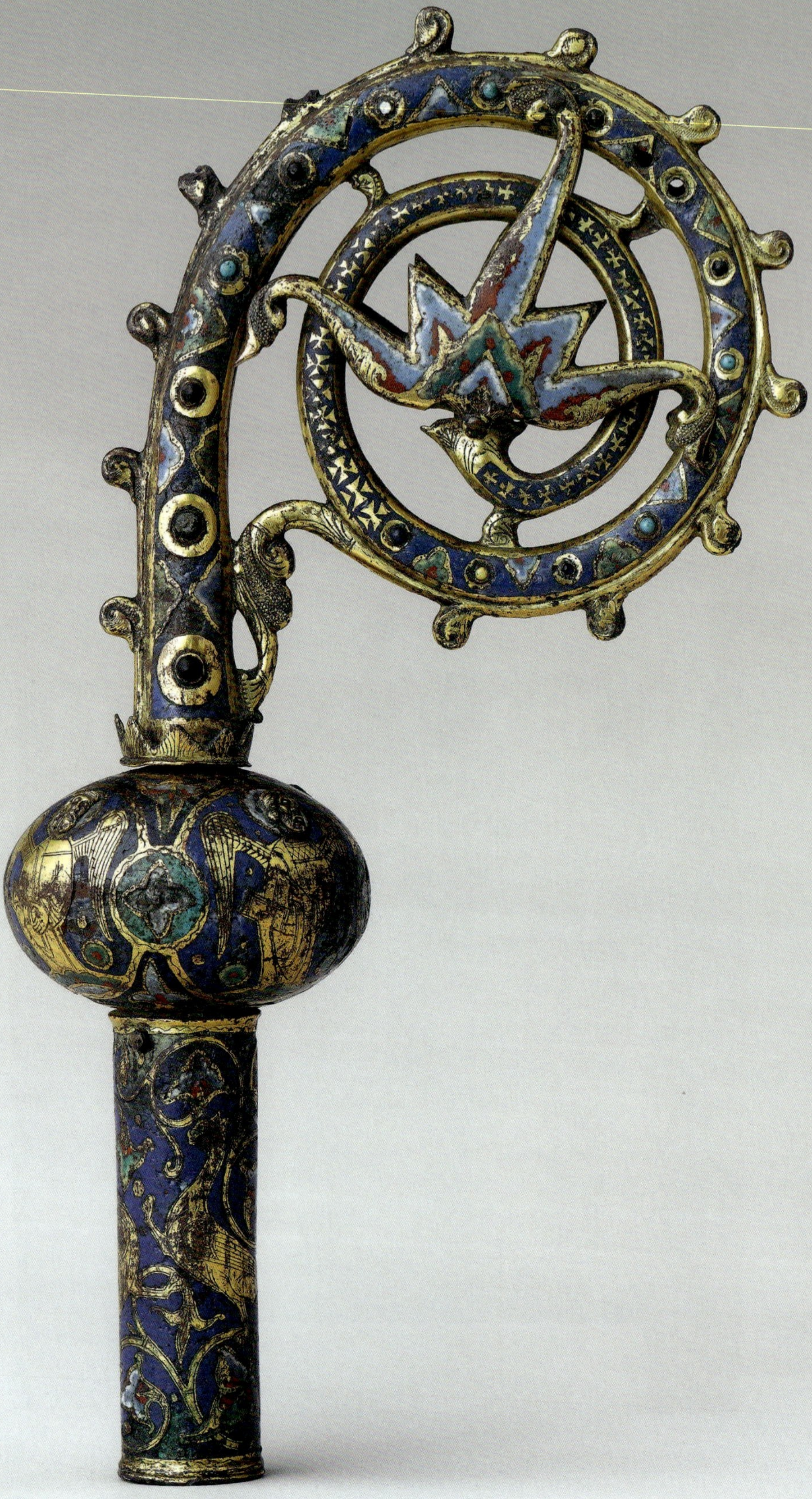

57 | Christ roi crucifié

Limoges, vers 1210-1220
Cuivre champlevé, émaillé et doré ; gemmes
H. 39,2 ; l. 32,3
Acquis en 2001.
Cl. 23671

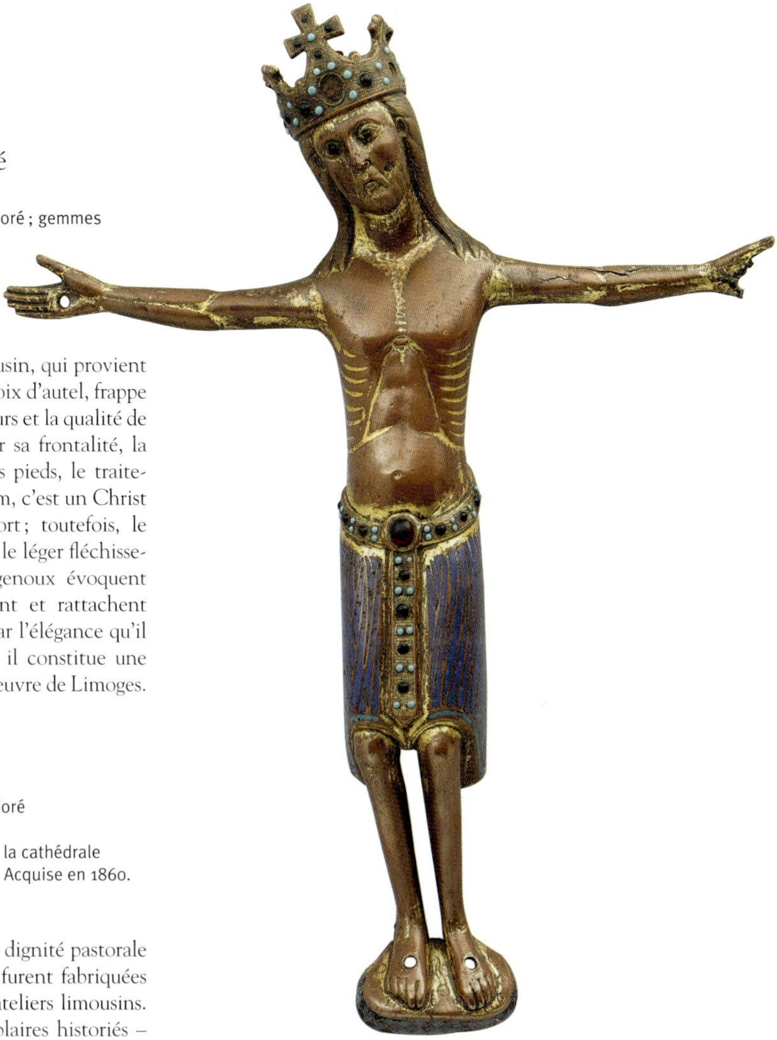

Ce Christ d'applique limousin, qui provient sans doute d'une grande croix d'autel, frappe par la vivacité de ses couleurs et la qualité de son exécution. Roman par sa frontalité, la symétrie des jambes et des pieds, le traitement des plis du périzonium, c'est un Christ roi, triomphant de la mort ; toutefois, le modelé réaliste du torse et le léger fléchissement de la tête et des genoux évoquent l'image du Christ souffrant et rattachent l'œuvre à l'art gothique. Par l'élégance qu'il allie à sa monumentalité, il constitue une pièce exceptionnelle de l'œuvre de Limoges.

58 | Crosse

Limoges, début du XIIIe siècle
Cuivre champlevé, émaillé et doré
H. 25,5 ; l. 12,5
Mise au jour dans le chœur de la cathédrale Saint-Nazaire de Carcassonne. Acquise en 1860.
Cl. 2957

Les crosses, symboles de la dignité pastorale des évêques et des abbés, furent fabriquées en grand nombre par les ateliers limousins. À la différence des exemplaires historiés – Annonciation, Saint Michel terrassant le dragon – ou figurant le Christ et la Vierge en majesté, celui-ci porte sur le crosseron une palmette-fleur. Le nœud s'orne des quatre évangélistes et la douille d'animaux fantastiques.

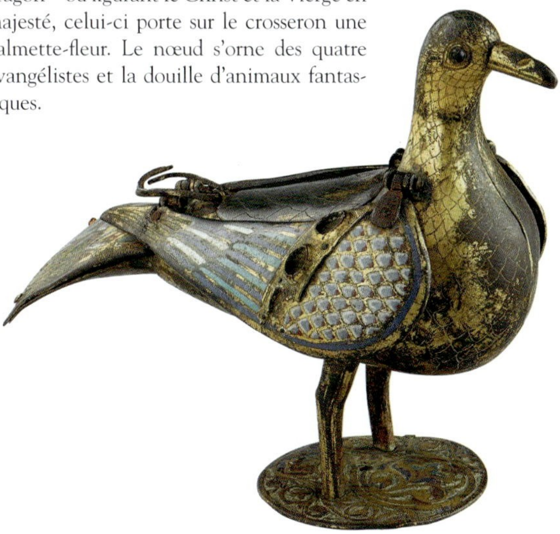

59 | Colombe eucharistique

Limoges, premier quart du XIIIe siècle
Cuivre champlevé, gravé, émaillé et doré ; cabochons
H. 19 ; l. 25
Ancienne collection A. Mallay. Acquise en 1851.
Cl. 1957

Produites en grand nombre par les ateliers limousins, les colombes eucharistiques sont en quelque sorte des tabernacles mobiles suspendus par des chaînettes au-dessus de l'autel, ce qui permettait de placer l'hostie consacrée hors d'atteinte. Allégorie du souffle divin, la colombe représente l'Esprit Saint. Le décor gravé et émaillé mêle stylisation et réalisme dans le rendu du plumage.

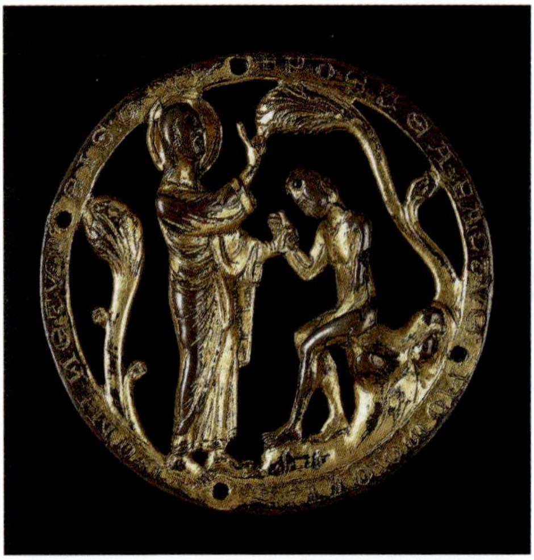

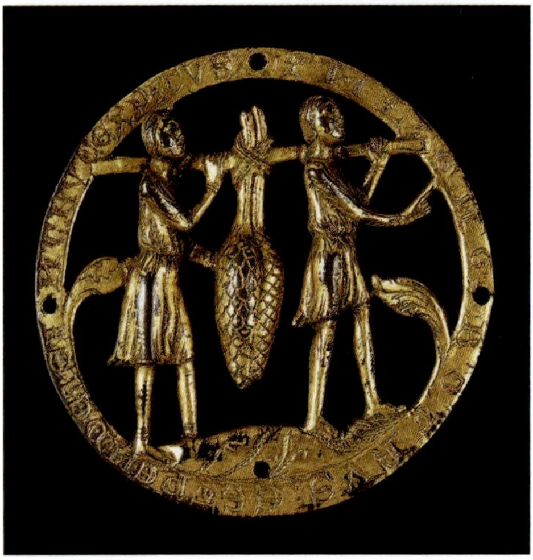

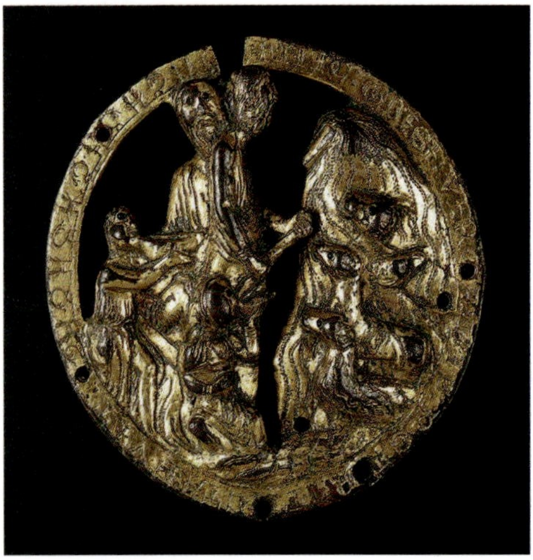

60 | Trois médaillons : la Création de l'homme, la Grappe de la Terre Promise, Moïse frappant le rocher

Limoges, premier tiers du XIIIe siècle
Cuivre doré
D. 8 (a, b) – D. 7,7 (c)
Fonds Du Sommerard.
Cl. 957 a, b, c

Ces trois médaillons ajourés, ainsi qu'un quatrième médaillon appartenant à une collection privée figurant Moïse et le serpent d'airain, ornaient peut-être un coffret ou un tabernacle. La présence d'inscriptions explicitant les scènes bibliques, unique dans l'œuvre de Limoges, tout comme le choix de celles-ci, sont peut-être révélateurs de contacts avec l'art rhéno-mosan.

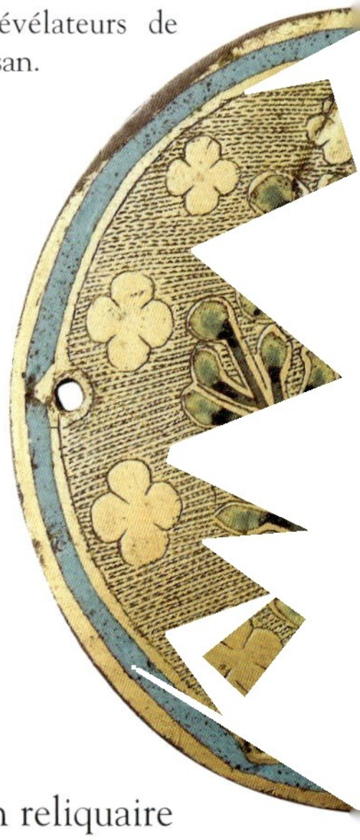

61 | Plaque d'un reliquaire de saint François

Limoges (ou Italie ?), après 1228
Cuivre champlevé, émaillé et doré
H. 20,5 ; l. 20,3
Dépôt du musée du Louvre, 1956.
OA 84

Cette plaque quadrilobée figurant saint François recevant les stigmates provient sans doute d'un reliquaire. Probablement exécutée peu après la canonisation du saint (1228), elle serait l'une des plus anciennes représentations conservées de la stigmatisation, épisode central de sa démarche d'imitation du Christ. La présence des étoiles et des arbres évoque son amour de la nature et des créatures. La spiritualité franciscaine se trouve ici magnifiquement illustrée.

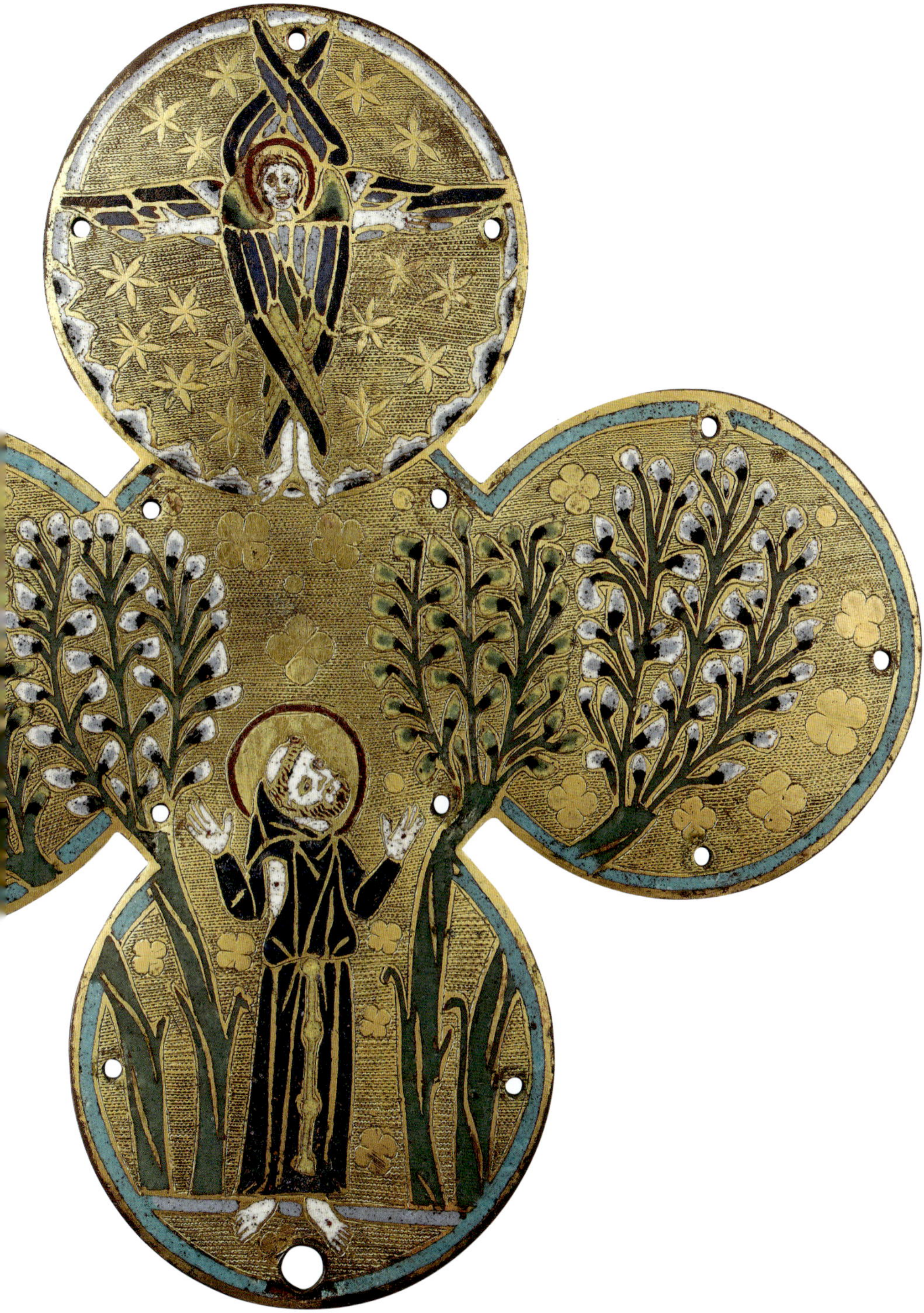

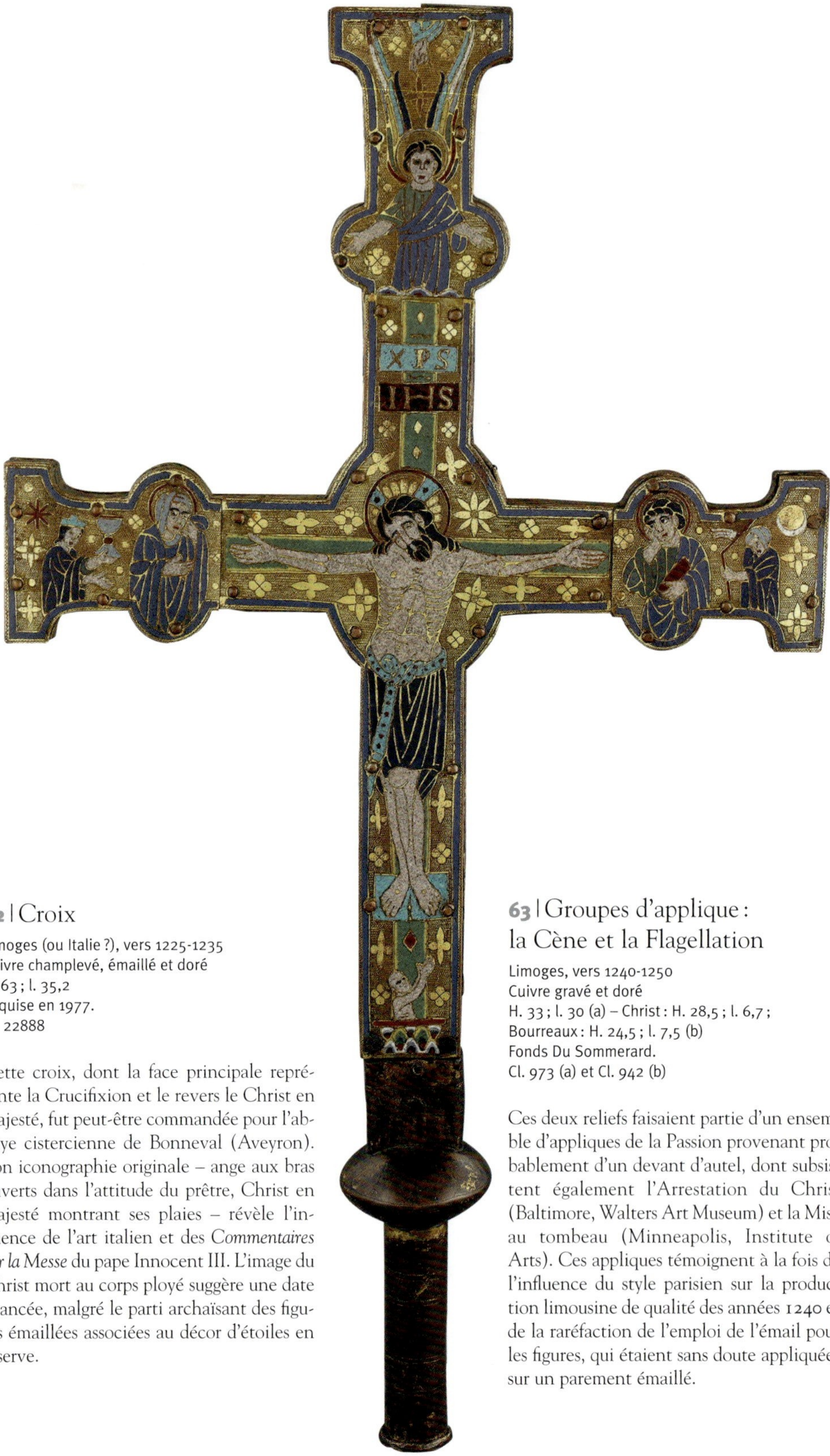

62 | Croix

Limoges (ou Italie ?), vers 1225-1235
Cuivre champlevé, émaillé et doré
H. 63 ; l. 35,2
Acquise en 1977.
Cl. 22888

Cette croix, dont la face principale représente la Crucifixion et le revers le Christ en majesté, fut peut-être commandée pour l'abbaye cistercienne de Bonneval (Aveyron). Son iconographie originale – ange aux bras ouverts dans l'attitude du prêtre, Christ en majesté montrant ses plaies – révèle l'influence de l'art italien et des *Commentaires sur la Messe* du pape Innocent III. L'image du Christ mort au corps ployé suggère une date avancée, malgré le parti archaïsant des figures émaillées associées au décor d'étoiles en réserve.

63 | Groupes d'applique : la Cène et la Flagellation

Limoges, vers 1240-1250
Cuivre gravé et doré
H. 33 ; l. 30 (a) – Christ : H. 28,5 ; l. 6,7 ;
Bourreaux : H. 24,5 ; l. 7,5 (b)
Fonds Du Sommerard.
Cl. 973 (a) et Cl. 942 (b)

Ces deux reliefs faisaient partie d'un ensemble d'appliques de la Passion provenant probablement d'un devant d'autel, dont subsistent également l'Arrestation du Christ (Baltimore, Walters Art Museum) et la Mise au tombeau (Minneapolis, Institute of Arts). Ces appliques témoignent à la fois de l'influence du style parisien sur la production limousine de qualité des années 1240 et de la raréfaction de l'emploi de l'émail pour les figures, qui étaient sans doute appliquées sur un parement émaillé.

64 | Boîte : scènes courtoises

Limoges, milieu du XIIIe siècle
Cuivre champlevé, gravé, émaillé et doré
H. 6,1 ; D. 5,1
Découverte à Limoges, sur le site de l'abbaye de Saint-Martial, en 1837. Ancienne collection V. Gay. Dépôt du musée du Louvre, 1999.
OA 6279

Cette petite boîte représente les quatre étapes de la conquête amoureuse, codifiées par la littérature courtoise : la rencontre, l'hommage de vassalité ou *immixtio manuum*, le cadeau, le baiser. Boîte à bijoux ou à cosmétiques, éventuellement « boîte de fiançailles », elle a également pu contenir des reliques ou des hosties ; peut-être a-t-elle rempli ces fonctions successivement.

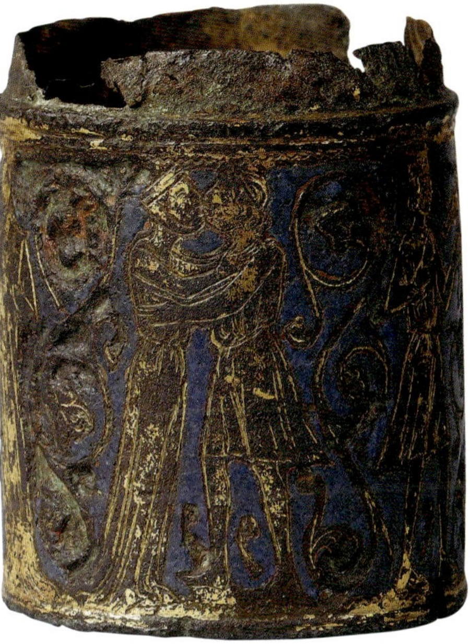

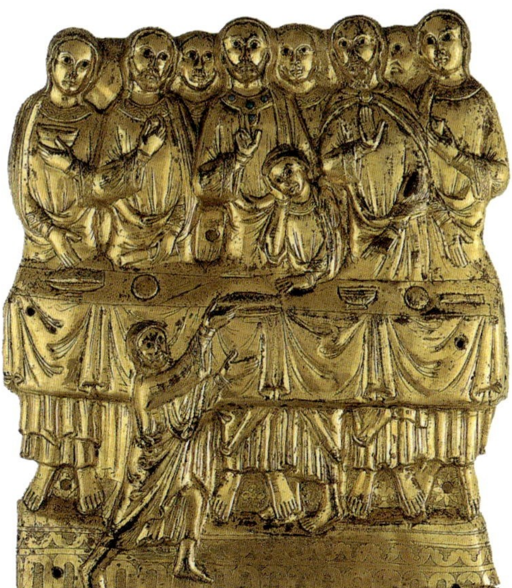

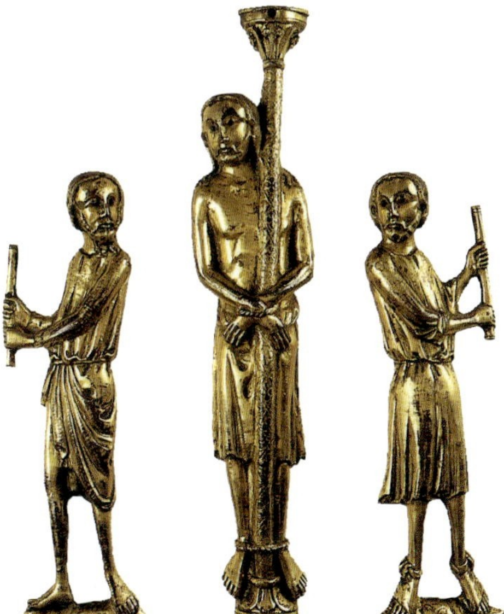

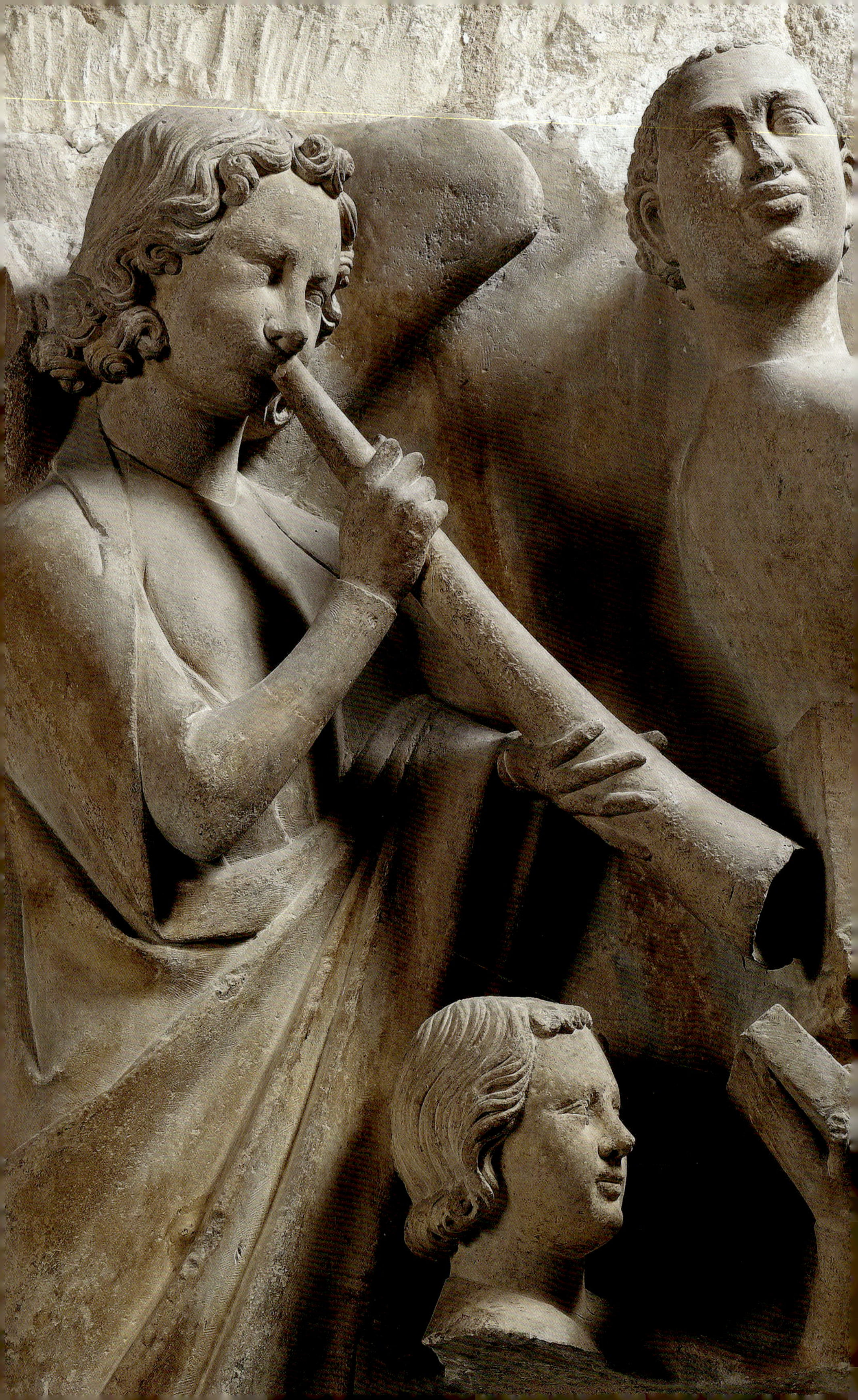

L'art gothique

À partir des années 1120, la région parisienne est le théâtre d'un véritable bouleversement dans les domaines intellectuel et artistique. Hugues de Saint-Victor et ses disciples redécouvrent, à travers les écrits du pseudo-Denys l'Aréopagite, l'enseignement de Platon et surtout de son élève Plotin, et mettent l'accent sur l'importance de la lumière comme élément central de la Création, du moins telle qu'elle se révèle à nos sens. Parallèlement, les premières expériences architecturales sur la continuité spatiale et l'ouverture de l'édifice sont menées à Sainte-Geneviève et à Saint-Martin-des-Champs, et trouvent leur aboutissement dans les deux grands chantiers de Saint-Denis et de la cathédrale de Sens, lancés vers 1135. Par-delà les recherches architecturales, ces chantiers, dont on connaît particulièrement bien le contexte intellectuel grâce aux plaidoyers *pro domo* de Suger, présentent une double volonté : donner un rôle prépondérant à la lumière, à l'espace et au vide, mais aussi réaliser un art « total » où architecture, sculpture, peinture et orfèvrerie se répondent au sein d'une même conception.

Adoptée dès les années 1150 dans une vaste région s'étendant de la Beauce à la Picardie, cette nouvelle approche artistique se répand peu à peu en France et à l'étranger. Au tournant des XIIe et XIIIe siècles sont établis plusieurs éléments constitutifs nouveaux, notamment l'emploi systématique de l'arc-boutant ou la structuration de la façade : en témoignent l'apparition de la galerie des rois à la façade de Notre-Dame de Paris et l'amélioration de la maîtrise des techniques constructives. Les progrès rapides de la stéréotomie (agencement des pierres), en particulier, ouvrent la voie à une course à toujours plus de grandeur, toujours plus d'ouverture aussi. Le chantier de la Sainte-Chapelle de Paris – entre 1243 et 1248 – marque l'apogée de ce mouvement : la chapelle haute est devenue, grâce également à l'emploi du fer, une gigantesque cage de verre, un reliquaire pour reliquaires dont l'architecture consiste paradoxalement dans la dématérialisation de la paroi.

Les dernières décennies du XIIIe siècle et surtout la première moitié du XIVe siècle correspondent à une phase de diversification. La région parisienne poursuit les recherches menées du temps de Louis IX tout en accentuant encore la volonté d'élégance et de fluidité. Le renouveau des importations d'ivoire et la maîtrise des techniques d'émail translucide – des émaux de plique notamment – permettent un développement sans précédent des arts précieux. En Angleterre, les architectes exploitent jusqu'à leur extrême limite les progrès de la stéréotomie et multiplient les effets décoratifs. Dans le sud de la France et le nord de la péninsule Ibérique, se développent aussi des créations originales. En architecture, l'unité spatiale et l'élévation priment. Tant la sculpture que les arts précieux élaborent une audacieuse synthèse entre les pratiques de la France du Nord et celles de l'Italie, donnant naissance à un art d'une rare préciosité. Enfin, l'établissement du pape en Avignon (de 1309 à 1378 si l'on exclut la période du grand schisme d'Occident) entraîne l'apparition d'une cour particulièrement riche et soucieuse de prestige, où artistes venus d'Italie ou du Nord cohabitent et confrontent leurs pratiques.

Ci-contre : détail du n° 72

Le premier art gothique, Île-de-France, 1140-1200

Tout comme « roman », le terme « gothique » est une création *a posteriori* et dont la définition, appuyée soit sur des critères stylistiques, soit sur une vision purement chronologique, peut fluctuer ; on peut débattre longtemps de ce que recouvre vraiment le « gothique » du XIIe siècle. Pour autant, il est indéniable que, à Paris d'abord puis dans les régions limitrophes, se développe à partir des années 1130 une nouvelle approche artistique. Celle-ci ne repose pas, comme on l'a longtemps cru, sur telle ou telle innovation technique, mais bien sur une conception différente de la mise en espace et de la relation entre architecture, sculpture et vitrail dont témoignent Saint-Denis et Sens.

La rupture n'est pas toujours brutale, et l'on peut signaler, par-delà cette nouvelle conception d'ensemble, bien des éléments trouvant de forts parallèles dans la production d'autres régions qui, à la même époque, poursuivent les traditions romanes, comme les statues-colonnes de Saint-Denis (**n° 66**) – dont le sculpteur connaissait manifestement les créations bourguignonnes de la décennie précédente –, les sculptures du cloître de Saint-Denis (**n° 65**) et celles du chevet de Saint-Germain-des-Prés, où les animaux fantastiques des chapiteaux se situent dans la ligne de la sculpture du début du siècle. Il en va de même dans le domaine du vitrail : élément essentiel du travail de la lumière, il prend une nouvelle dimension dans l'édifice gothique. Sous l'angle stylistique, les peintres à l'œuvre sur les verrières de Saint-Denis (**n° 67**) restent très largement tributaires de la peinture romane ; dans ce domaine, les bouleversements ne se produiront qu'au début du XIIIe siècle.

Il faut donc se garder d'une lecture trop tranchée de ce premier art gothique, reposant seulement sur les éléments qui perdureront dans les siècles suivants, mais bien le voir comme un moment de transition entre deux conceptions artistiques très distinctes. En cette deuxième moitié du XIIe siècle, tant la sculpture que les arts de la couleur témoignent d'une fascination pour l'orfèvrerie qui se ressent dans les drapés, extrêmement serrés, aigus, se développant en ellipses concentriques qui laissent lisses certaines parties du corps, ou en angles aigus emboîtés.

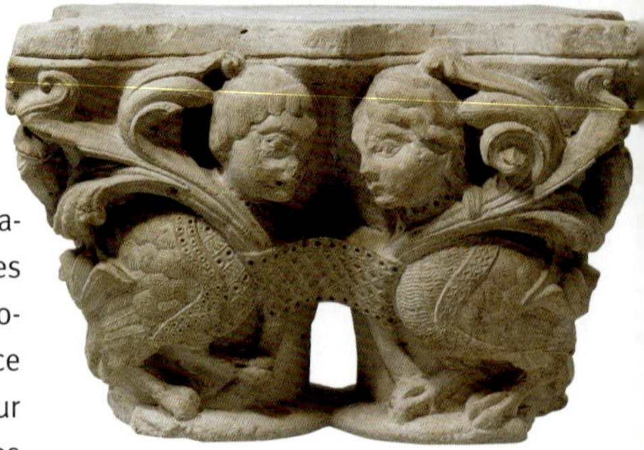

65 | Chapiteau double : harpies affrontées

Saint-Denis, vers 1140-1145
Calcaire lutétien
H. 26,1 ; l. 41,2 ; Pr. 30
Provient du cloître de l'abbaye de Saint-Denis.
Acquis en 1996.
Cl. 23531

Dans son iconographie, le cloître apparaît moins novateur que les autres chantiers lancés par Suger à Saint-Denis. Il a recours aux figures monstrueuses traditionnelles dans les monastères bénédictins et décriées par saint Bernard. Les éléments stylistiques, le travail des cheveux des personnages, celui des visages aux pommettes saillantes ou des yeux aux paupières largement soulignées confirment en revanche l'inscription dans le renouveau de la sculpture parisienne des années 1140.

66 | Tête de statue-colonne : la reine de Saba

Saint-Denis, vers 1137-1140
Calcaire lutétien
H. 36,5 ; l. 21 ; Pr. 22
Provient de l'église abbatiale de Saint-Denis, ébrasement droit du portail central de la façade occidentale. Déposée en 1771. Acquise en 1986.
Cl. 23250

L'apparition des statues-colonnes n'est pas la moindre des innovations qui virent le jour sur le chantier de la façade occidentale de Saint-Denis. Quoique fort mutilée, cette tête a gardé sa dure noblesse. De la polychromie qui la rehaussait, il ne reste aujourd'hui plus aucune trace hormis le mortier qui, placé au fond d'iris creusés, servait à fixer des éléments de pâte de verre qui animaient le regard.

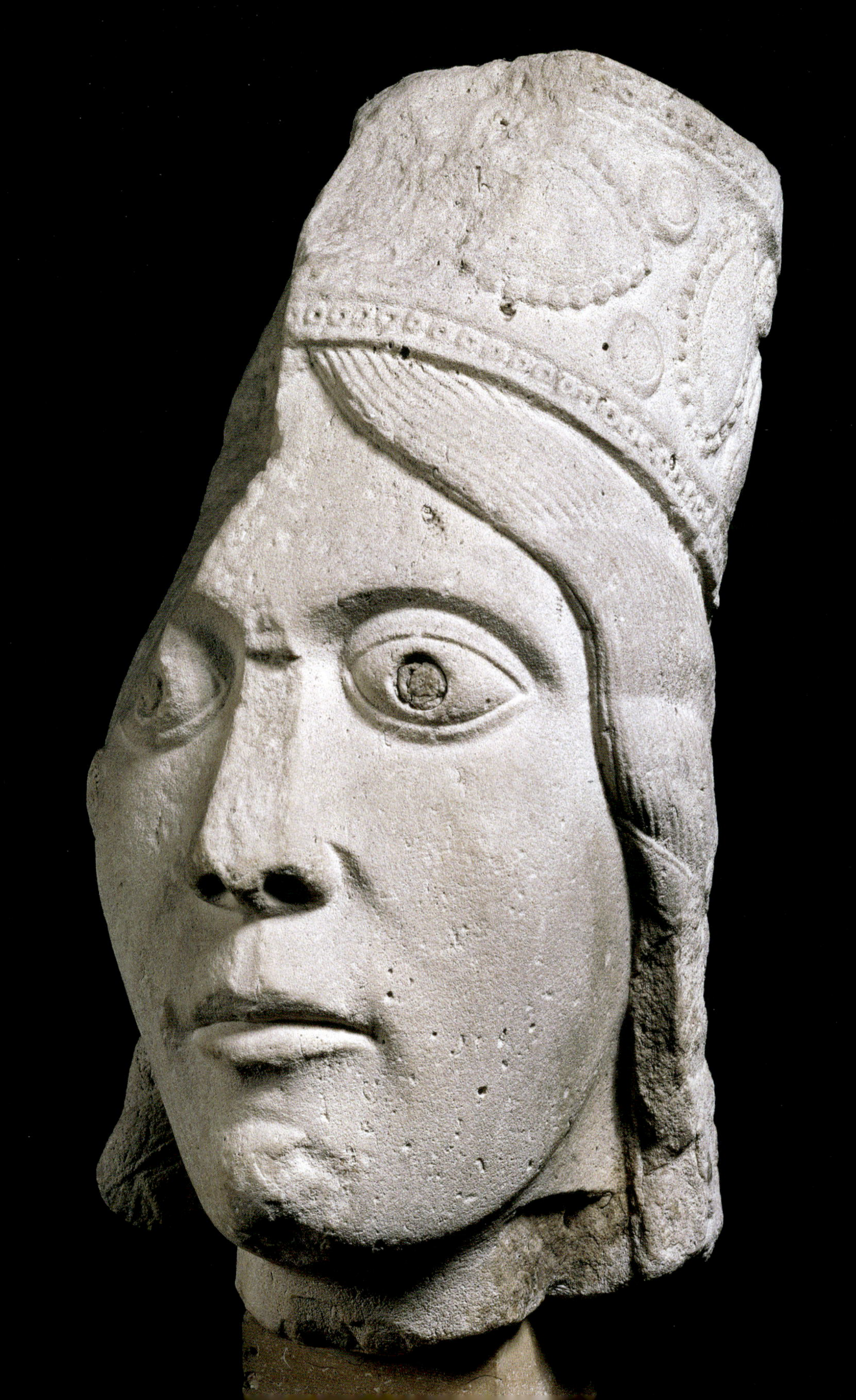

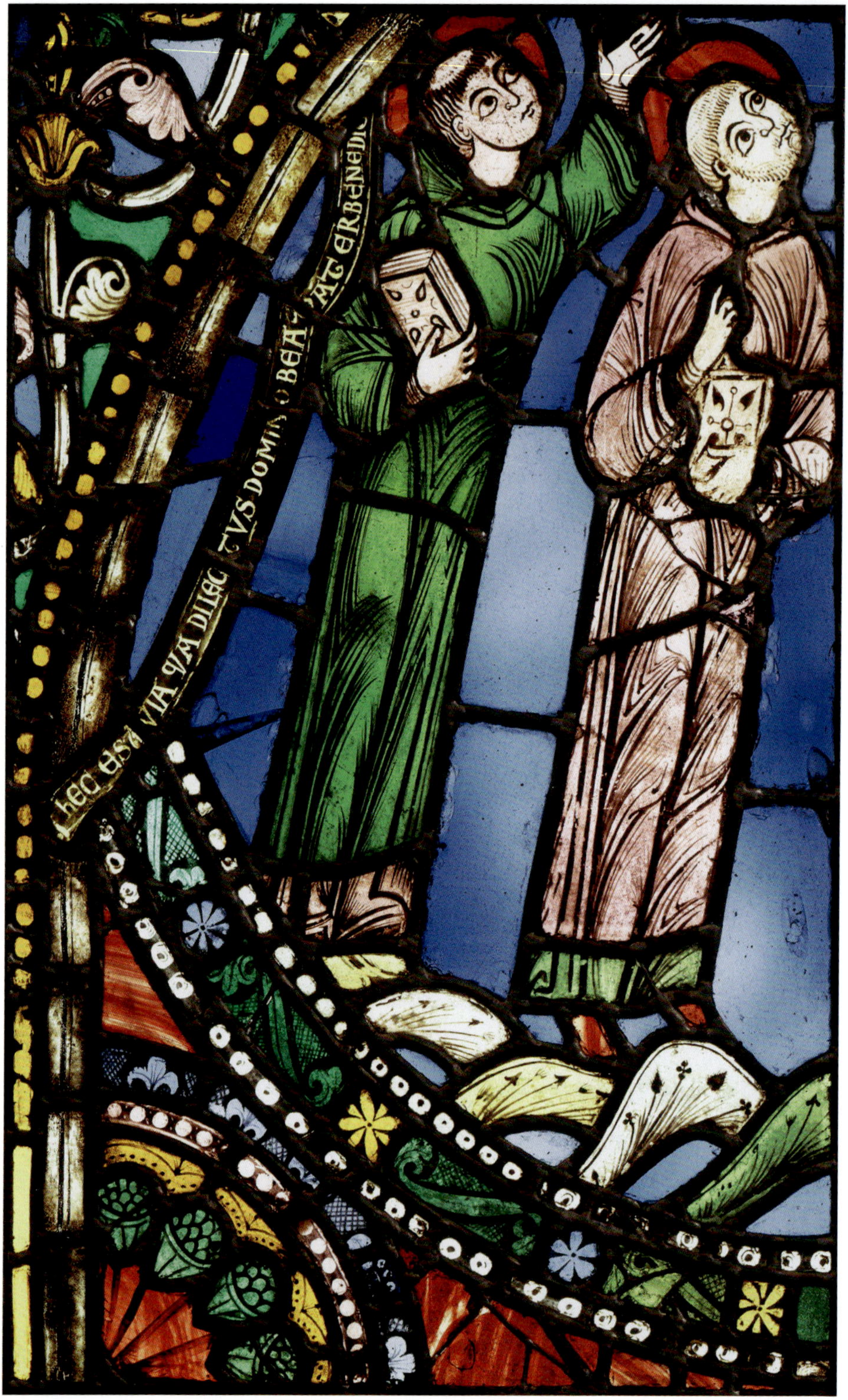
HEC EST VIA QA DILECTVS DOMINO BEAT PATER BENEDIC

67 | Ascension de saint Benoît

Île-de-France, milieu du XIIe siècle (1140-1144)
Verre, grisaille, plomb
H. 58,7 ; l. 37
Provient des verrières du chevet (?) de l'église abbatiale de Saint-Denis. Acquis en 1958.
Cl. 22758

Deux moines lèvent les yeux vers le ciel pour y chercher, comme l'indique l'inscription, la trace laissée par saint Benoît à sa mort. Ce vitrail était l'un des derniers panneaux d'une baie dédiée au saint. À Saint-Denis, un rôle prépondérant avait été conféré au vitrail, celui de raconter une histoire, ici celle du fondateur de l'ordre bénédictin auquel était affiliée l'abbaye. La commande de vitraux émane de l'abbé Suger, ami et conseiller du roi. Elle fut déterminante dans la promotion de cet art à travers le royaume de France.

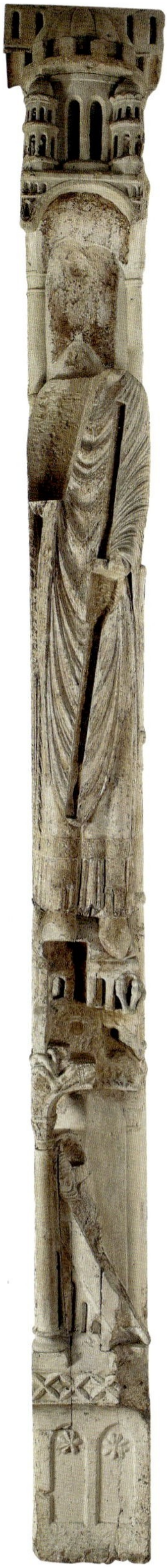

68 | Saint Marcel

Paris, vers 1145
Calcaire lutétien
H. 470 ; l. 37 ; Pr. 61
Provient du portail Sainte-Anne de Notre-Dame de Paris. Déposé et attribué en 1857.
Cl. 18640

Le portail Sainte-Anne de Notre-Dame de Paris présente la caractéristique assez exceptionnelle d'être antérieur au début des travaux de la cathédrale : il est le résultat de la réintégration d'éléments conçus pour l'édifice précédent. Au trumeau était placée, plus grande que nature, une représentation de saint Marcel – second évêque de Paris – transperçant de sa crosse un dragon dont on aperçoit encore les griffes. Les plis très serrés et le canon allongé de la sculpture témoignent des recherches de l'art gothique naissant.

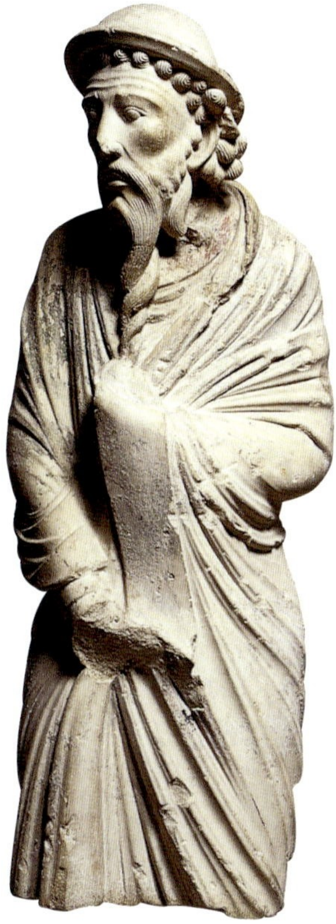

69 | Prophète

Paris, vers 1160
Calcaire lutétien
H. 103 ; l. 38 ; Pr. 36,5
Dépôt lapidaire de la ville de Paris.
Attribué en 1843.
Cl. 18659 et Cl. 18952

Les dimensions de cette statue-colonne suggèrent qu'elle provient d'un cloître, peut-être celui de Saint-Pierre de Montmartre ou celui de Sainte-Geneviève. Son trait le plus remarquable est probablement sa barbe torsadée, qui prolonge et affine un visage creusé aux yeux globuleux. Cette torsion parcourt l'ensemble de la sculpture, du drapé au phylactère, contribuant au mouvement de la sculpture. Celle-ci, quoique proche des portails de Mantes et de Senlis, est pleinement intégrée dans le paysage parisien.

Île-de-France, XIIIe-XIVe siècles

En Île-de-France, le XIIe siècle apparaît comme le temps de l'expérimentation et le XIIIe comme celui de la maturité. Alors que s'achève le chantier de Notre-Dame de Paris – où, pour la première fois, une galerie des rois est placée en façade, entre les portails et la rose –, les chantiers se multiplient dans la capitale ; aux côtés des ecclésiastiques, les souverains occupent une place majeure dans la commande artistique. Les chantiers successifs de la Sainte-Chapelle (1243-1248) et de Saint-Louis de Poissy (à partir de 1297) jouent un rôle essentiel dans l'évolution de la création artistique (**n° 79** et **n° 80** ; **n° 86**) ; d'autres chantiers décisifs se poursuivent parallèlement, notamment ceux dirigés par Pierre de Montreuil qui, sans être l'architecte de la Sainte-Chapelle comme on l'a longtemps affirmé, n'en est pas moins l'une des figures majeures du paysage parisien du milieu du XIIIe siècle.

Deux phénomènes dominent l'art parisien du XIIIe siècle : d'une part l'intérêt pour l'Antiquité, connue à travers des monuments subsistants et surtout à travers la circulation des bronzes, parfois reproduits presque à l'identique ; d'autre part, l'attention nouvelle portée à la nature et la substitution, dans tous les domaines artistiques, de végétaux reproduisant des espèces réelles finement observées à la flore stylisée qui dominait depuis l'époque romane.

Un autre phénomène, la commande profane d'objets précieux, se développe à partir de la fin du XIIIe siècle. Les ateliers parisiens d'orfèvrerie et d'ivoire exportent alors leurs œuvres dans toute l'Europe occidentale, ce qui contribue à la diffusion de leur style. L'irruption de sujets issus de la littérature profane – tout particulièrement des romans de chevalerie – donne simultanément lieu à un renouvellement de l'iconographie (**n° 88**, **n° 91**).

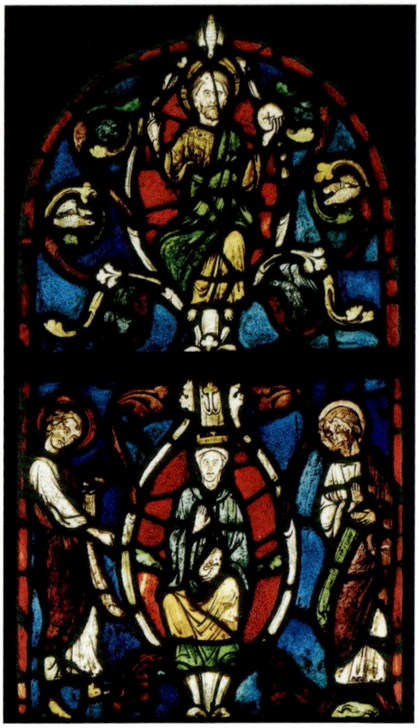

70 | Arbre de Jessé

Île-de-France, vers 1230
Verre, grisaille, plomb
H. 98,5 ; l. 65
Provient de Varennes-Jarcy (Essonne), ancienne abbaye de Gercy (?). Déposé en 1950.
Cl. D. 23674 et Cl. D. 23675

Inspiré de la prophétie d'Isaïe, l'Arbre de Jessé illustre la descendance rêvée par Jessé, père de David (les panneaux où figuraient ces personnages ont disparu). De cette souche est issue la Vierge, mère du Christ. La verrière reflète l'évolution de l'enluminure parisienne, notamment par son sens de la monumentalité et du rythme.

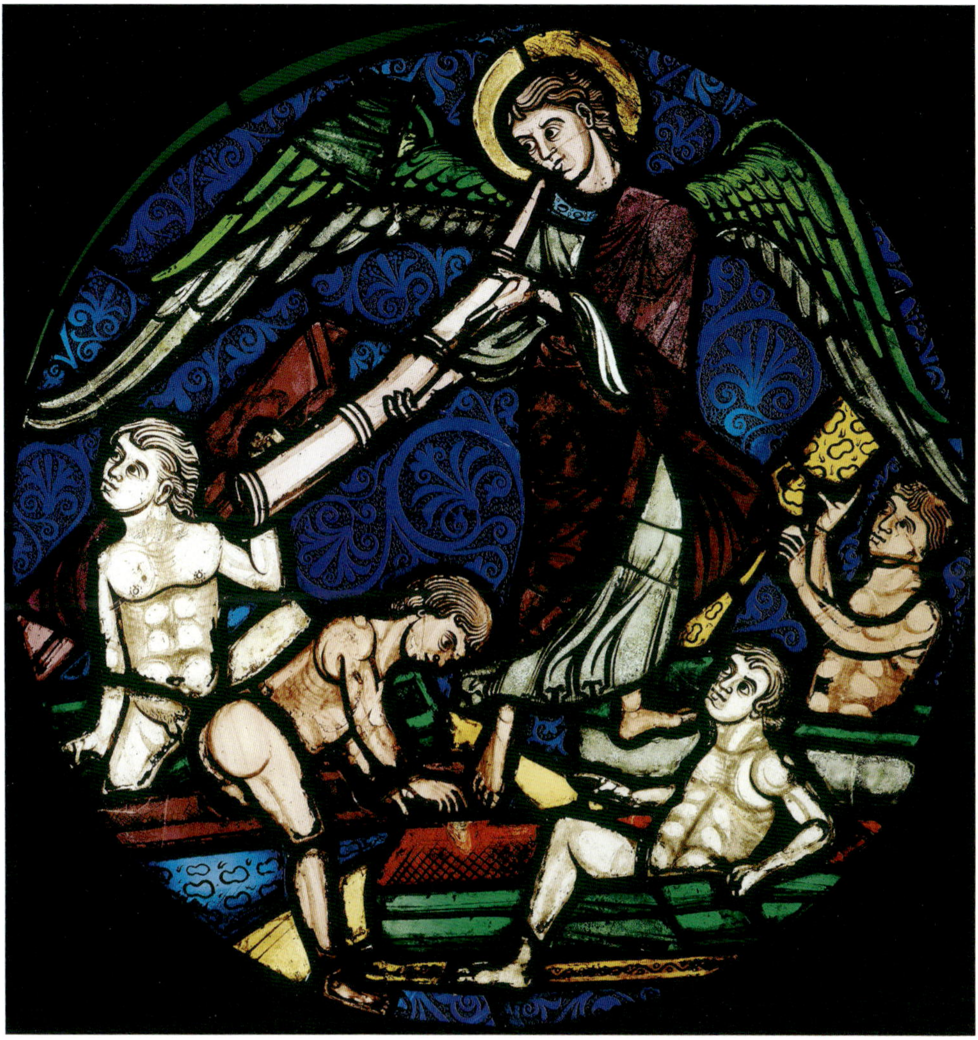

71 | Résurrection des morts

Île-de-France (?), vers 1200
Verre, grisaille, plomb
D. 58
Provient de la Sainte-Chapelle où il était en remploi. Déposé en 1859.
Cl. 23721

Le vitrail de l'Ange sonnant le jour du Jugement dernier fut déposé d'une baie de la Sainte-Chapelle mais est antérieur à la construction de l'édifice. Stylistiquement proche de la rose occidentale de Notre-Dame de Paris, ce panneau démontre une réelle souplesse dans le rendu des figures, un travail menu et précis comparable à celui de l'orfèvrerie, et un sens assuré de l'ornementation – les fonds sont délicatement traités par « enlevés ».

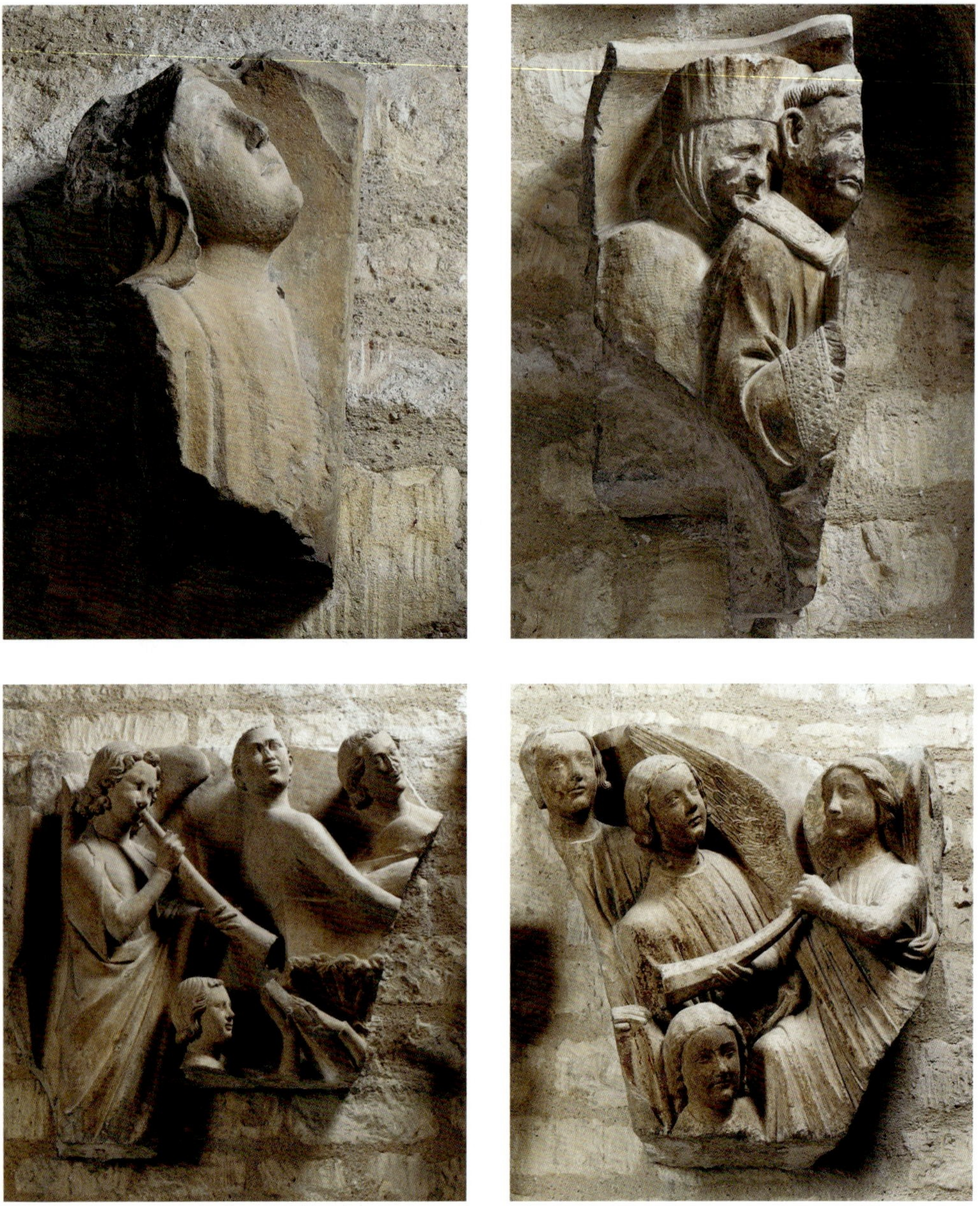

72 | La Résurrection des morts

Paris, vers 1220-1230
Calcaire lutétien
Quatre fragments :
H. 112 ; l. 115 (a et b) – H. 100 ; l. 95 (c) – H. 80 ; l. 40 (d) – H. 51 ; l. 25 (RF 998)
Proviennent de Notre-Dame de Paris, linteau du portail central de la façade occidentale.
Attribués en 1853, sauf RF 998, dépôt du musée du Louvre, 1953.
Cl. 18643 a et b ; Cl. 18643 c ; Cl. 18643 d ; RF 998

Les linteaux du portail central de Notre-Dame de Paris furent mutilés en 1771, lorsqu'il fut élargi pour laisser passer les dais de procession. Ils frappent par l'évolution stylistique dont ils font preuve, la plupart des personnages apparaissant presque sommaires au regard des visages expressifs et des plis animés de l'ange soufflant de la trompette et de l'un des ressuscités, aux traits marqués, qui témoignent de la mutation artistique alors en cours.

73 | Tête de prélat

Paris, vers 1210
Calcaire lutétien
H. 38 ; l. 27 ; Pr. 30
Provient de Notre-Dame de Paris,
portail de la Vierge. Attribué en 1843.
Cl. 16602

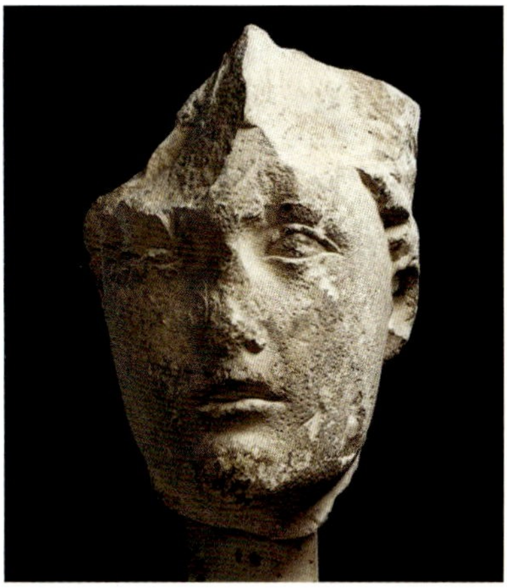

Témoignant du développement du culte de la Vierge, le portail de gauche de la façade occidentale de Notre-Dame était consacré au Couronnement de la Vierge, tandis que les statues-colonnes représentaient les saints parisiens. Par ses volumes denses, son aspect sévère et rigide, cette tête d'évêque témoigne de la nouvelle orientation prise par l'art des sculpteurs parisiens.

74 | Tête de roi

Paris, vers 1220
Calcaire lutétien
H. 65 ; l. 40 ; Pr. 40
Provient de Notre-Dame de Paris,
façade occidentale. Don Banque française
du commerce extérieur, 1980.
Cl. 22997

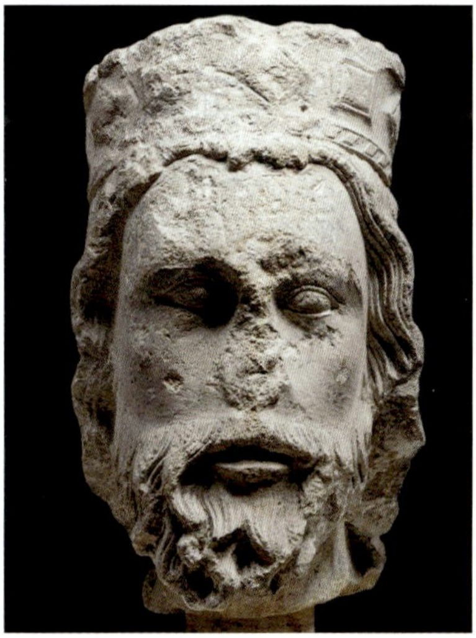

L'une des grandes innovations de la façade de Notre-Dame est l'introduction de la galerie des rois où étaient figurés les rois de Juda, ancêtres de la Vierge. Les têtes qui nous sont parvenues conservent des traces de leur polychromie originelle, rehaussant les visages et soulignant les regards. Leurs proportions ont été volontairement déformées par le sculpteur pour compenser l'effet de perspective dû à leur positionnement en hauteur.

75 | Tête de Roi mage

Paris, avant 1258
Calcaire lutétien
H. 40 ; l. 30 ; Pr. 23
Provient du portail de Notre-Dame de Paris,
portail nord. Don Banque française du commerce
extérieur, 1980.
Cl. 23127

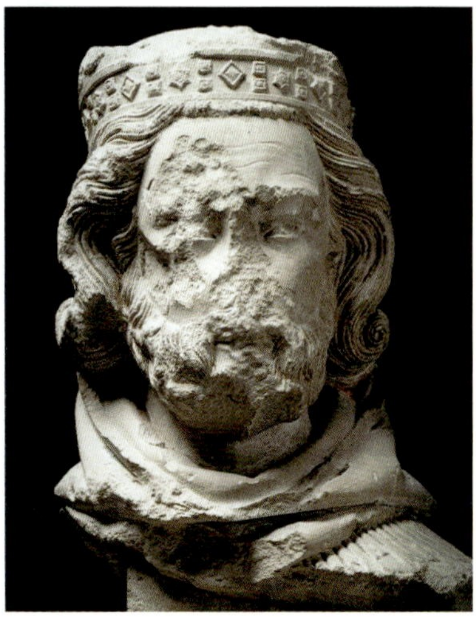

Au milieu du XIIIe siècle, l'adjonction d'un transept à la cathédrale est confiée à Jean de Chelles. Les travaux commencent par le bras nord, dont le portail est consacré à la Vierge. Les Rois mages y étaient représentés à plusieurs reprises ; la tête de l'un d'eux témoigne chez le sculpteur d'un sens du mouvement sensible dans l'articulation de la tête et du corps ou dans l'animation de la chevelure.

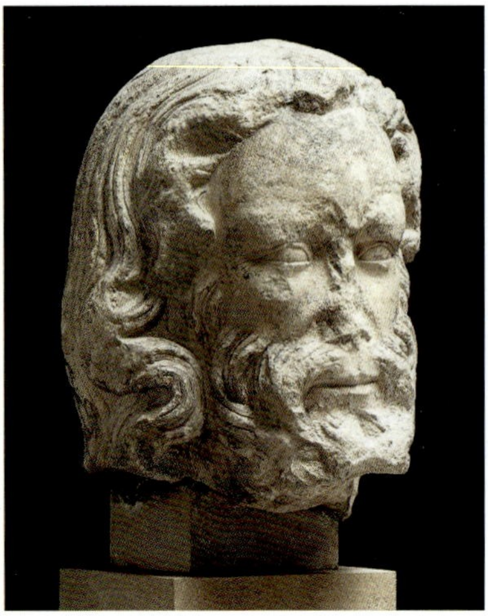

76 | Tête d'homme

Paris, avant 1258
Calcaire lutétien
H. 31 ; l. 22,5 ; Pr. 24
Provient de Notre-Dame de Paris, portail nord.
Don Natexis avec le concours de l'ARMMA, 1998.
Cl. 23606

S'il est stylistiquement évident que cette tête se rattache à l'œuvre de Jean de Chelles, chargé des travaux sur le bras nord du transept de la cathédrale, il est en revanche difficile d'en préciser l'emplacement. Par ses dimensions, elle se rapproche de la tête de Roi mage (**n° 75**) ou de celle de la Vierge du trumeau, mais elle n'appartient visiblement ni à un roi ni à l'une des Vertus qui leur faisaient face. Moins mouvementée que la tête de roi, elle n'en partage pas moins la précision des traits.

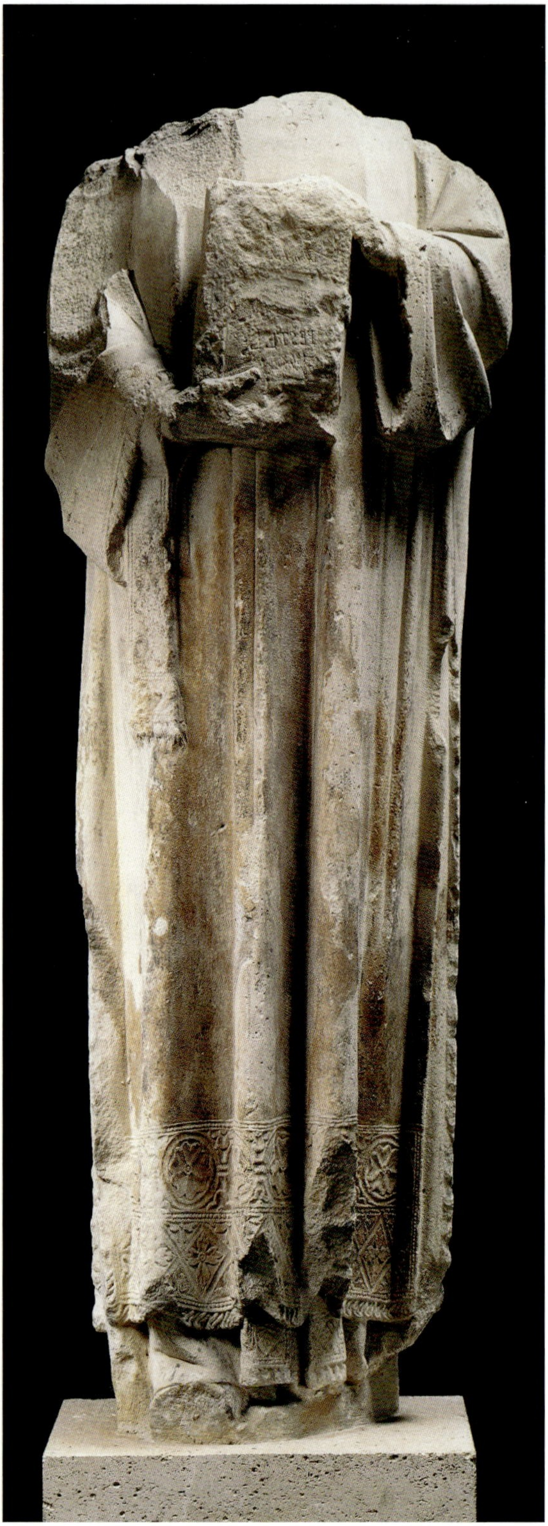

77 | Saint Étienne

Paris, après 1258
Calcaire lutétien
H. 140 ; l. 50 ; Pr. 36
Provient de Notre-Dame de Paris, portail sud ; découvert en 1839. Attribué en 1843.
Cl. 18646

Commencé par Jean de Chelles, le portail est achevé, après la mort de celui-ci, par Pierre de Montreuil. Il était dédié à saint Étienne dont la statue se trouvait au trumeau. Par ses plis fluides et rectilignes et sa posture droite, l'œuvre se situe dans la continuité de la sculpture du milieu du siècle, en fort contraste avec les sculptures plus dynamiques qui ornaient le bras nord du transept et les ébrasements du bras sud.

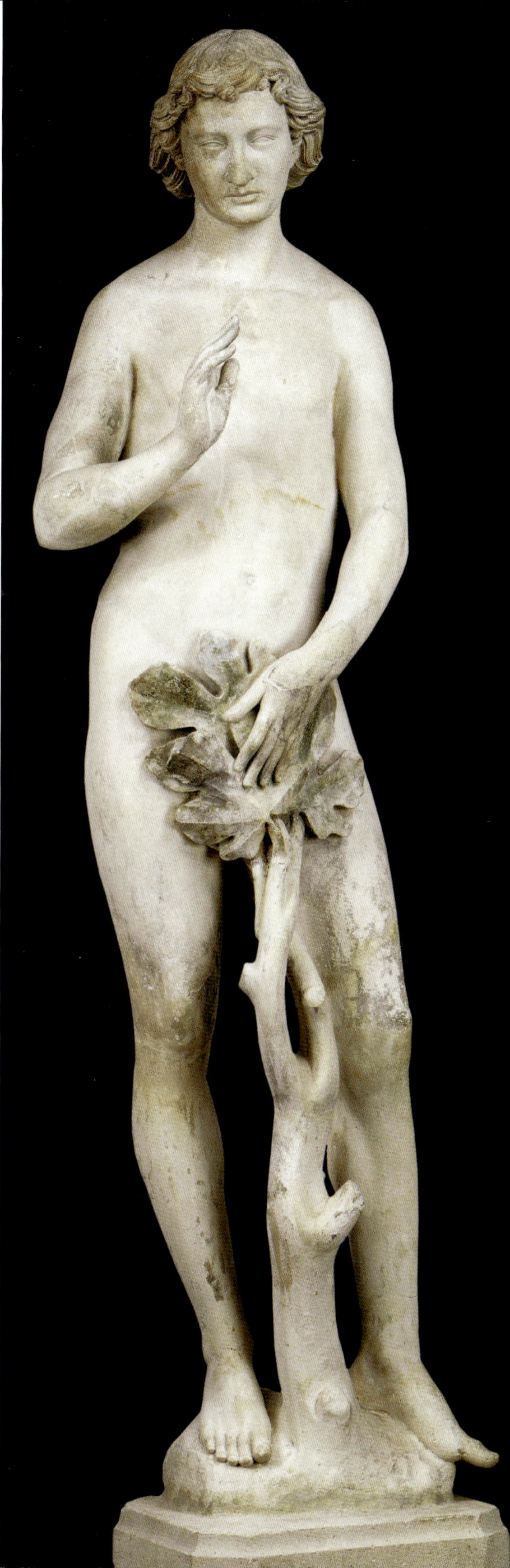

78 | Adam

Paris, vers 1260
Calcaire lutétien
H. 200 ; l. 73 ; Pr. 41
Provient de Notre-Dame de Paris, revers de la façade sud. Attribué en 1887.
Cl. 11657

Avec son pendant – une Ève disparue –, Adam encadrait la figuration du Christ du Jugement dernier qui fermait le cycle de la Passion du Christ développé sur le jubé (partie de la clôture du chœur le séparant de la nef). Bien qu'en partie restaurée – notamment les jambes et le bras droit, dont la main tenait à l'origine une pomme –, cette sculpture reste l'un des plus fascinants nus médiévaux et l'influence antique y est particulièrement sensible.

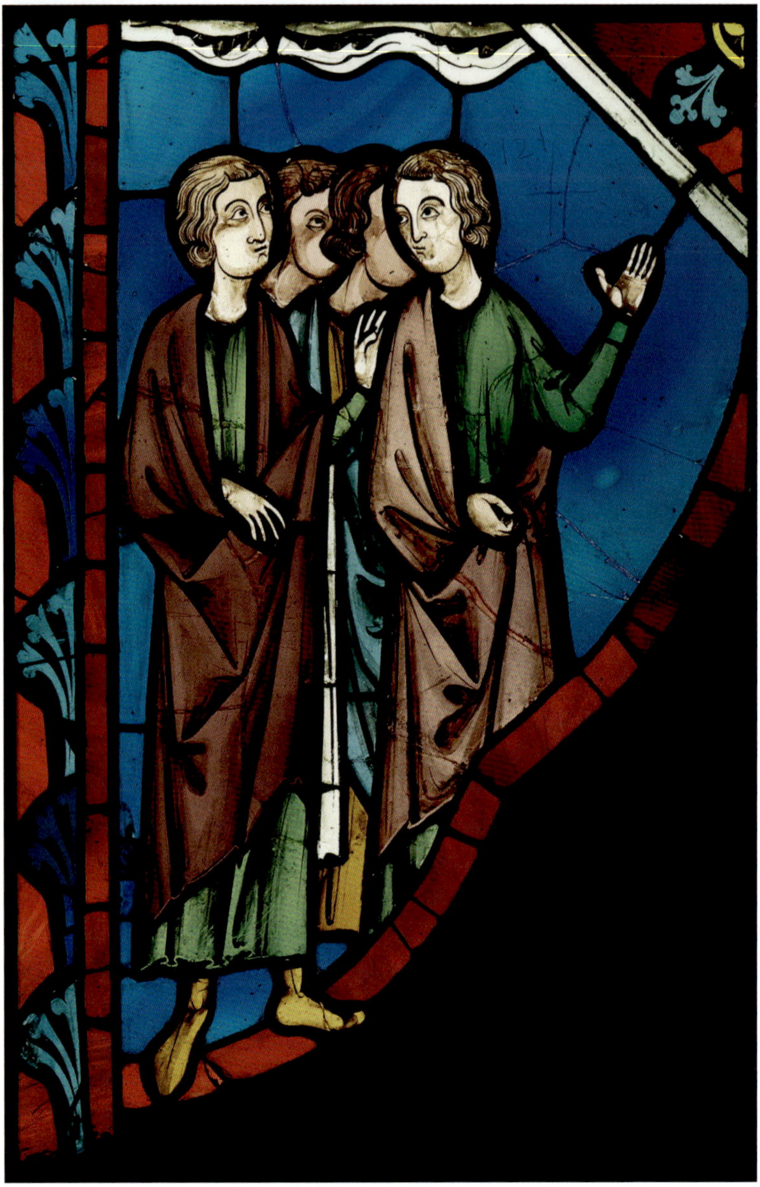

79 | Vitraux
de la Sainte-Chapelle

Paris, 1243-1248
Verre, grisaille, plomb

Quatre Personnages
(baie des Nombres)

Samson sur le lion
(baie des Juges)

H. 65 ; l. 50 ; D. 64
Provienment de la Sainte-Chapelle de Paris.
Déposés et attribués en 1859.
Cl. 14474 et Cl. 23723

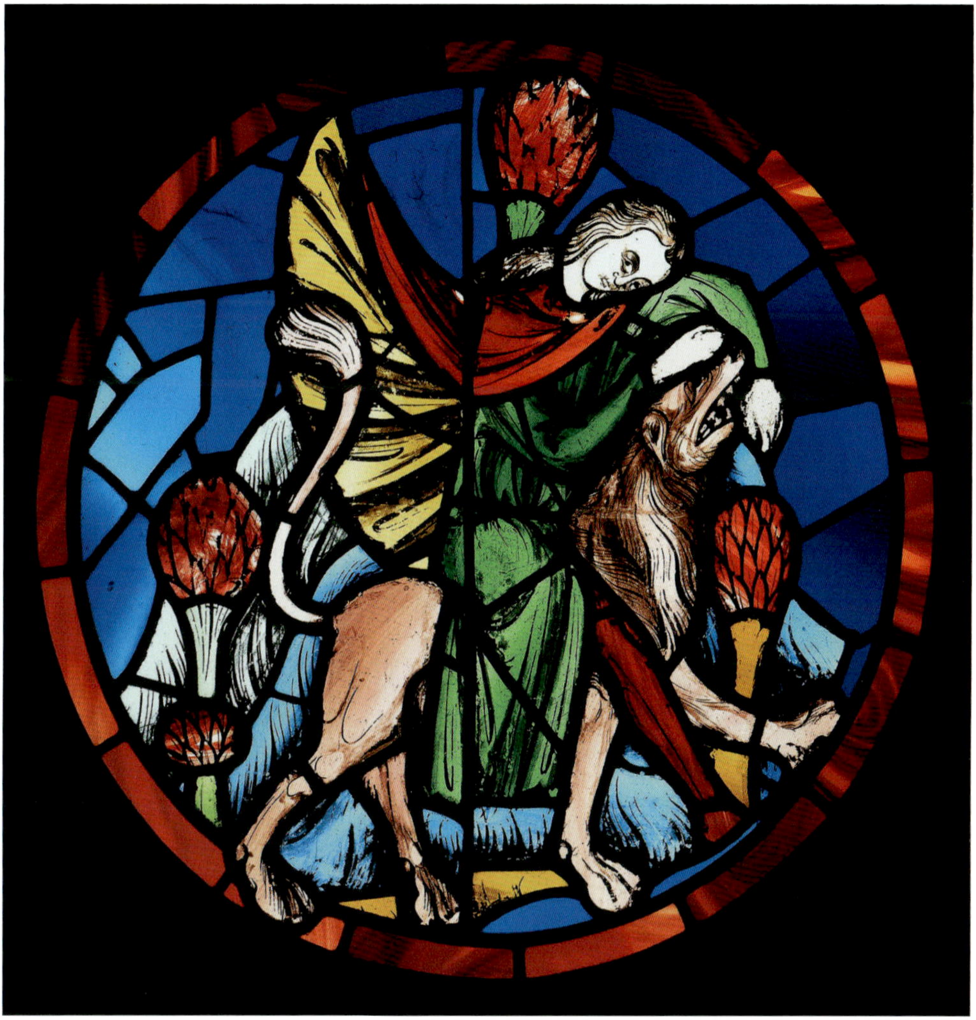

Afin d'abriter les reliques de la Passion acquises de l'empereur de Constantinople, Saint Louis fit édifier la Sainte-Chapelle, monumental reliquaire comportant quinze baies de 15 m de hauteur, saturées de couleur. Les vitraux, selon le programme ambitieux souhaité par le roi, illustrent principalement des épisodes bibliques. La baie des Juges a particulièrement été exposée aux injures du temps ; plusieurs panneaux de la Vie de Samson ont été déposés au musée, dont celui de la rencontre du jeune héros avec un lion, révélatrice de la force surhumaine dont Dieu l'a gratifié. La réalisation des baies avait été confiée à différents peintres-verriers ; ce fut vraisemblablement le Maître principal, chargé de diriger le chantier de vitrerie, qui peignit les *Quatre Personnages*. Sur des verres choisis pour la subtilité de leurs couleurs, il appliqua des couches successives de lavis et de traits de grisaille, délicatement allégés en bordure des robes par des « enlevés ».

80 | Apôtres

Paris, 1243-1248
Calcaire lutétien
H. 165,4 ; l. 52 ; Pr. 43 (Cl. 18665) – H. 160 ; l. 55 ; Pr. 39 (Cl. 18666) – H. 158,5 ; l. 48 ; Pr. 34 (Cl. 18667)
Proviennent de la Sainte-Chapelle de Paris.
Attribués en 1850.
Cl. 18665, Cl. 18666 et Cl. 18667

Outre sa remarquable plasticité architecturale, son trésor et son ensemble de vitraux (cf. **n° 79**), la Sainte-Chapelle de la Cité comportait aussi un riche décor sculpté. Les douze statues d'apôtres placées sur les piliers de la chapelle haute, dont six furent déposées au musée de Cluny lors de sa restauration, marquent un sommet de l'art parisien du milieu du XIIIe siècle. Le traitement des drapés, où les plis verticaux s'opposent à d'autres cassés en bec, créant une impression générale d'équilibre, influa durablement sur l'art des sculpteurs parisiens. Pourtant, par-delà la cohérence stylistique générale, quelques éléments suggèrent que plusieurs sculpteurs travaillèrent parallèlement sur le chantier. En témoigne, par exemple, la différence entre le visage, légèrement incliné, plein de douleur et de compassion, de l'un des apôtres et celui, beaucoup plus strict, inspiré des bustes antiques de philosophes (autrefois dits « de Sénèque ») que présente le troisième. Les apôtres ont perdu leurs attributs, ce qui empêche leur identification, sauf pour le deuxième, imberbe, en qui on peut reconnaître saint Jean.

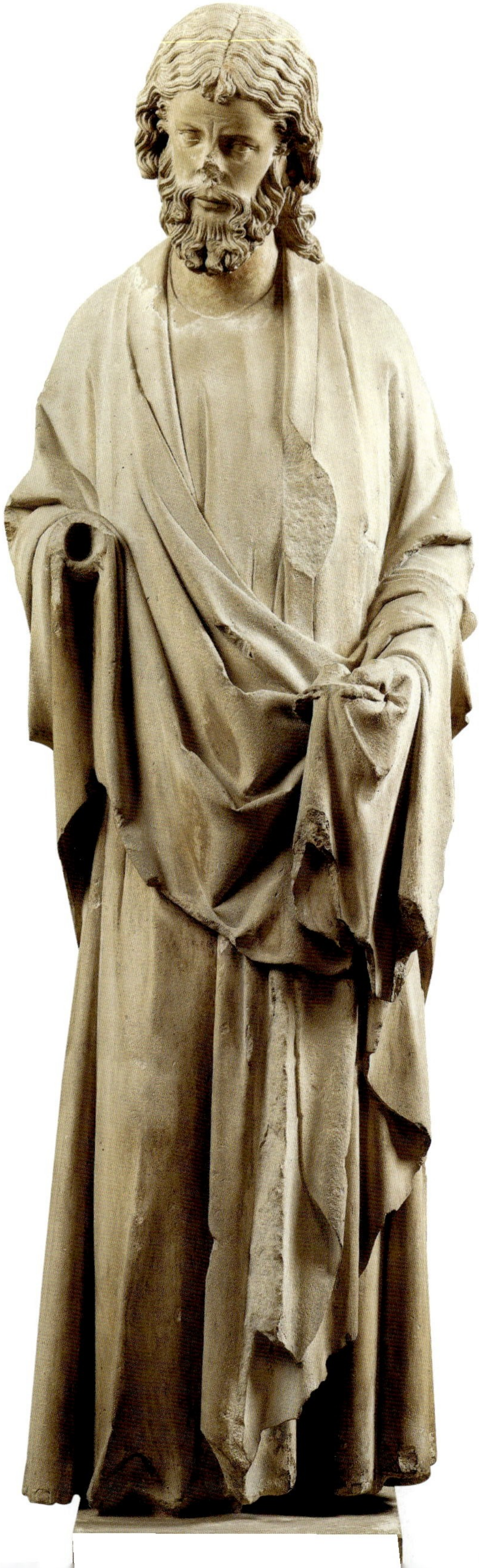

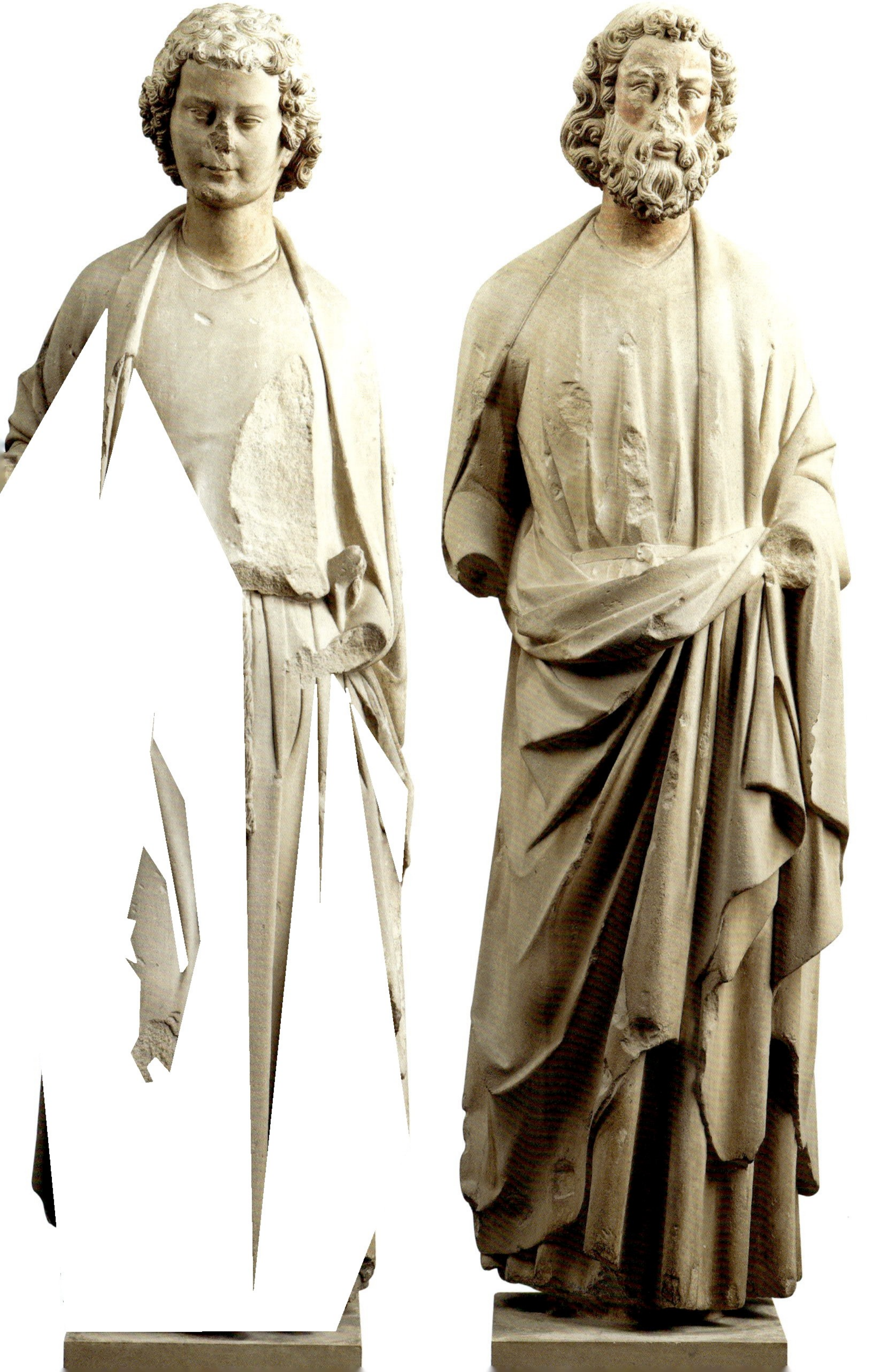

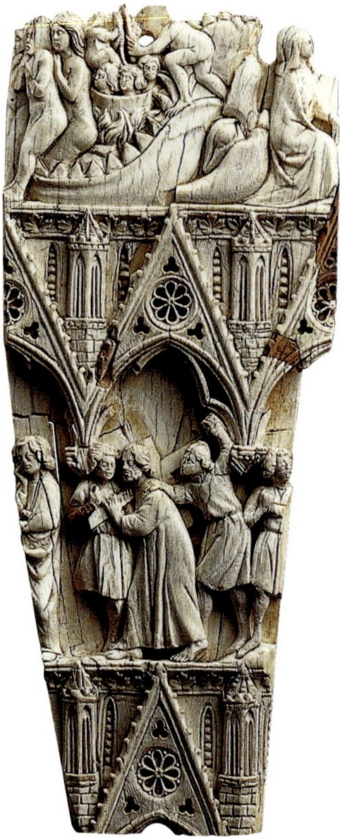

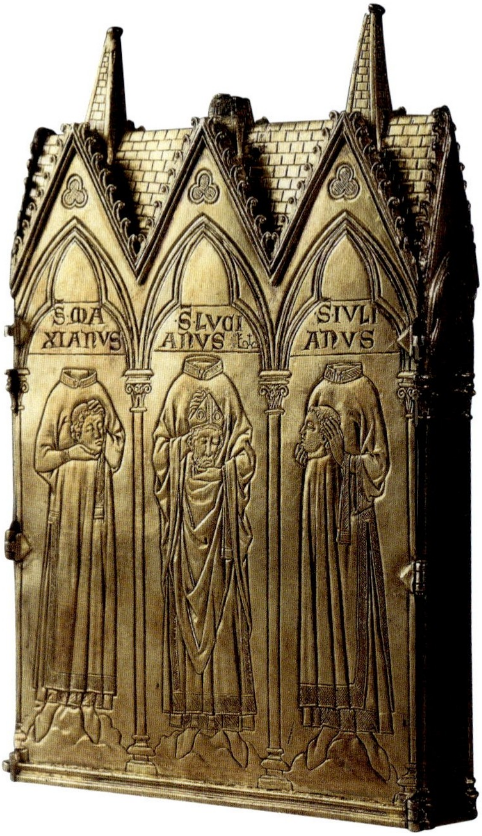

81 | Fragment de diptyque

Paris, vers 1250
Ivoire d'éléphant
H. 19 ; l. 8
Fonds Du Sommerard.
Cl. 417

Ce petit fragment d'un diptyque, dont l'autre volet se trouve aujourd'hui au Walters Art Museum de Baltimore, figure le Portement de croix en son centre tandis qu'on aperçoit le Léviathan dans sa partie supérieure. Il appartient à un ensemble d'ivoires regroupés autour d'un diptyque censé provenir de Saint-Jean-des-Vignes de Soissons, aujourd'hui au Victoria and Albert Museum de Londres. Tandis que le travail des personnages s'inspire de la sculpture monumentale, celui des gâbles qui rythment la scène reprend le vocabulaire de l'architecture rayonnante alors naissante.

82 | Reliquaire des saints Maxien, Lucien et Julien

Paris, vers 1261-1262
Argent gravé et doré
H. 19 ; l. 13
Provient du trésor de la Sainte-Chapelle de Paris.
Don Ch. Timbal, 1881.
Cl. 10746

Ce reliquaire « en façon d'église », qui contenait les reliques des trois saints évangélisateurs du Beauvaisis, est le seul qui nous soit parvenu de ceux qui furent exécutés sous Louis IX pour la Sainte-Chapelle. Sans doute est-il l'œuvre d'un orfèvre parisien. La face laissait voir les reliques à travers trois ouvertures. Au revers figurent les trois saints céphalophores, remarquables par la précision de leur gravure. Le décor architectural rappelle le baldaquin de la grande châsse de la Sainte-Chapelle.

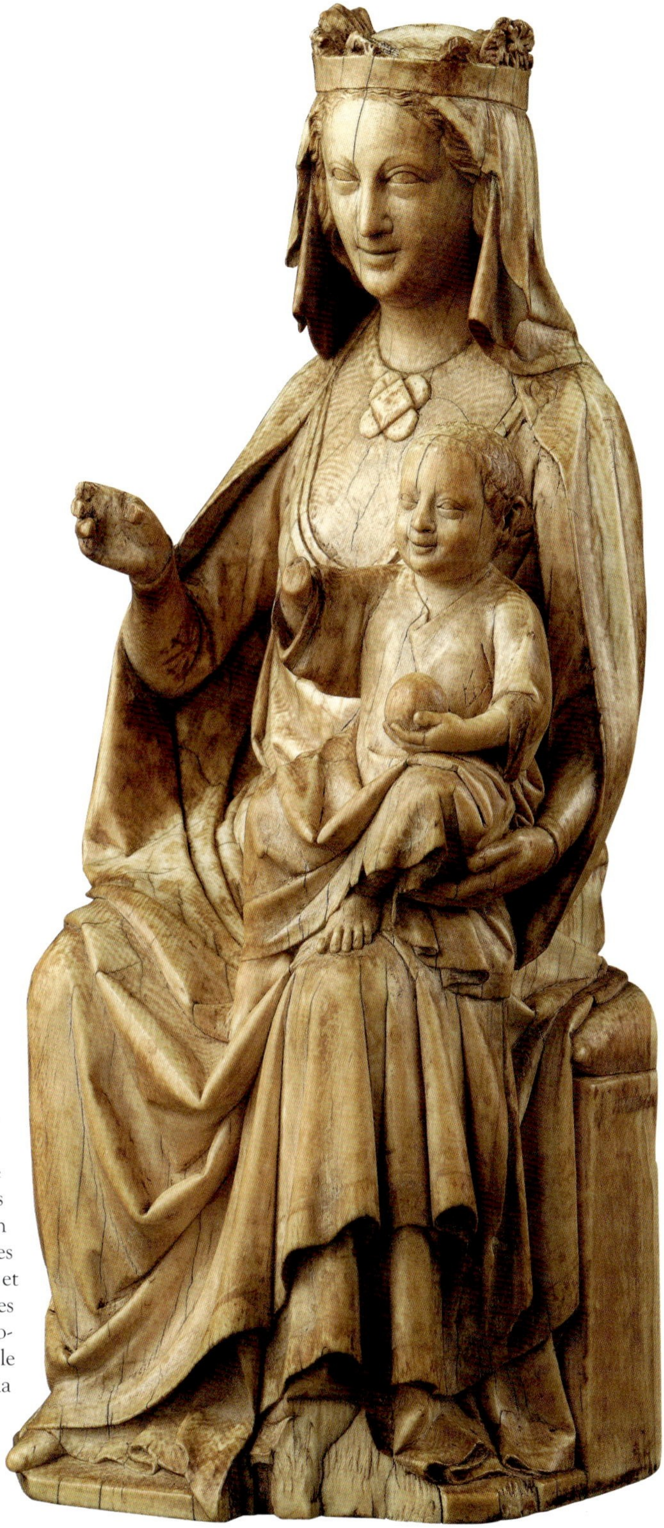

83 | Vierge à l'Enfant

Paris, vers 1240-1250
Ivoire d'éléphant
H. 24 ; l. 10 ; Pr. 9
Ancienne collection F. Baverey.
Acquise par dation, 2007.
Cl. 23832

Taillée dans une défense d'ivoire d'imposantes dimensions, cette Vierge à l'Enfant se rapproche par son style de la sculpture parisienne de l'époque. Elle témoigne de manière exceptionnelle des débuts de l'art des ivoiriers parisiens en un temps où l'importation de défenses est encore un phénomène nouveau et où les ivoiriers restent proches des sculpteurs sur pierre. Elle se rapproche par ailleurs, notamment dans le travail du voile et du visage, de la Vierge d'ivoire provenant de Saint-Denis, aujourd'hui conservée au musée de Cincinnati.

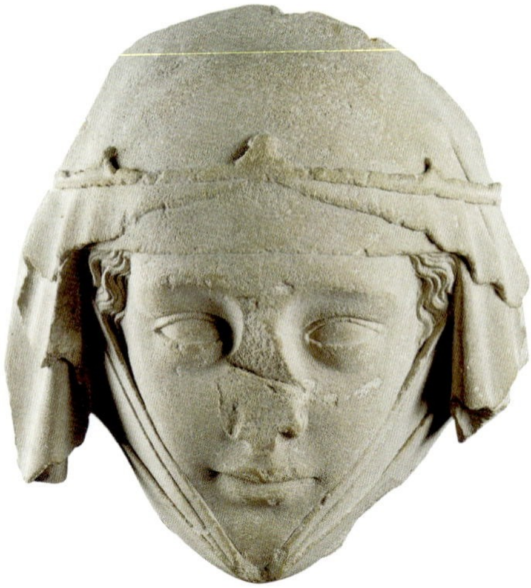

84 | Masque du gisant de Jeanne de Toulouse

Région parisienne, vers 1275-1280
Calcaire lutétien
H. 24,5 ; l. 24,5 ; Pr. 9
Provient de l'abbaye de Gercy (Varennes-Jarcy, Essonne). Acquis en 1971.
Cl. 22863

Jeanne de Toulouse étant morte sans héritiers, ses domaines et ceux de son époux Alphonse de Poitiers, frère de Louis IX, revinrent de fait au roi de France Philippe III le Hardi ; c'est ce souverain qui commanda le tombeau de sa tante à un sculpteur particulièrement talentueux qui s'inspira fortement de la sculpture des bras du transept de Notre-Dame de Paris. Malgré la perte du nez et bien que le visage soit en grande partie dissimulé derrière le voile retenu par un serre-tête et la mentonnière, il frappe par sa régularité et son harmonie.

85 | Retable

Région parisienne, entre 1259 et 1267
Calcaire lutétien
H. 68 ; l. 376 ; Pr. 25
Provient de la chapelle de la Vierge de Saint-Germer-de-Fly. Attribué en 1846.
Cl. 18749

Construite sous l'abbatiat de Pierre de Wesoncourt (1259-1272), la chapelle de la Vierge de Saint-Germer-de-Fly, sur l'autel de laquelle se trouvait ce retable, fut consacrée en 1267 par l'évêque de Beauvais, Guillaume de Gretz. Le travail des personnages – tantôt très posé, tantôt au contraire mouvementé – peut être rapproché de celui du bras sud du transept de Notre-Dame de Paris. La forme de ce retable allongé et surélevé en son centre est typique du milieu du XIIIe siècle.

86 | Ange

Région parisienne, entre 1297 et 1304
Calcaire lutétien
H. 100 ; l. 31 ; Pr. 29
Provient de la priorale Saint-Louis de Poissy.
Acquis en 1987.
Cl. 23292

Fondée par Philippe IV le Bel en mémoire de son grand-père Saint Louis, fraîchement canonisé, la priorale Saint-Louis de Poissy possédait un riche décor sculpté. Si la disposition exacte des anges porteurs des instruments de la Passion nous échappe encore – ils devaient entourer un Christ du Jugement dernier, autour de l'autel ou sur le jubé –, leur place dans l'histoire de la sculpture est essentielle : à la monumentalité un peu rigide de la sculpture de la seconde moitié du XIIIe siècle, le sculpteur a insufflé une délicatesse et un raffinement qui devaient durablement marquer l'art parisien du XIVe siècle.

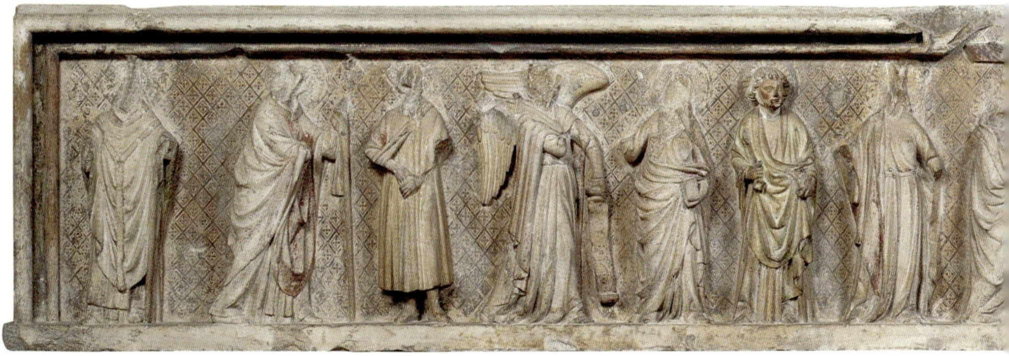

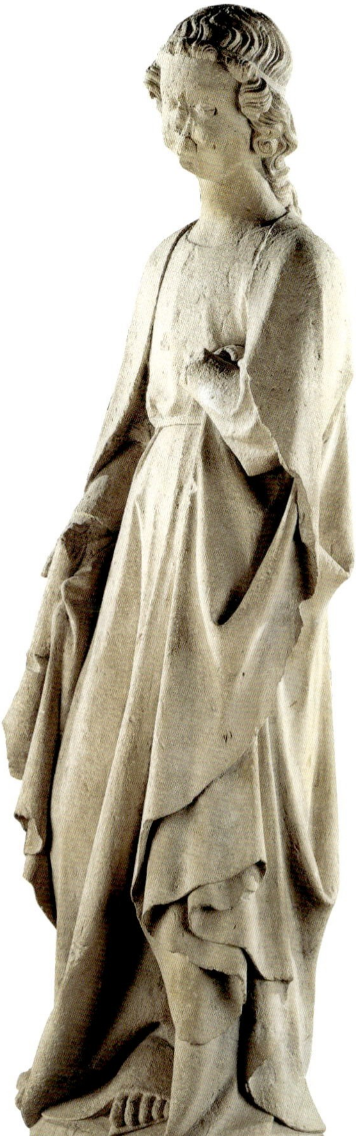

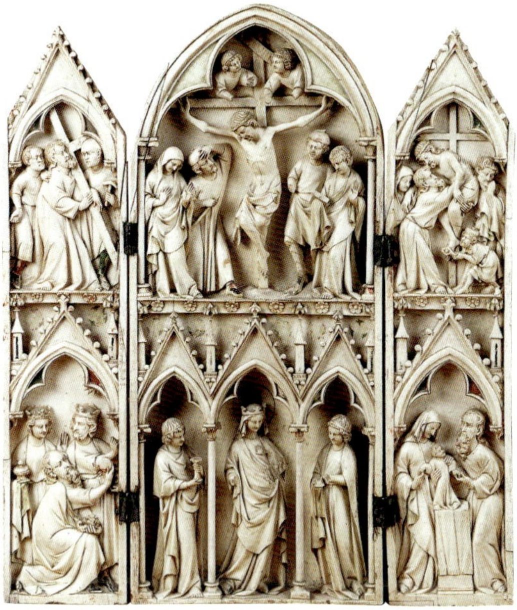

87 | Triptyque

Paris, fin du XIIIe siècle
Ivoire d'éléphant
H. 32 ; l. 28 ; Pr. 27 (centre)
Provient de l'église de Saint-Sulpice (Tarn).
Acquis de la fabrique de l'église, 1893.
Cl. 13101

Ouvert, ce petit objet de dévotion présente au registre inférieur, de part et d'autre d'une Vierge à l'Enfant placée entre deux anges, l'Adoration des Mages et la Présentation au Temple ; au registre supérieur, des scènes de la Passion. Outre le fort relief dû à l'épaisseur de la plaque d'ivoire, la monumentalité des figures est frappante : elles sont travaillées avec puissance, certes, mais aussi avec un sens du mouvement qui confère aux personnages une délicatesse recherchée, presque précieuse.

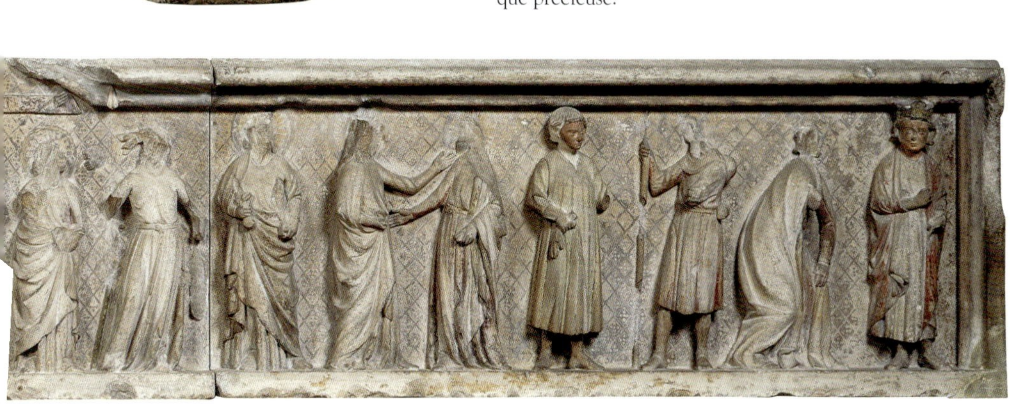

88 | Valve de miroir dite « l'Assemblée »

Paris, vers 1300
Ivoire d'éléphant
D. 13,8 ; Ép. 1,7
Fonds Du Sommerard.
Cl. 404

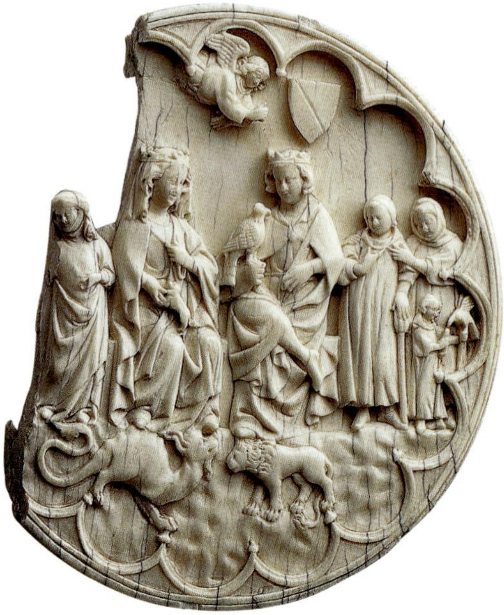

La relative affluence de l'ivoire sur le marché parisien aux XIIIe et XIVe siècles permet le développement, à côté des objets religieux, de petits objets profanes et notamment de valves de miroirs constituées de deux petites plaques qui s'emboîtent pour protéger une feuille de métal poli. Celle-ci est exceptionnelle tant par son ancienneté que par ses dimensions – qui en font le plus grand exemplaire conservé – et par son style, très proche de celui des sculptures de Poissy. On peut y voir un roi et une reine foulant aux pieds un lion et un dragon, peut-être Salomon et la reine de Saba.

89 | Coffre

Île-de-France, entre 1284 et 1310
Bois de chêne, fer
H. 94,5 ; l. 286 ; Pr. 115
Provient des environs de la priorale de Poissy.
Don A. Lambert, 1931.
Cl. 21545

Ce meuble imposant, muni de deux couvercles fermant à clé, est divisé à l'intérieur par une cloison réalisée dans une planche de remploi de 1564, témoin de la constance de son utilisation. Il appartient à la famille des coffres à grain, destinés au stockage. Son exécution fait appel à toute la diversité des types d'assemblage exclusivement en bois, le métal n'étant employé que pour les serrures et les renforts d'angle qu'imposent ses dimensions exceptionnelles. Sa date ancienne – précisée grâce à la dendrochronologie –, son homogénéité et sa qualité en font un jalon essentiel de l'histoire du mobilier médiéval.

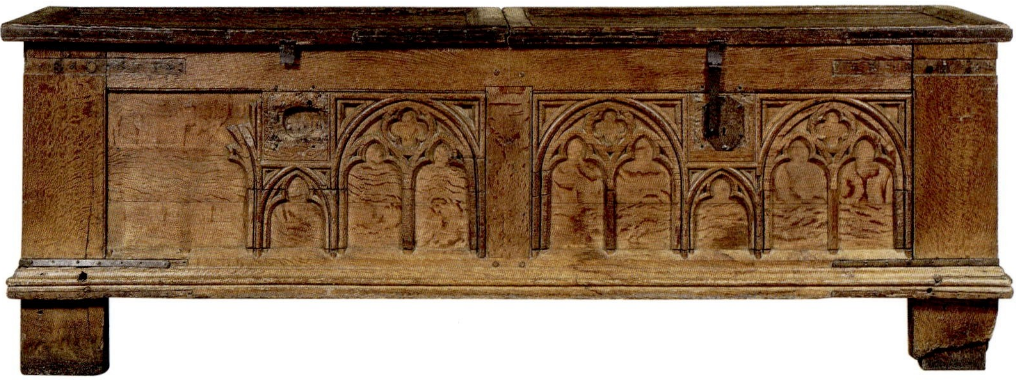

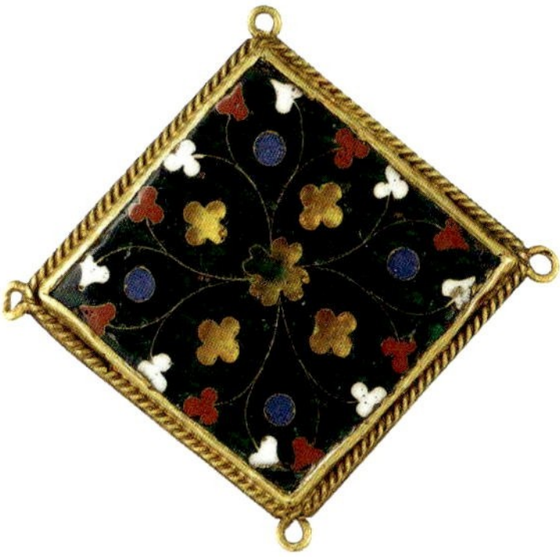 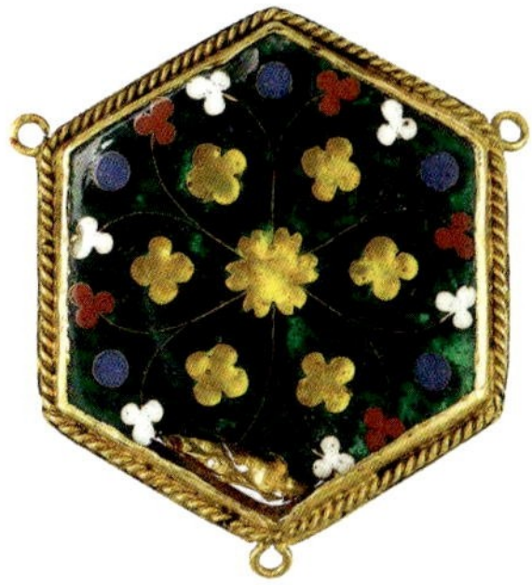

90 | Plaquettes émaillées

Paris, vers 1300
Or cloisonné, émaux
H. 2,9 ; l. 2,7 (hexagone) – H. 3,5 ; l. 3,2 (losange)
Ancienne collection V. Martin Le Roy.
Don J.-J. Marquet de Vasselot, 1930
(Cl. 21386-21387). Don d'Estalenx, 1991
(Cl. 23411 a-d).
Cl. 21386, Cl. 21387 et Cl. 23411 a-d

Avant 1300, les orfèvres parisiens ont mis au point les délicats « émaux de plique » sur or : délimités par de fines cloisons, des motifs de trèfles, cœurs et cercles remplis d'émaux opaques bleus, rouges et blancs se déploient sur un fond d'émail vert translucide. Les six plaquettes du musée, sans doute autrefois cousues sur des vêtements, sont peut-être l'œuvre de Guillaume Julien, orfèvre du roi Philippe le Bel et créateur du chef-reliquaire de Saint Louis destiné à la Sainte-Chapelle, dont il subsiste une foliole à la Bibliothèque nationale.

91 | Coffret : l'assaut du château d'Amour et scènes de romans

Paris, vers 1300-1310
Ivoire d'éléphant
H. 9,7 ; l. 25,7 ; Pr. 16,7
Ancienne collection F. Baverey. Bien d'intérêt patrimonial majeur acquis en 2007 grâce au mécénat de Groupama sollicité par l'ARMMA.
Cl. 23840

Le XIIIe siècle est celui de l'essor de la littérature courtoise, très prisée par la noblesse. Dans les années 1300, les ivoiriers en transposent les scènes dans leurs œuvres, mêlant parfois, comme ici, des scènes tirées de plusieurs romans, arthuriens ou antiques. S'y ajoute une scène dont l'origine littéraire nous échappe encore, la prise du château d'Amour. L'ensemble est traité en bas relief, avec un sens du modelé et une délicatesse dans le rendu des gestes proches de ceux de la sculpture de Poissy (**n° 86**).

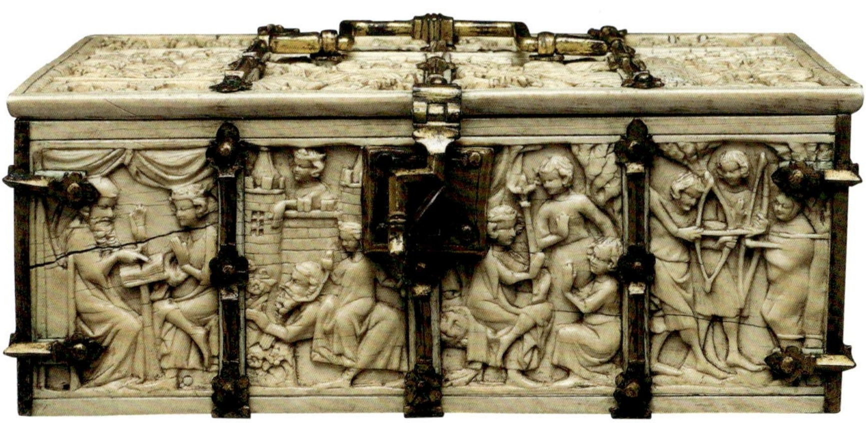

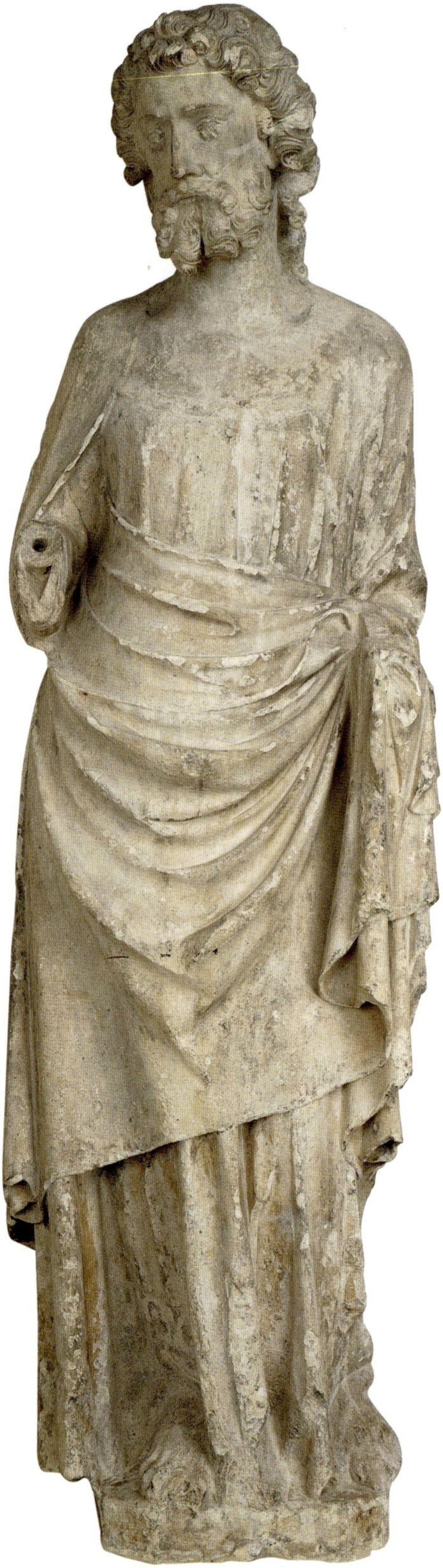

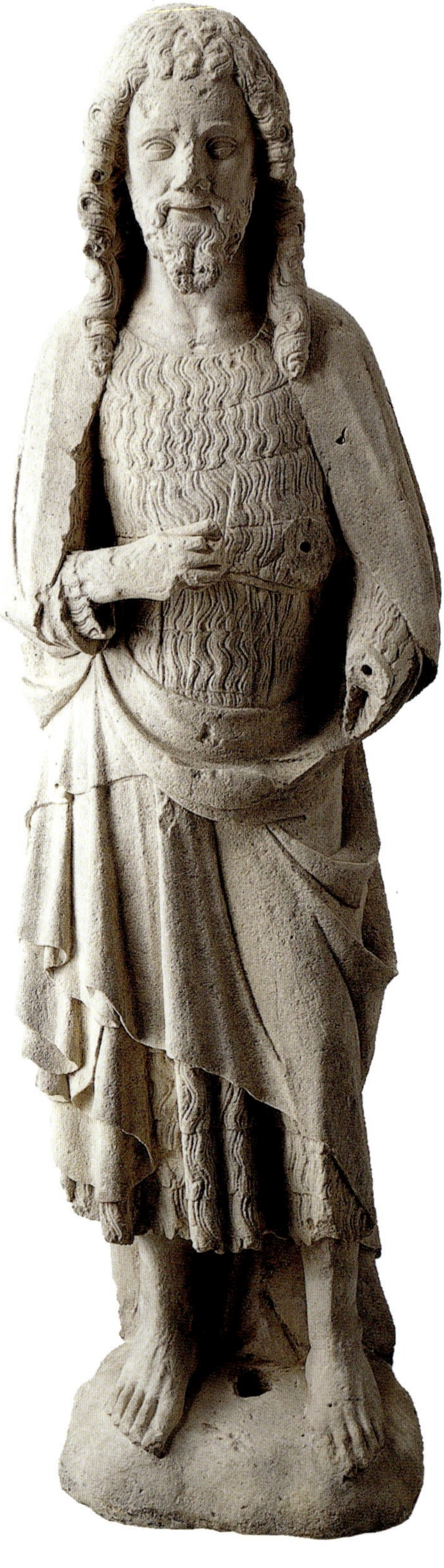

92 | Apôtre

Guillaume de Nourriche

Paris, entre 1319 et 1324
Calcaire lutétien
H. 171 ; l. 51 ; Pr. 33
Provient de l'église de l'hôpital Saint-Jacques-aux-Pèlerins. Attribué en 1852. Cl. 18759

L'église Saint-Jacques-de-l'Hôpital faisait partie d'un vaste ensemble hospitalier bâti à partir de 1319. Elle comportait, comme la Sainte-Chapelle, un collège apostolique dont la réalisation fut confiée à deux sculpteurs, Robert de Lannoy et Guillaume de Nourriche (déformation probable du nom de sa ville d'origine, Norwich). Le corps presque frêle de cet apôtre, les traits équilibrés et puissants de son visage révèlent la main du second artiste.

93 | Saint Jean-Baptiste

Région parisienne, vers 1340-1350
Calcaire lutétien
H. 145 ; l. 51 ; Pr. 28
Provient de l'abbaye du Jard (Seine-et-Marne).
Don A. Godillot, 1905. Cl. 14362

Vêtu d'une courte robe en peau de chameau et d'un manteau dont les larges plis donnent de l'ampleur à son corps mince, ce saint Jean-Baptiste se rapproche de deux autres conservés en Seine-et-Marne. Influencées par la sculpture parisienne contemporaine, ces œuvres se caractérisent par leur délicatesse et leur fluidité ; par là, elles témoignent d'une connaissance des grands sculpteurs du début du siècle – de Guillaume de Nourriche notamment – tout en annonçant les développements de sa seconde moitié.

94 | Saint Jean l'Évangéliste

Paris, vers 1370-1380
Marbre
H. 115 ; l. 38 ; Pr. 20
Provient peut-être de l'abbaye de Longchamp, à Paris. Attribué en 1891. Cl. 19255

Dans les dernières années du XIVe siècle, à côté de la sculpture suave et raffinée qui s'était développée au cours des décennies précédentes, apparaissent d'autres œuvres qui, tout en maintenant une certaine souplesse, recherchent moins l'élégance que la puissance. En témoigne cette sculpture à laquelle les traits sévèrement taillés et le rude tombé du drapé donnent une force profondément émouvante.

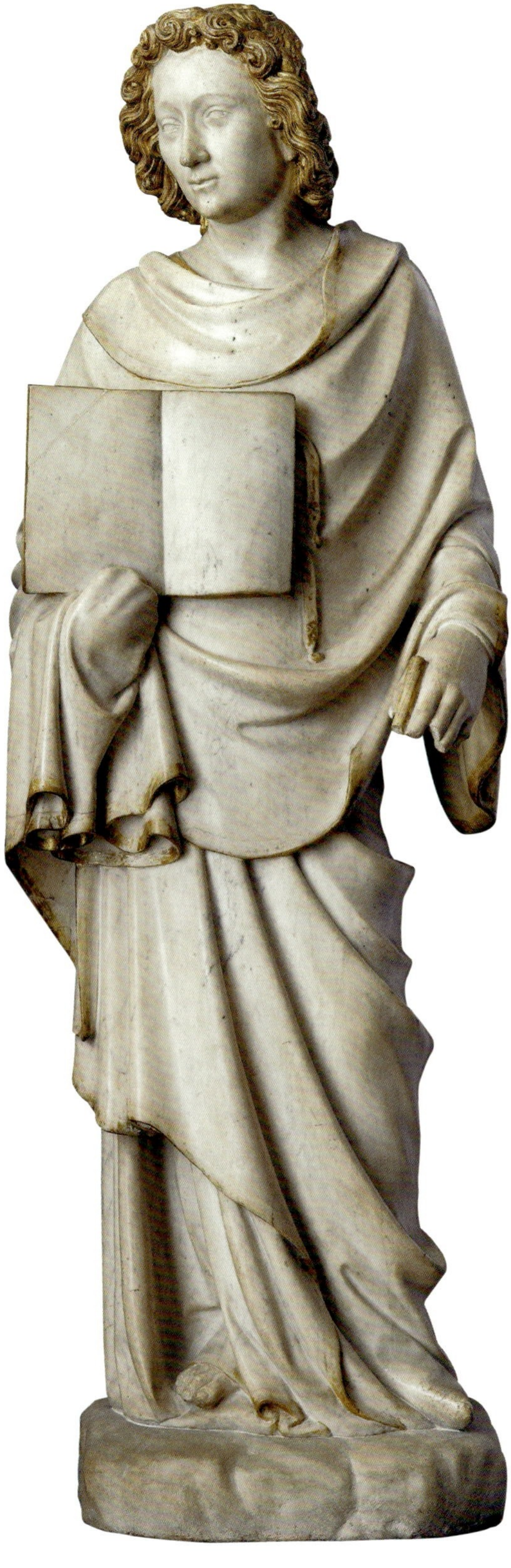

95 | Panneau de grisaille

Île-de-France, vers 1324
Verre, grisaille, jaune d'argent, plomb
H. 64,5 ; l. 42
Provient de l'église abbatiale de Saint-Denis.
Don A. Proye, 1886.
Cl. 11473

Décoré d'églantines, de fleurs de lys et, au centre, d'une figure grotesque, ce petit panneau illustre le raffinement atteint par le vitrail au début du XIVe siècle. Devenue plus fine et transparente, la matière est mise en valeur par l'emploi du « jaune d'argent », un médium à base d'argent apposé à la surface du verre, qui prend une teinte dorée à la cuisson et présente l'avantage considérable de colorer le verre sans qu'il soit nécessaire d'avoir recours à un plomb supplémentaire.

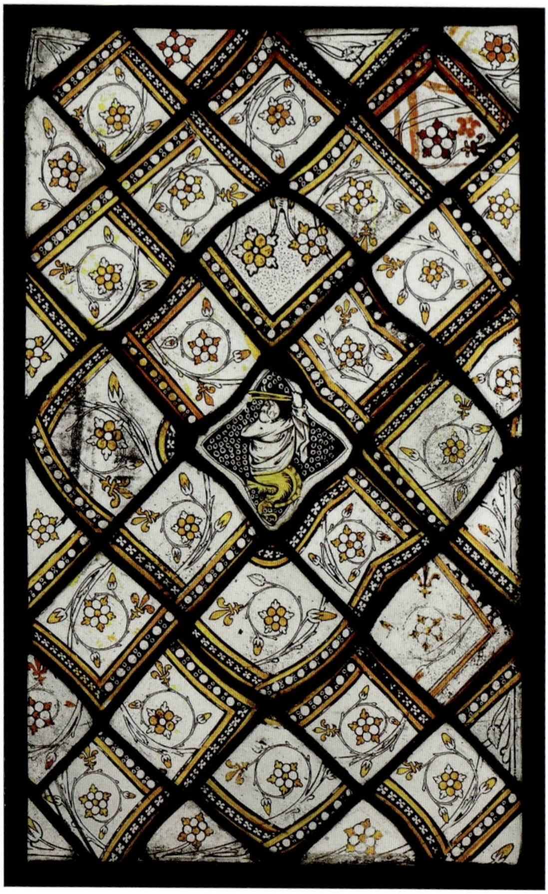

96 | Fragment d'aumônière

France (Paris ?), vers 1342
Toile de lin, fils de soie, d'or et d'argent
H. 17,7 ; l. 32,5
Acquis en 1897.
Cl. 13533

Ce fragment provient d'une aumônière (sorte de bourse). Il est brodé d'une scène courtoise figurant un géant poilu entouré de trois jeunes femmes, peut-être tirée de l'histoire de Merlin l'Enchanteur. Il s'agit sans doute d'une production parisienne des années 1340-1350, comme le suggèrent les costumes et les coiffures. Les armoiries figurant sur un autre fragment sont celles de Jean d'Hangest et de Marie de Picquigny, qui se marièrent en 1342 ; l'aumônière fut peut-être brodée à l'occasion de leurs noces.

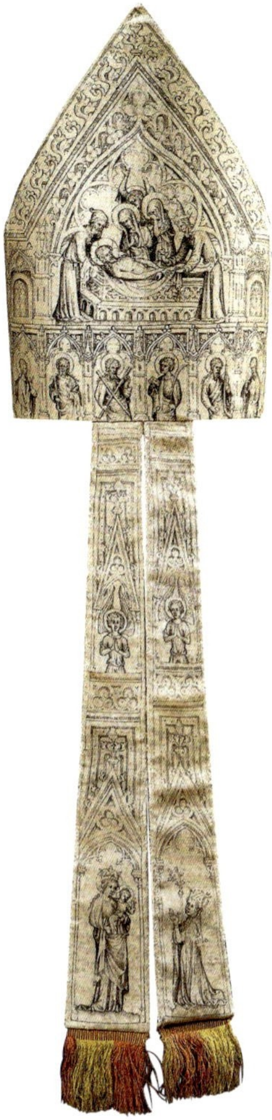

97 | Mitre peinte en grisaille

Paris, vers 1365-1370
Damas de soie blanche sergé, encre de Chine
H. totale 93 ; l. 22,5
Provient du trésor de la Sainte-Chapelle.
Ancienne collection A. Lenoir. Dépôt des Archives nationales, 1892.
Cl. 12924

Un puissant décor architectural enserre des apôtres en buste surmontés de la Mise au tombeau sur une face et de la Résurrection sur l'autre, tandis qu'une Vierge à l'Enfant et un évêque ornent les fanons. Le décor noir sur fond blanc, de valeur modeste en comparaison des pièces brodées, était utilisé pour les ornements liturgiques de deuil et de carême.

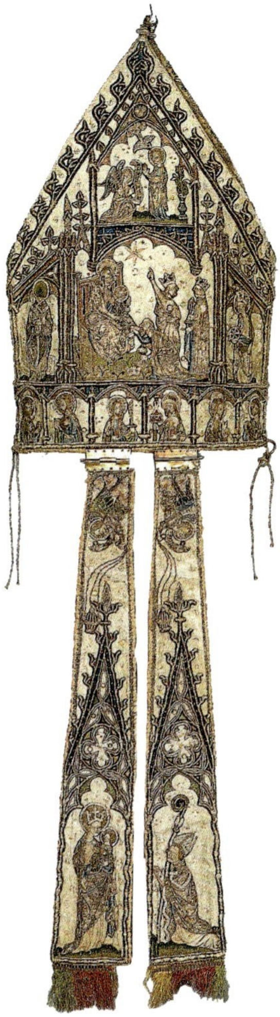

98 | Mitre brodée

Paris, vers 1380-1390
Soie, fils d'or et d'argent, perles, verre
H. totale 92 ; l. 25
Provient du trésor de la Sainte-Chapelle.
Ancienne collection A. Lenoir. Dépôt des Archives nationales, 1892.
Cl. 12923

Cette mitre figure, encadrées par des apôtres et des saints, l'Adoration des Mages surmontée de l'Annonciation sur la face postérieure et, sur la face antérieure, la Nativité placée sous la Crucifixion. Sur les fanons sont représentés une Vierge à l'Enfant et un évêque, probablement le donateur. Par son décor architectural et végétal brodé de fils métalliques et de fils de soie, par ses perles et ses « pierres » de verre, cette mitre luxueuse rivalise avec les pièces d'orfèvrerie.

99 | Panneau de carreaux de pavement

Paris, vers 1270
Terre cuite vernissée
L. 169 ; l. 98
Proviendrait d'une maison du voisinage de l'hôtel de Cluny.
D.S. 4088

Les carreaux de pavement figurent parmi les rares éléments de décor intérieur médiéval qui nous soient parvenus. Signes extérieurs de richesse, ils empruntent souvent leur vocabulaire décoratif à l'héraldique royale du XIIIe siècle. Un panneau identique conservé au musée Carnavalet et provenant de la salle capitulaire de l'abbaye de Saint-Germain-des-Prés fournit une indication précieuse pour la datation : sa réalisation y est rattachée à l'abbatiat de Gérard de Moret (1258-1278). Il n'est pas impossible que ces carreaux soient de même provenance et qu'ils aient été remployés dans une maison proche de l'hôtel de Cluny.

100 | Présentation au Temple

Paris (?), dernier quart du XIVe siècle
Marbre
H. 63 ; l. 45 ; Pr. 14
Fonds Du Sommerard.
Cl. 18849

Les deux blocs, que séparait un élément central, faisaient partie d'un retable qui comportait sans doute aussi un ange aujourd'hui conservé au Metropolitan Museum de New York. L'ensemble est l'œuvre d'un grand sculpteur maîtrisant parfaitement l'emploi du drapé pour poser et animer le corps, connaissant les œuvres de Jean de Liège et d'André Beauneveu mais s'en écartant parfois, notamment dans le travail des visages, plus pleins, ronds et lourds.

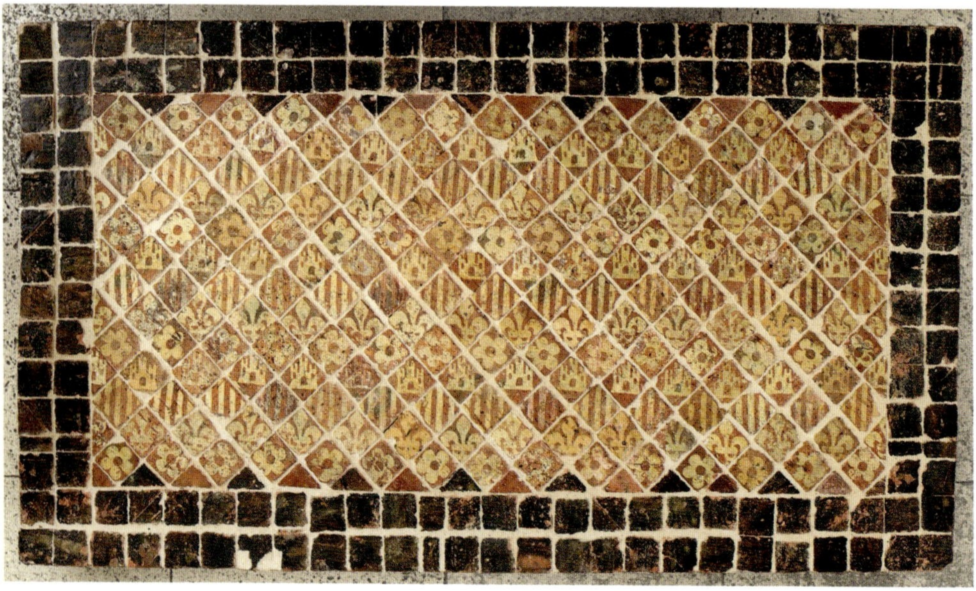

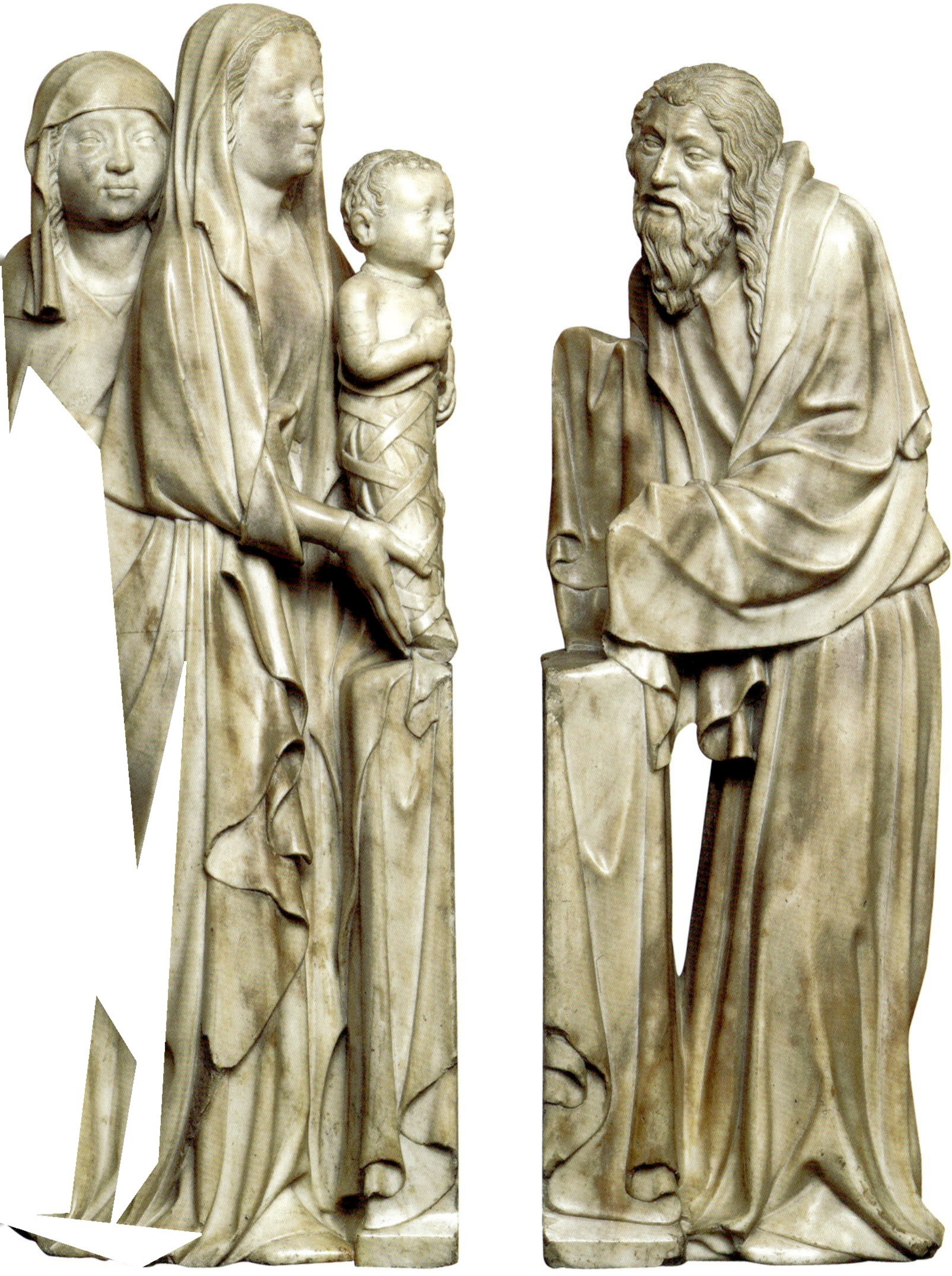

France du Nord et du Sud

Au XIIIe siècle, des opérations menées à partir de l'Île-de-France, plusieurs actions armées dans l'ouest et le midi de la France ont permis aux souverains capétiens d'étendre leur puissance politique. Leur royaume atteint désormais les rivages de la Manche, de l'Atlantique et de la Méditerranée. La Normandie est entrée dans leur domaine direct (1204) ; la Flandre et la Bourgogne dépendent de leur pleine suzeraineté. Ils obtiennent le rattachement des comtés de Toulouse (1271) et de Champagne (1285). Bénéficiaires de cette prospérité, les villes connaissent un essor sans précédent et se montrent très réceptives aux influences parisiennes. Dans les dernières décennies du XIIe siècle et au début du XIIIe, la France du Nord livre quelques-unes des plus belles expressions du « style 1200 », aux inflexions antiquisantes (**n° 101**, **n° 103**). Ce style se maintient parfois jusqu'aux années 1230-1240, tandis que le style monumental né en Île-de-France vers 1240 impose rapidement ses thèmes et ses formes. Ainsi s'affirment un culte grandissant pour la Vierge et les saints, une recherche de vérité humaine, un naturalisme modéré et un goût pour la narration. Au temps de Philippe le Bel (1285-1314) et de ses fils, se développe l'attrait pour un art plus précieux, qui confère aux figures des silhouettes sinueuses, des plissés souples et de doux modelés (**n° 109** et **n° 110**). Néanmoins la France, comme tout l'Occident, connaît au XIVe siècle de graves crises (crises dynastiques, guerre de Cent Ans) et subit des vagues d'épidémie. De nouvelles tendances mystiques se font jour. D'importantes variantes locales se développent, par exemple en Lorraine où les statues de la Vierge à l'Enfant prennent une apparence plus trapue (**n° 112**). À Angers, Bourges, Dijon, les frères du roi Charles V se comportent en grands mécènes et favorisent l'émergence d'un art de cour à la hauteur de leurs attentes en matière de luxe et de raffinement. Ils sont largement imités par l'aristocratie. Princes et seigneurs font apposer leurs armoiries et leurs emblèmes sur les œuvres qu'ils commandent.

Le pape s'est établi en Avignon (1309) et la cité provençale accueille peintres, sculpteurs, orfèvres venus du nord ou du sud, italiens notamment (**n° 114**) ; elle devient l'une des grandes capitales artistiques de l'Europe.

101 | Miracles de saint Nicolas

France du Nord, vers 1170-1180
Verre, grisaille, plomb
H. 96,5 ; l. 61
Provient de Troyes, collégiale Saint-Étienne (?).
Acquis en 1969.
Cl. 22849 a et b

Trouvé dans les combles de la cathédrale de Troyes au XIXe siècle, ce panneau provient selon toute vraisemblance de la collégiale Saint-Étienne, élevée par le comte de Champagne aux portes de son palais troyen. Il relate les épisodes de la conversion d'un juif et des trois jeunes filles pauvres dotées par le saint. La noblesse des attitudes et la souplesse des drapés témoignent de la haute qualité de la production artistique champenoise dans les années 1170-1180.

102 | Coffret

Égypte, Xe siècle ; France du Nord (?), vers 1200.
Argent doré, gemmes, perles sur âme de bois ;
cristal de roche.
H. 11,3 ; l. 14,8 ; Pr. 9,7
Provient de la cathédrale de Moûtiers-en-Tarentaise (Savoie). Acquis en 1887.
Cl. 11661

Ce coffret était probablement utilisé comme coffret à reliques, visibles à travers le cristal de roche. La monture d'orfèvrerie, faite de filigranes, gemmes, perles et colonnettes, encadre des plaques de cristal gravées de bouquetins. Le remploi de ces plaques originaires d'Égypte fatimide dans une pièce d'orfèvrerie créée sans doute en France du Nord vers 1200 témoigne des échanges fructueux entre Orient et Occident.

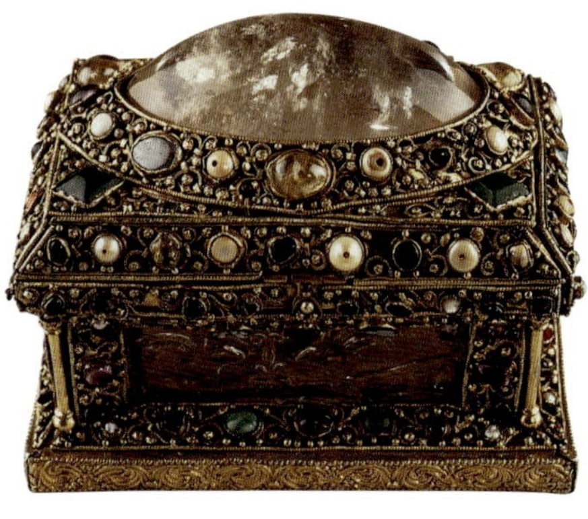

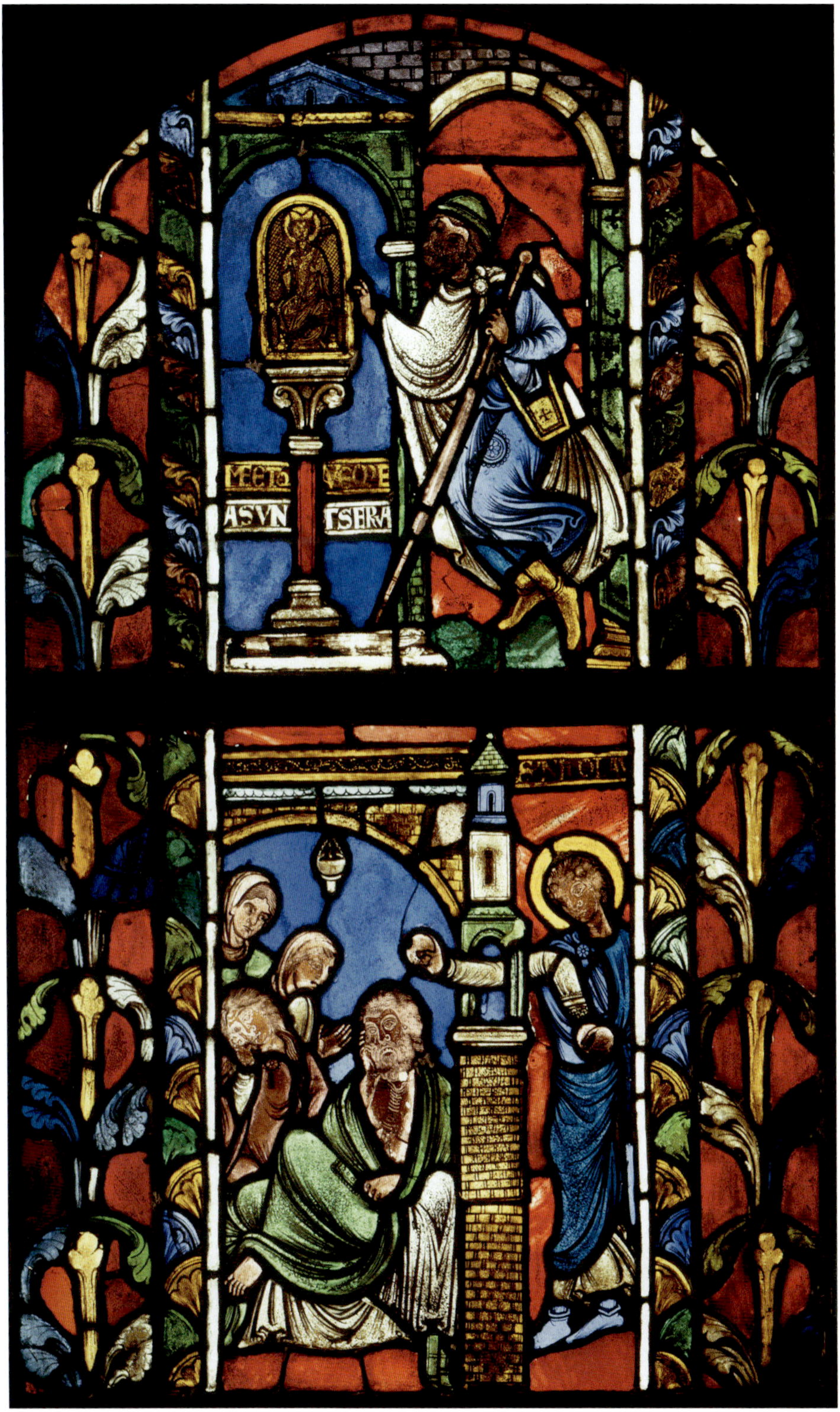

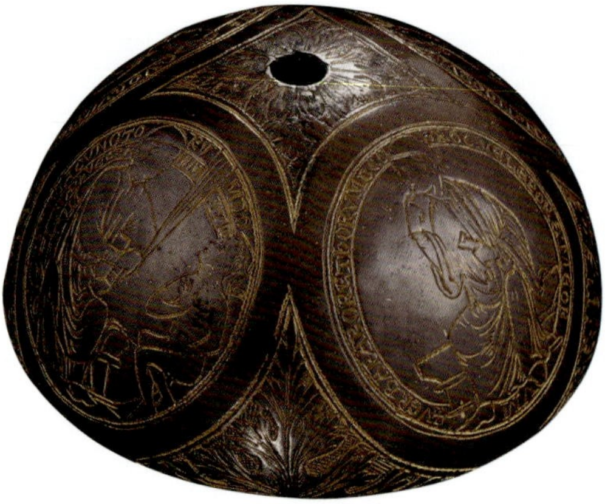

103 | Coupe de chauffe-mains

France du Nord, vers 1230-1240
Cuivre gravé et autrefois doré
H. 4,8 ; D. 10,3
Ancienne collection V. Gay. Don anonyme, 1909.
Cl. 17703

Dans les églises médiévales, chauffées seulement par des braseros, les prélats utilisaient des chauffe-mains, composés de deux coupes hémisphériques remplies de braises. Celle-ci devait faire partie d'un exemplaire orné des arts libéraux. Les allégories du *trivium* (grammaire, rhétorique, dialectique) et une quatrième figure (médecine ou arithmétique ?) prennent la forme de personnages masculins inscrits dans des médaillons. L'autre coupe devait être consacrée aux disciplines scientifiques du *quadrivium*.

104 | Plaque d'un bras-reliquaire

France (Champagne ?), 1243
Cuivre gravé et doré
H. 18,5 ; l. 10,5
Provient de l'abbaye de Montiéramey (Aube).
Acquise en 1889.
Cl. 11981

Cette plaque formait la base du reliquaire du bras de saint Victor, vénéré à l'abbaye de Montiéramey. L'inscription mentionne l'abbé Jacques II, un « maître » Philippe, commanditaire ou auteur de l'œuvre, et, fait rare, la date de son exécution. Sur trois registres sont figurés la mort du saint, l'élévation de son âme et son couronnement par le Christ. Probablement exécutée en Champagne, cette œuvre illustre à la fois la qualité et la relative autonomie de certaines productions locales.

105 | Orfroi brodé

France ou Angleterre,
milieu ou seconde moitié du XIIIe siècle
Toile de lin, taffetas de soie, fils de soie et d'or
H. 69 ; l. 28
Provient du monastère Saint-Vivant de Vergy (Côte-d'Or). Acquis en 1852.
Cl. 2158

Cet orfroi, qui bordait peut-être une chasuble, figure, sur trois registres, la Vierge entourée de saint Vivant et de saint Pierre, un moine dénommé Pierre offrant un vêtement liturgique, enfin le comte de Châlons Manassès et sa femme Ermengarde, fondateurs du monastère Saint-Vivant, en orants ; des inscriptions identifient les personnages. Si la technique de broderie est anglaise, cet orfroi a probablement été exécuté en France.

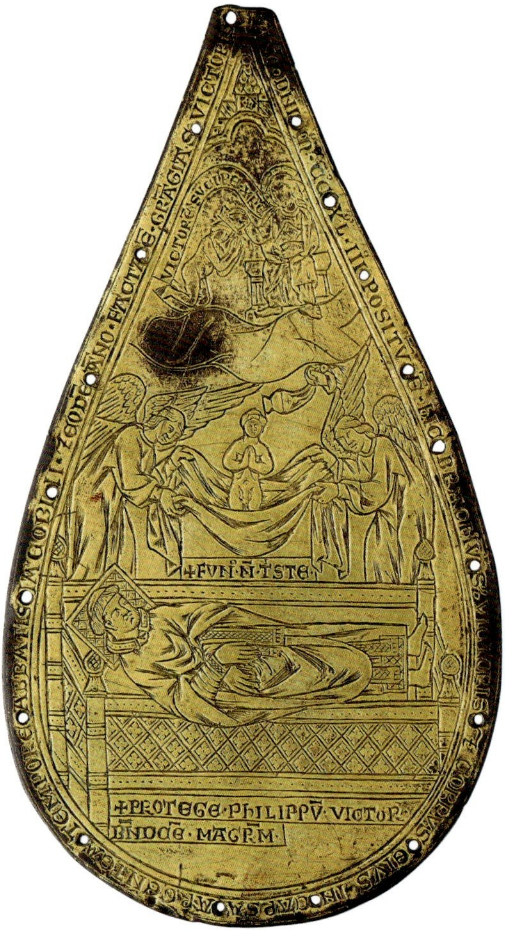

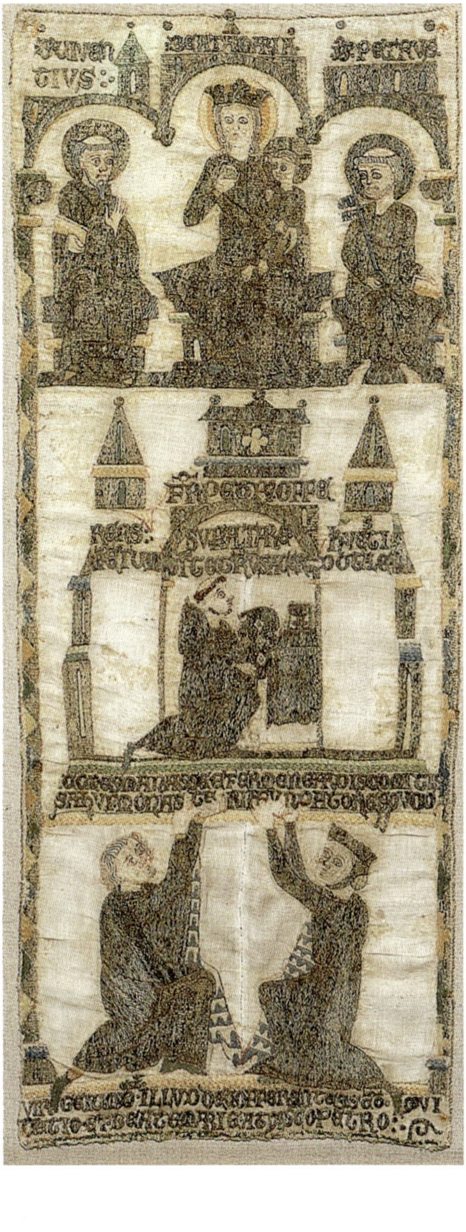

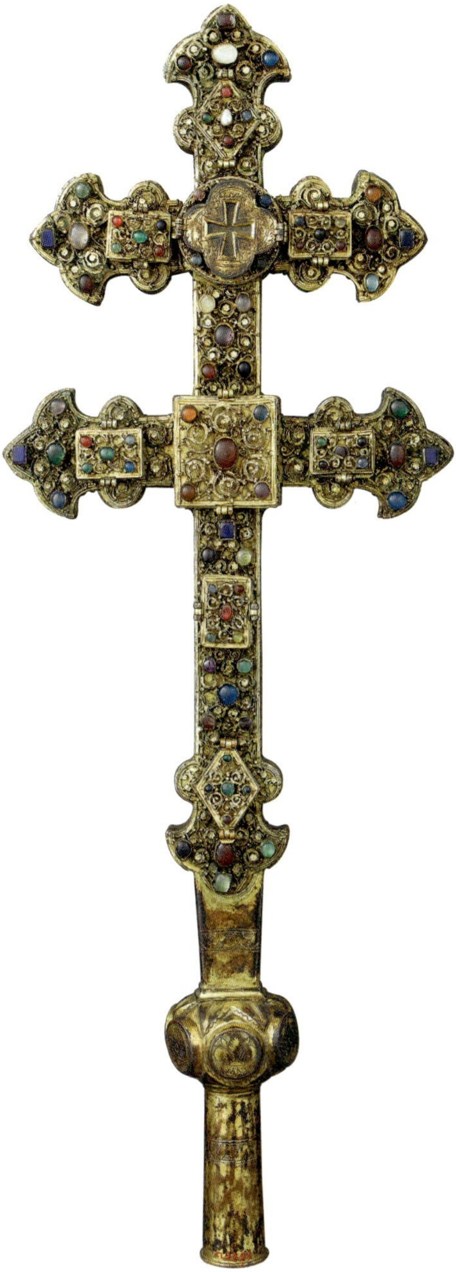

106 | Croix-reliquaire de la Vraie Croix

Limousin, milieu ou troisième quart du XIIIe siècle
Cuivre doré sur âme de bois, pierreries
H. 57,3 ; l. 21,4
Ancienne collection P. Soltykoff. Acquise en 1861.
Cl. 3294

Après la prise de Constantinople par les croisés en 1204, des reliques de la croix du Christ affluent vers l'Occident. Elles sont souvent logées dans des croix à double traverse dont la forme est d'origine orientale. Cet exemplaire contient une logette en forme de croix pour la relique et porte un décor aniconique (dépourvu d'images) de filigranes et de pierreries, bien adapté à un culte centré sur la Croix elle-même.

107 | Trésor de Gaillon

France, première moitié du XIVe siècle
Argent partiellement doré, émaux opaques
D. 18,5 et 18 (hanaps) – D. 8,7 ; H. 10,6 (gobelet)
Acquis en 1851.
Cl. 1951, Cl. 1952 et Cl. 1953

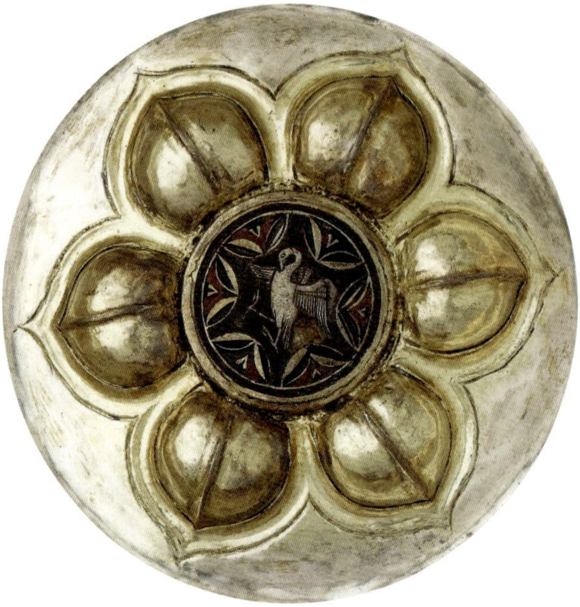

Détail du fond d'un hanap

Ensemble de pièces d'orfèvrerie de table regroupées par un possesseur normand, le trésor de Gaillon, découvert avant 1851, est aujourd'hui dispersé entre Londres, Saint-Pétersbourg et Paris. Le musée conserve deux hanaps (coupes) et un gobelet, principaux types de vases à boire du XIVe siècle. Le gobelet porte le poinçon d'Amiens. L'un des hanaps s'orne, sur le fond, d'un médaillon émaillé qui figure un pélican nourrissant ses petits, symbole du sacrifice du Christ. L'objet avait cependant un usage profane.

108 | Mesure pour la dîme

France, XIIIe siècle
Bronze
H. 24, 5 ; D. 28,5
Provient de Puiseaux (Loiret). Acquise en 1864.
Cl. 7719

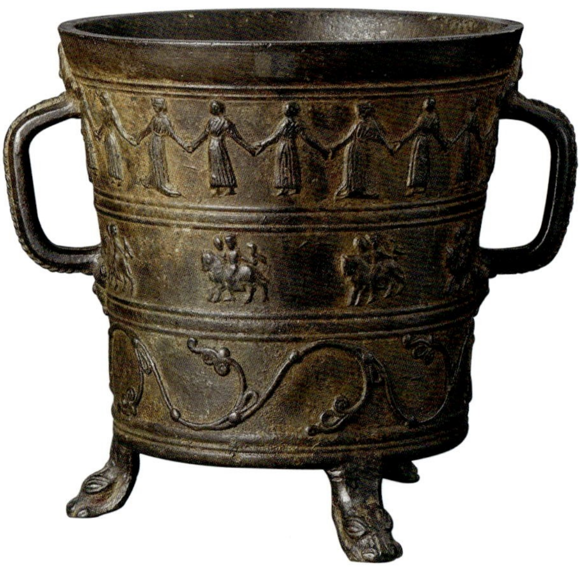

Impôt en nature, la dîme était perçue sur les produits agricoles. Initialement destinée à l'Église pour l'entretien du clergé et des lieux de culte ainsi que pour l'assistance aux pauvres, elle a parfois été recouvrée par des laïcs qui en ont accaparé le bénéfice. Elle correspondait originellement au dixième de la récolte, mais sa proportion, de fait, fut extrêmement variable selon les régions, les époques et les coutumes. La mesure pour la dîme, récipient dont le volume était déterminé non par un règlement général mais par l'usage local, servait à verser au décimateur la part de céréales récoltées. Celle-ci est d'une contenance d'environ 4,4 litres (soit un tiers de boisseau). Son décor de jeunes femmes et de chasseurs au faucon relève davantage de la sphère laïque que du monde ecclésiastique.

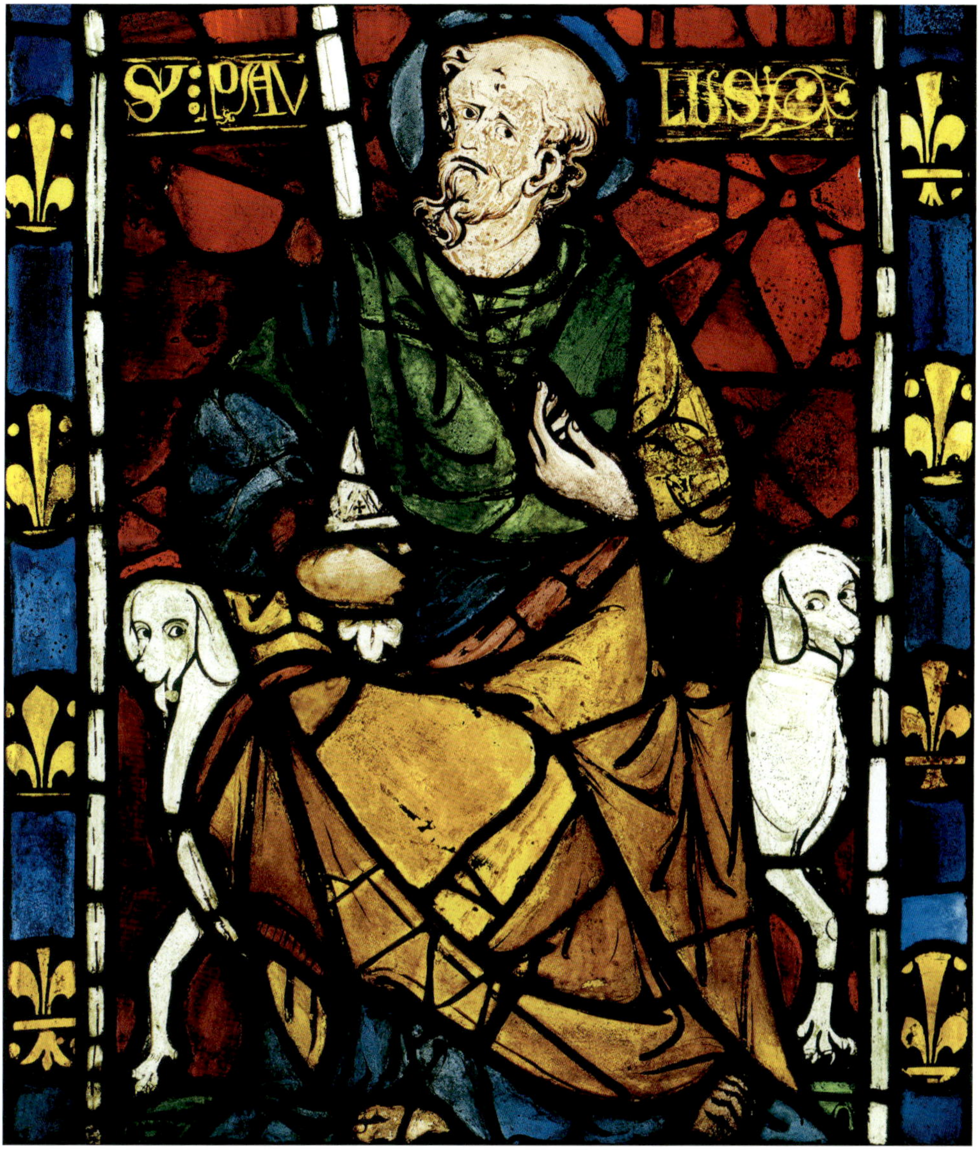

109 | Saint Paul

Normandie, vers 1300
Verre, grisaille, plomb
H. 71 ; l. 58,5
Provient du château de Rouen (?).
Acquis en 1955.
Cl. 22728

Le panneau fait partie d'un ensemble de vitraux qui se trouvaient à la fin du XIXe siècle sur le site de l'ancien château royal de Rouen. Les apôtres Paul – reconnaissable à sa calvitie et à son épée –, Pierre, Jacques et Jean, sont assis sur des sièges de type royal à accoudoirs pourvus d'avant-trains d'animaux. Découpées dans des verres de couleur recherchée – vert acide, jaune orangé –, les figures d'une élégance précieuse témoignent de la tendance au raffinement du vitrail des années 1300.

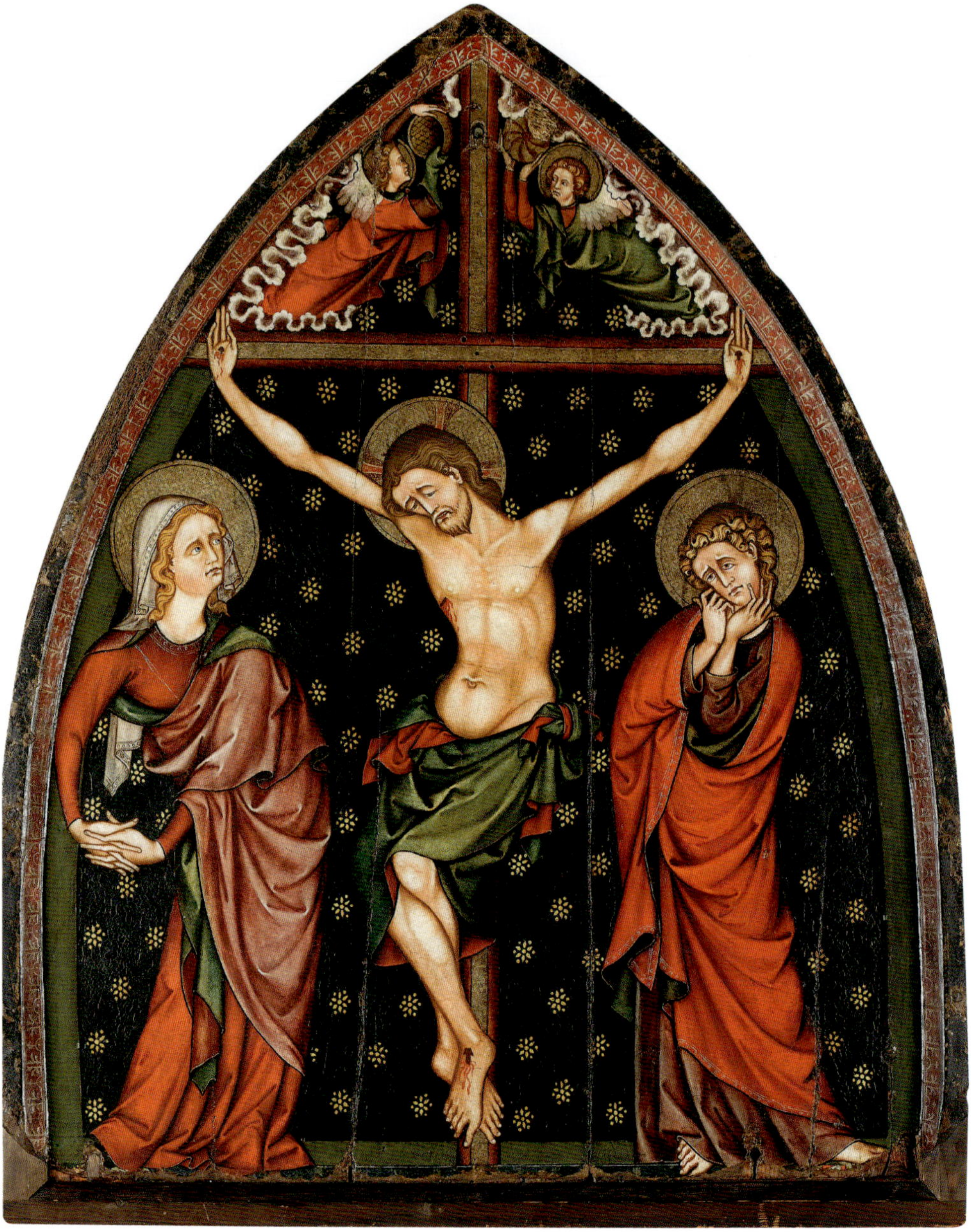

110 | Crucifixion

Auvergne, vers 1320
Peinture sur bois (pin)
H. 145 ; l. 122
Provient de Sauvagnat (Puy-de-Dôme).
Acquise en 1861.
Cl. 3413

De grandes dimensions, les figures du Christ en croix, de la Vierge et de saint Jean sont peintes dans un style assoupli et précieux ; leurs couleurs et leurs chairs sont subtilement rendues, quoique sans grand modelé. L'œuvre témoigne de la pénétration en Auvergne – région longtemps restée étrangère à l'art de la capitale – de l'art de maître Honoré, le plus célèbre enlumineur parisien du temps.

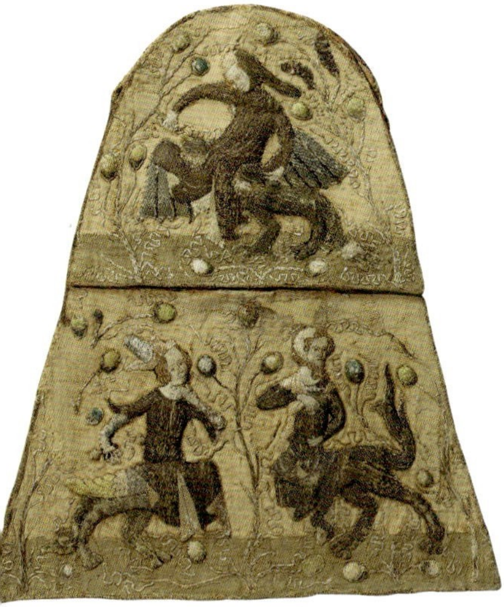

111 | Aumônière

France, milieu du XIVe siècle
Soie, fils métalliques
H. 36 ; l. 32,4
Proviendrait de l'abbaye bénédictine de Saint-Mihiel (Meuse). Vente A. Delaherche. Acquise en 1888.
Cl. 11787

Cette aumônière de forme trapézoïdale arrondie au sommet est ornée de trois êtres hybrides brodés sur fond de velours ; mi-humains mi-animaux, ils symbolisent probablement des vices. L'abbaye de Saint-Mihiel, dont provient également une autre bourse du musée à décor profane (Cl. 11788), l'aurait reçue en don d'une comtesse de Bar.

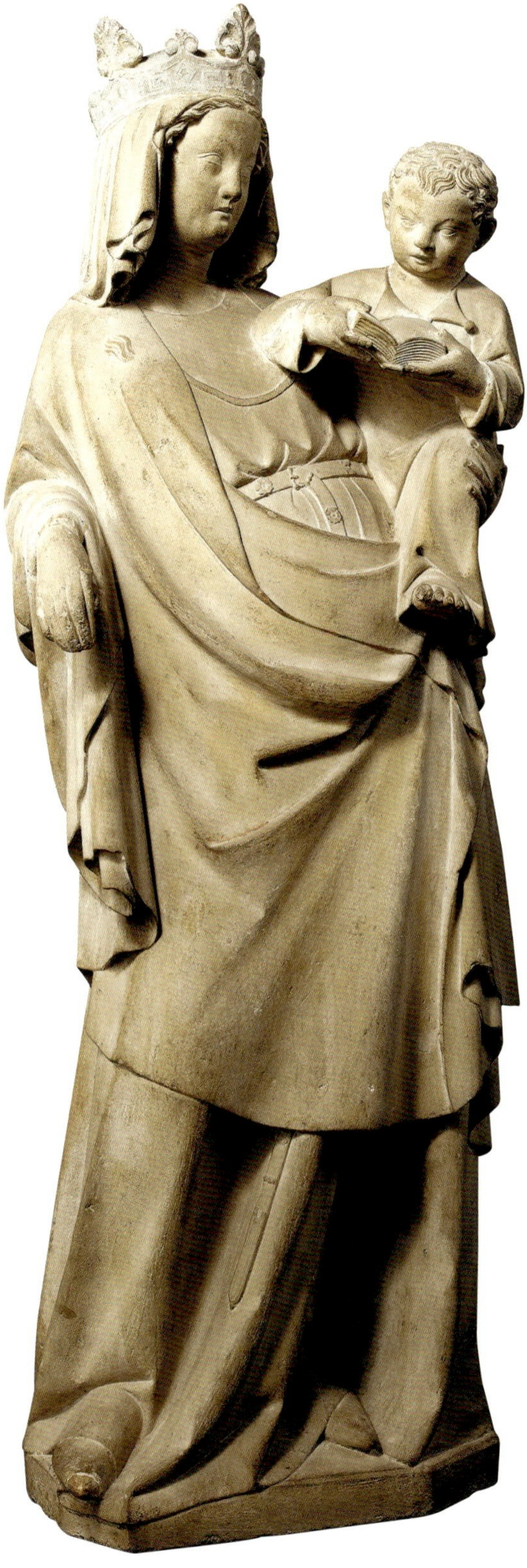

112 | Vierge à l'Enfant

Lorraine, deuxième quart du XIVe siècle
Calcaire
H. 91 ; l. 30 ; Pr. 22
Legs Ch. Timbal, 1881.
Cl. 18944

Si le culte de la Vierge se développe en Occident à partir du XIIe siècle, c'est au XIVe siècle que se multiplient dans toute l'Europe les représentations de la Vierge à l'Enfant. Dans ce paysage, les Vierges lorraines se distinguent par leur silhouette trapue, presque épaisse, au hanchement à la fois visible et peu marqué. La Vierge du musée – tout comme celle, très proche, de la cathédrale de Saint-Dié – est particulièrement représentative de cet ensemble.

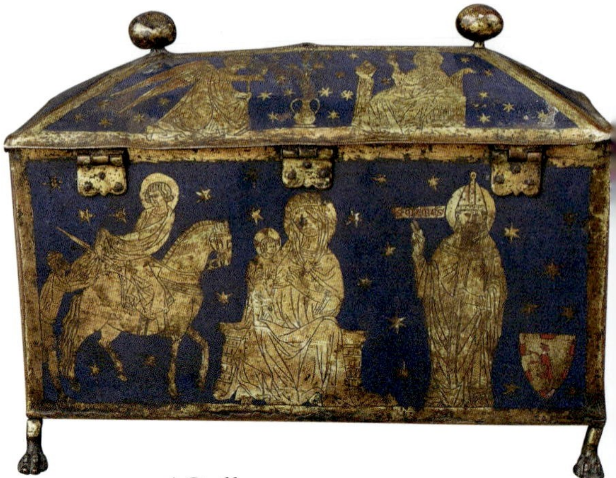

113 | Tombeau de Pierre de Corneilhan

Rhodes, vers 1355-1360
Marbre
H. 200 ; l. 85
Provient de l'église Saint-Jean de Rhodes.
Acquis en 1877.
Cl. 18844

Entre 1353 et 1354, Pierre de Corneilhan fut grand maître de l'ordre des Hospitaliers de Saint-Jean-de-Jérusalem, replié à Rhodes après la chute d'Acre en 1291. Il porte, cousue sur son manteau au niveau de la poitrine, une croix à huit pointes, insigne de l'ordre. Au-delà des rapprochements stylistiques avec la sculpture française – dans le travail du drapé notamment –, le choix même du recours au gisant, figure totalement absente du monde byzantin, montre la force des liens artistiques unissant les Hospitaliers à l'Europe occidentale.

114 | Coffret

France du Sud (Provence ?), vers 1340-1350
Cuivre champlevé, émaillé, gravé et doré
H. 21 ; L. 28,4 ; l. 14,2
Fonds Du Sommerard.
Cl. 979

Ce coffret à riche iconographie religieuse – Vierge à l'Enfant, Annonciation, plusieurs saints – porte les armoiries de la famille de Canilhac ; on peut donc hésiter sur la destination sacrée ou profane de l'objet. Cette puissante famille languedocienne entretenait des liens étroits avec la cour pontificale d'Avignon. Les influences italiennes, importées en Avignon par Simone Martini ou Matteo Giovanetti, sont perceptibles sur ce coffret bien qu'il provienne sans doute d'un atelier local plus modeste.

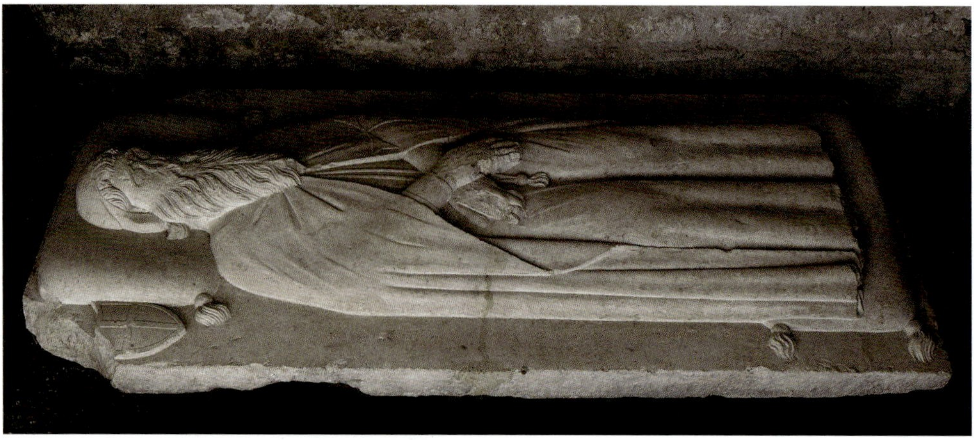

115 | Rose d'or

MINUCCHIO DA SIENA

Avignon, 1330
Or, verre coloré
H. 60
Provient du trésor de la cathédrale de Bâle.
Don du colonel Theubet, 1854.
Cl. 2351

Cette rose d'or d'une extrême délicatesse fut créée par l'orfèvre siennois Minucchio à la demande du pape Jean XXII (1316-1334). Chaque année, lors du carême, le pape offrait à un personnage qu'il souhaitait remercier et distinguer une rose d'or, évocation du paradis. Cet exemplaire, le plus ancien conservé, fut donné en 1330 à Rodolphe de Nidau, comte de Neuchâtel, qui y fit ajouter un nœud filigrané du XIIIe siècle et ses armoiries.

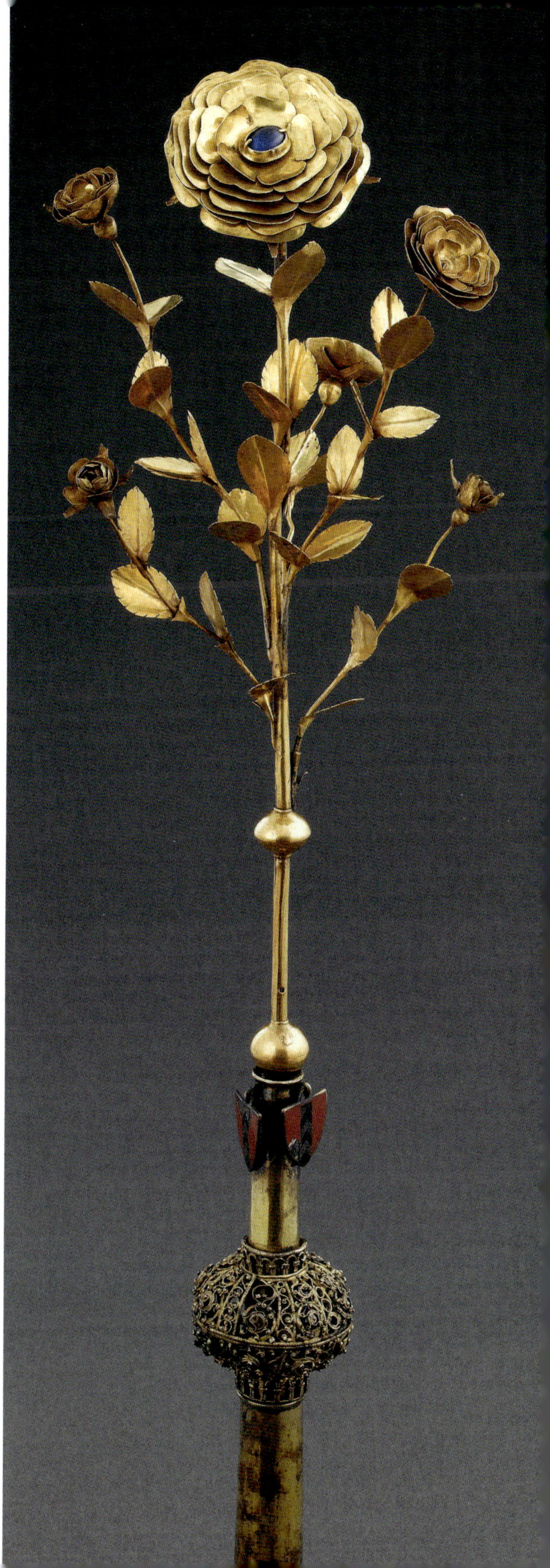

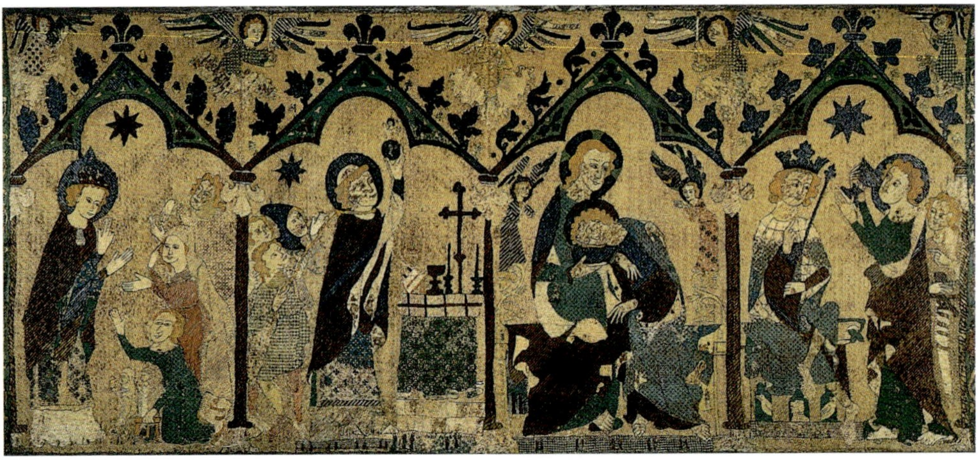

118 | Devant d'autel

Région mosane, début du XIVe siècle
Toile de lin, fils de soie et de métal
H. 82,5 ; l. 86,5
Provient de l'hôpital de Malines (?).
Don du baron A. de Rothschild, 1889.
Cl. 11995

Ce devant d'autel ou *antependium* brodé présente, dans une iconographie originale, quatre épisodes de vies de saints : de gauche à droite, une scène de guérison tirée de la vie de saint Martin, l'arrestation de saint Marc pendant la messe de Pâques, saint Jean l'Évangéliste endormi sur la poitrine du Christ, et saint Jean buvant le poison. Dans ce tissu, l'utilisation du point passé plat est caractéristique de la production mosane.

119 | Trésor de Colmar : bague, fermail et affique

Première moitié du XIVe siècle
Bague : or, émaux – Fermail : argent doré, gemmes – Affique : argent partiellement doré
Bague : H. 3,5 ; D. 2,3 – Fermail : H. 3,7 ; l. 3,7 – Affique : H. 2,3 ; l. 2,2
Mis au jour dans l'ancien quartier juif de Colmar en 1863. Acquis en 1923.
Cl. 20658, Cl. 20671 et Cl. 20672

Le « trésor de Colmar » fut probablement enfoui lors des persécutions antijuives survenues durant la Peste noire, vers 1349-1350. Il se compose de monnaies, bijoux et éléments de parure en vogue au XIVe siècle : bagues, ceintures, fermaux (attaches), boutons, appliques et affiques (fixés sur les vêtements). Le seul objet spécifiquement juif est la bague de mariage en forme de petit édicule portant en caractères hébreux l'inscription « *mazel tov* » (« bon augure »), l'une des plus belles pièces du trésor avec le fermail quadrilobé et l'affique au cavalier.

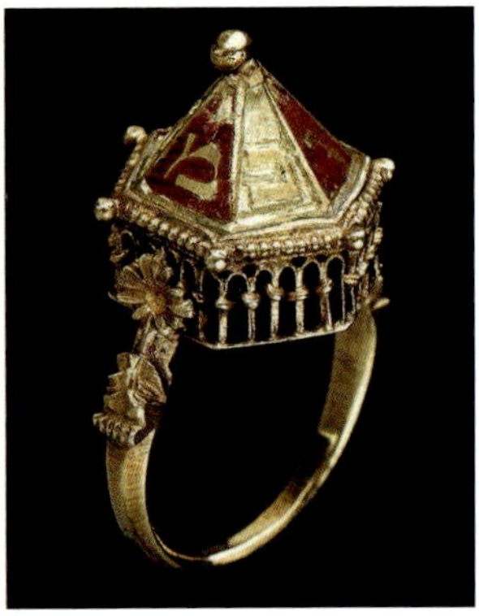

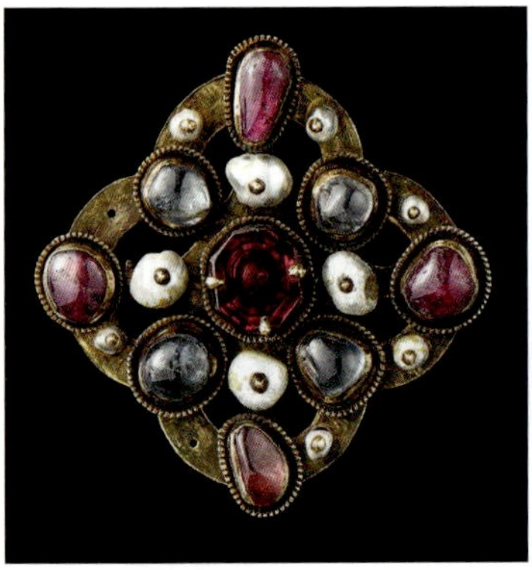

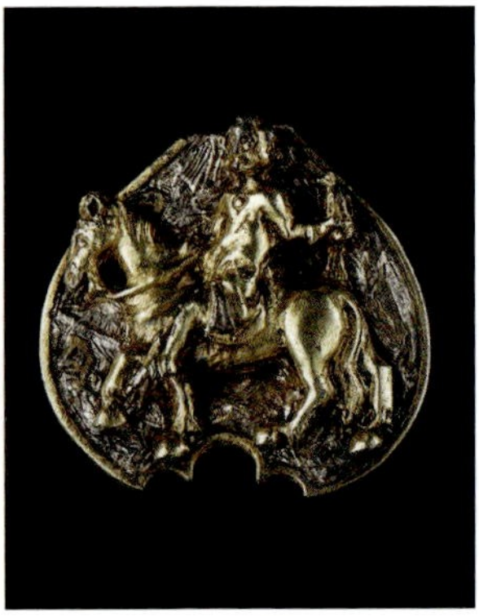

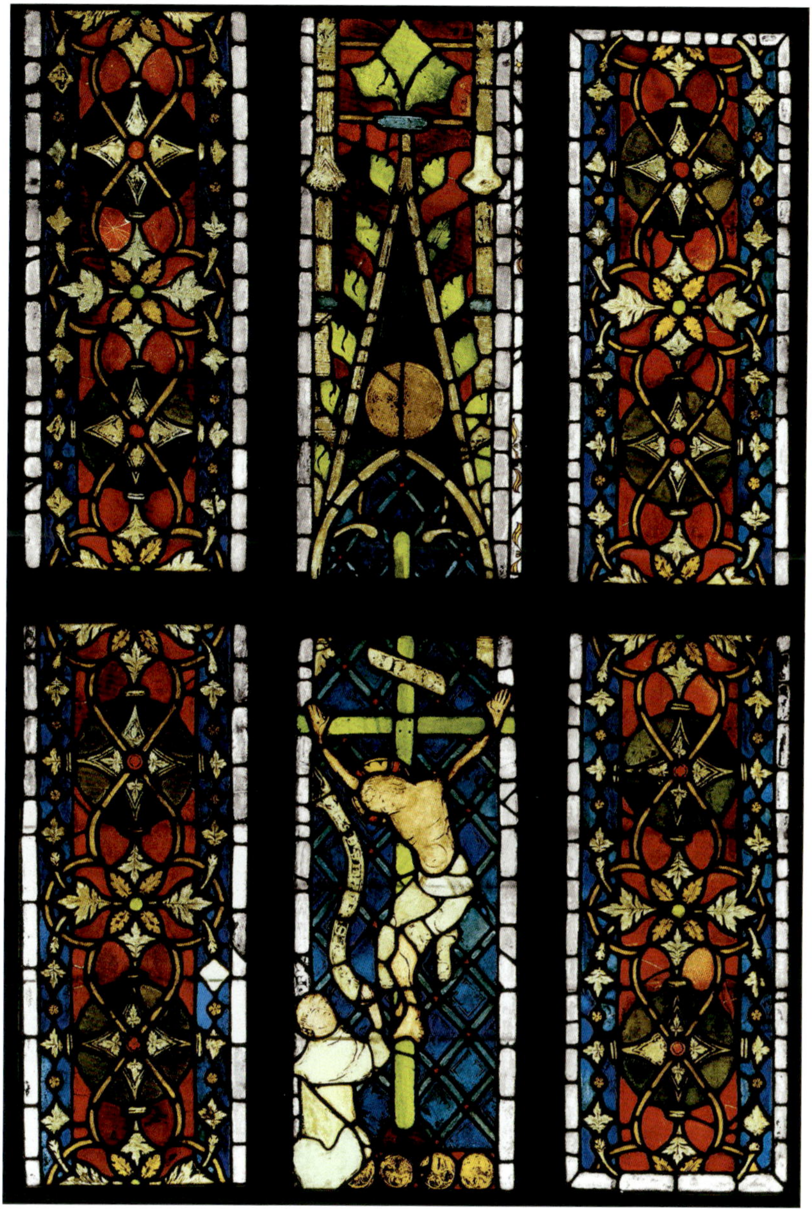

120 | Panneaux à feuilles d'érable et Crucifixion

Vallée du Rhin (Colmar ?), vers 1330
Verre, grisaille, plomb
H. 170 ; l. 105
Don Mme R. Montreuil, 1899.
Cl. 13747

Dans la vallée du Rhin, les vitraux prennent souvent l'aspect de riches tapis végétaux denses en couleur. La Crucifixion rappelle la scène de Mutzig (Bas-Rhin) et permet de dater l'ensemble des environs de 1330. On a pu suggérer que le donateur était franciscain, mais l'absence de cordelière à sa taille et la couleur blanche de sa robe infirment cette hypothèse ; cette figure ayant été fortement remaniée, il serait hasardeux d'en proposer une autre. La provenance de ces panneaux, souvent rattachés à la vallée de Colmar, reste donc incertaine.

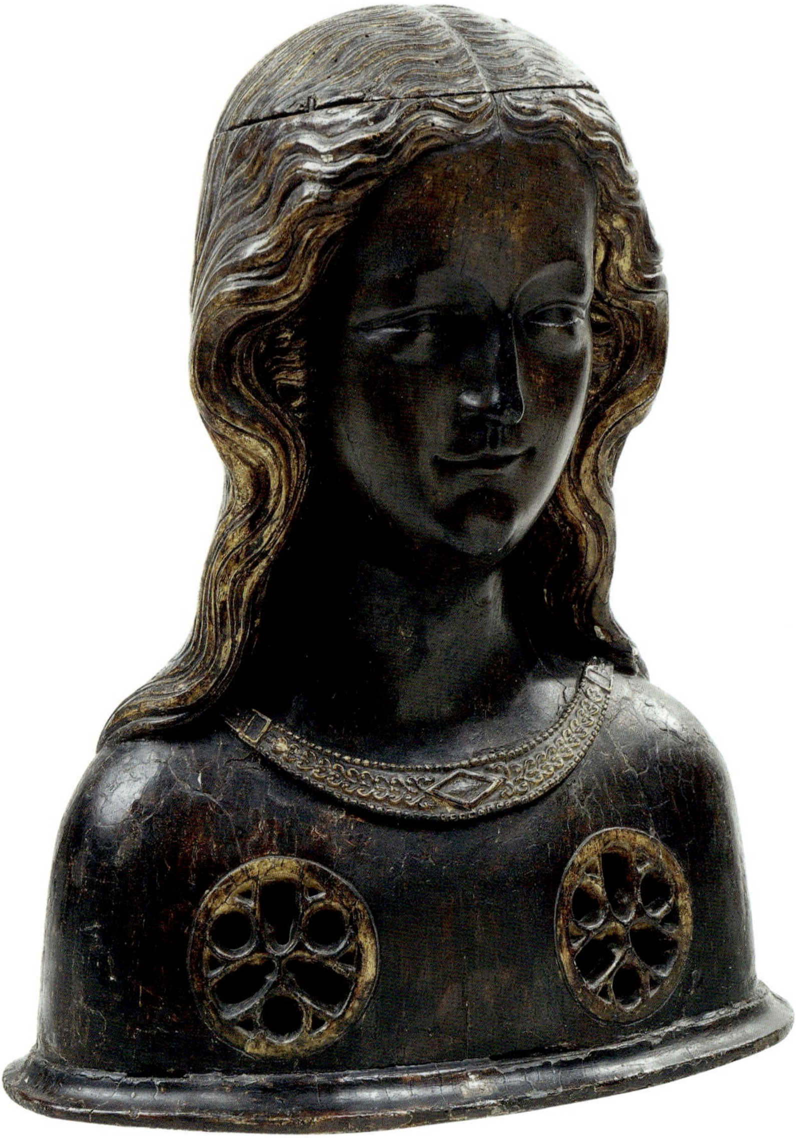

121 | Buste-reliquaire d'une compagne de sainte Ursule

Cologne, vers 1340
Tilleul peint et doré
H. 47,5
Acquis en 1885.
Cl. 11306

Apparus dès le Xe siècle, les reliquaires anthropomorphes connaissent un succès certain dans la chrétienté d'Occident pendant toute la période médiévale et même au-delà. Preuve en est ce buste-reliquaire qui témoigne également du développement, au XIVe siècle, du culte de sainte Ursule et des Onze Mille Vierges dont Cologne, qui en conservait les reliques, était le foyer. À la représentation formelle, ce reliquaire joint la visibilité de la relique : un petit couvercle se soulevait à l'arrière de la tête, permettant d'apercevoir le crâne.

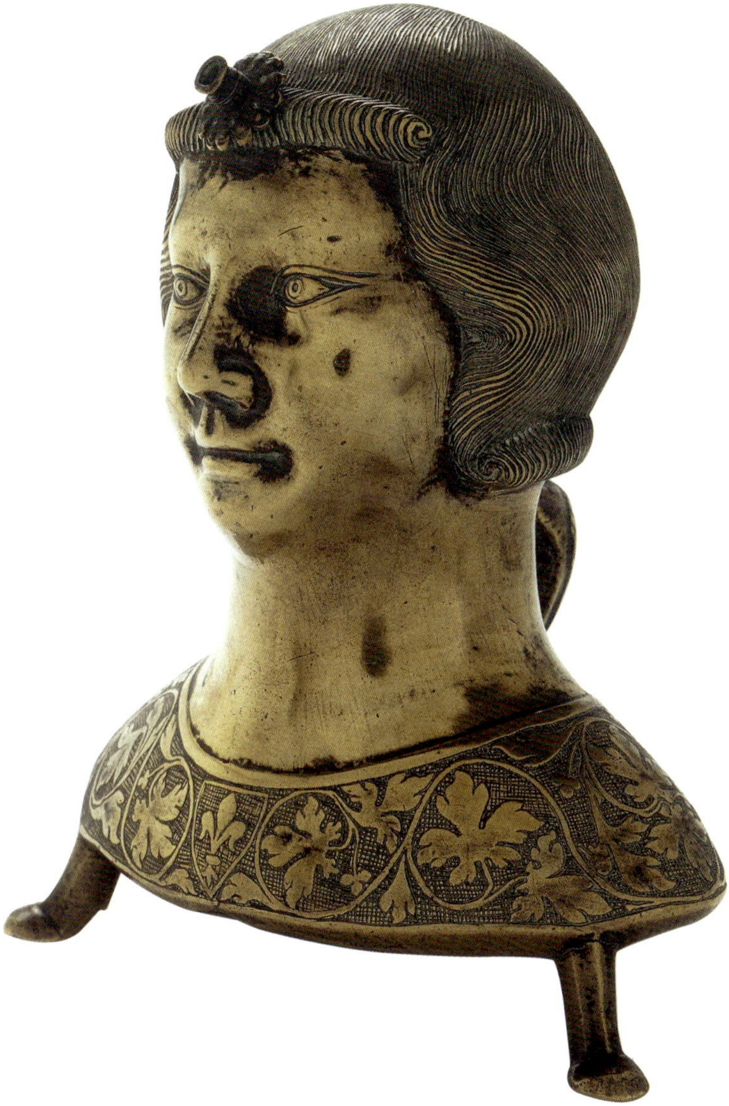

122 | Aquamanile

Allemagne du Nord (Hildesheim ?), début du XIVe siècle
Alliage cuivreux fondu et gravé
H. 22 ; l. 19
Fonds Du Sommerard.
Cl. 990

Objets usuels, les aquamaniles servaient à se laver les mains, dans un contexte aussi bien liturgique que profane. Ils prennent souvent la forme d'animaux, réels ou imaginaires. Cet exemplaire, plus rare, représente un buste de jeune homme ; on peut le rapprocher d'un buste de jeune femme conservé à Opava (République tchèque), sans doute issu du même atelier de Basse-Saxe, l'un des principaux foyers de production d'aquamaniles.

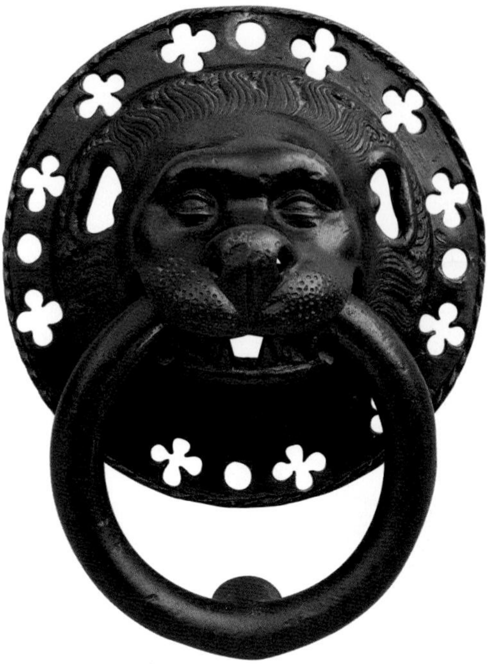

123 | Heurtoir de porte à tête de lion

Allemagne, XIVe siècle
Bronze
D. 19,5 ; Pr. 8,5
Acquis en 1869.
Cl. 20961

De nombreuses portes d'église d'Europe comportaient, outre l'indispensable serrure destinée à la fermeture, un anneau mobile permettant de fermer le vantail en le tirant, de demander l'ouverture en frappant ou de requérir l'asile en le saisissant. La tête de lion engoulant un anneau est la forme de heurtoir la plus répandue. Si le macaron léonin est un motif récurrent issu de l'Antiquité, le Moyen Âge lui superpose une figure christique : le lionceau en effet était supposé venir au monde mort-né et ressusciter trois jours plus tard par le souffle de ses parents, comme le rappelle l'inscription que le bronzier Giraldus incisa sur le heurtoir de l'église de Brioude : « Je nais sans vie, le souffle de la bouche me donne la vie. »

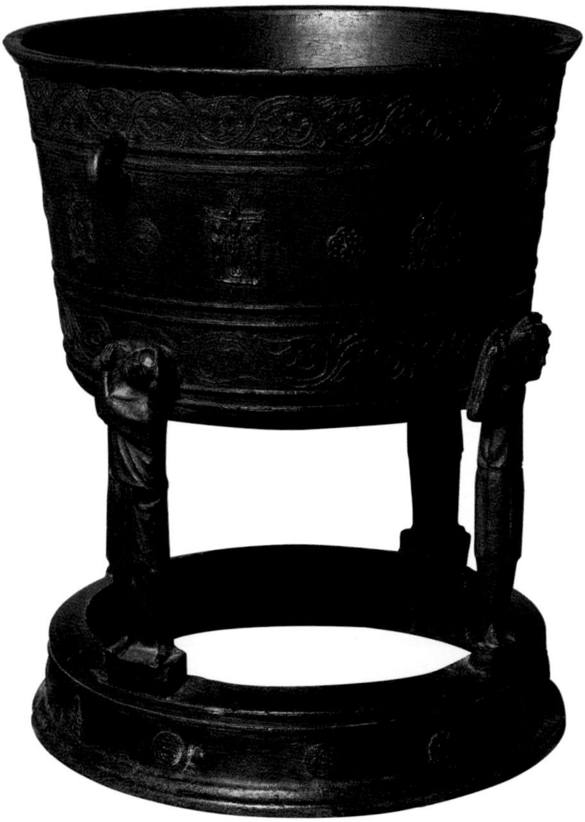

124 | Cuve baptismale

Allemagne du Nord, XIVe siècle
Bronze
H. 80,5 ; D. 87
Provient d'Embsen (Basse-Saxe).
Acquise en 1855.
Cl. 2522

L'évolution du sacrement du baptême – à l'origine par immersion dans une piscine – causa la disparition des baptistères au profit des fonts baptismaux, cuve de pierre ou de métal située le plus souvent près de l'entrée de l'église. Le bassin, supporté par quatre atlantes se tenant sur une base circulaire assurant la rigidité et la stabilité de l'objet, est orné d'un décor en faible relief, qui fait alterner dans le registre médian des motifs religieux, des végétaux et des animaux entre deux frises de rinceaux.

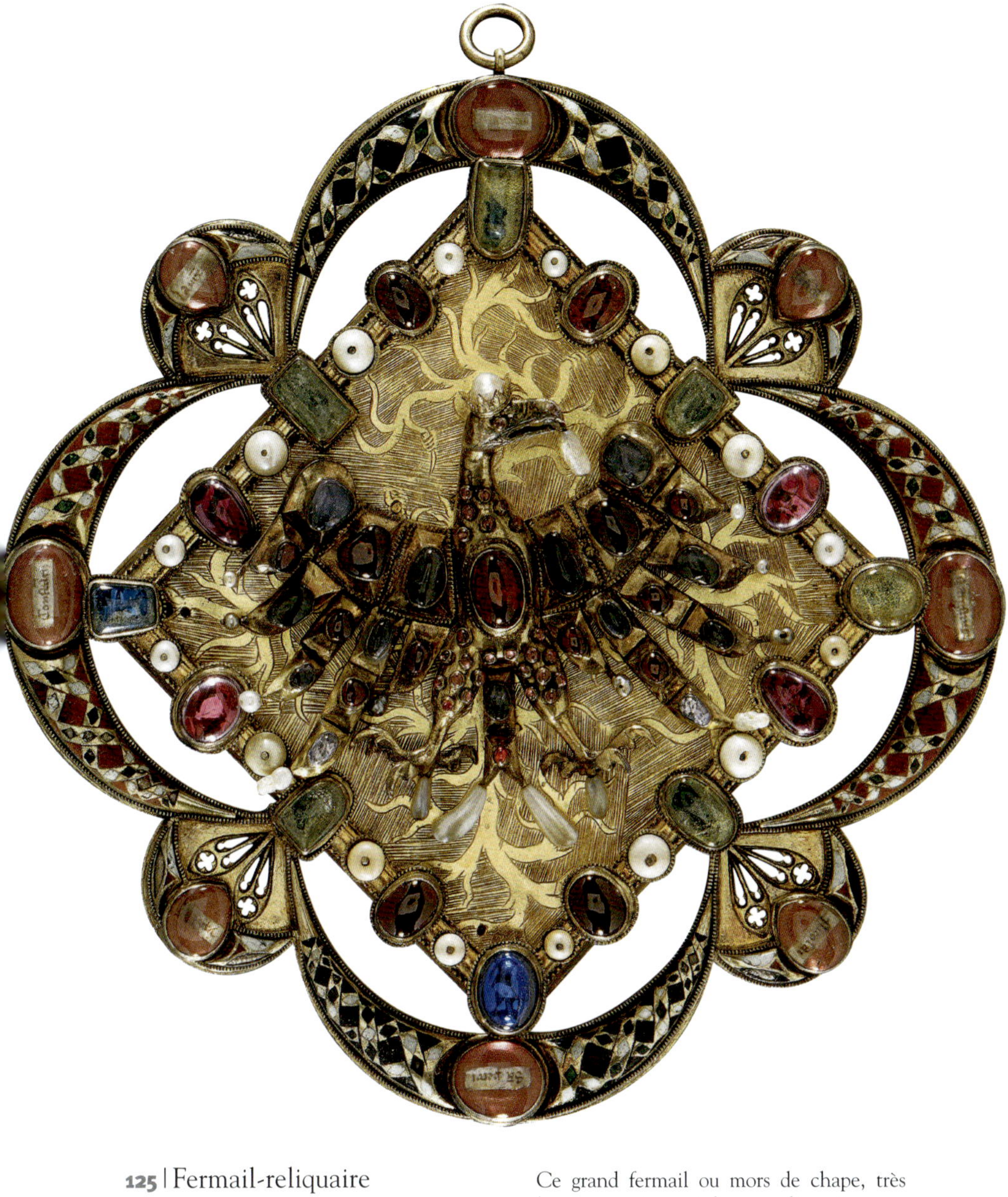

125 | Fermail-reliquaire

Bohême, milieu du XIVe siècle
Argent gravé, partiellement doré ; émaux, pierreries, perles
H. 18,5 ; l. 18,5
Ancienne collection P. Soltykoff. Acquis en 1861.
Cl. 3292

Ce grand fermail ou mors de chape, très luxueux, maintenait les pans d'un vêtement d'apparat, religieux ou civil. C'était aussi un reliquaire, comme le montrent les logettes à relique aménagées dans le pourtour. Le motif de l'aigle sur fond de flammes, emblème de la Bohême, suggère une fabrication à Prague, foyer artistique fécond au XIVe siècle. La présence d'une couronne laisse supposer une commande impériale, peut-être de Charles IV de Luxembourg, roi de Bohême, empereur germanique de 1346 à 1378.

Angleterre

À la mort de Jean sans Terre (1216) et jusqu'en 1399, cinq rois Plantagenêts se succèdent sur le trône d'Angleterre : Henri III, Édouard Ier, II et III, puis Richard II. Les armoiries des Plantagenêts – trois léopards, seules figures utilisées avant 1340 – deviennent celles de la dynastie royale. Le long règne d'Édouard III (1327-1377) est connu pour les succès militaires remportés contre la France (Crécy en 1346 ; Calais en 1347 ; Poitiers en 1356 suivi de la captivité à Londres de Jean le Bon). Édouard III passe à l'offensive en Gascogne (chevauchées du Prince Noir, son fils) et fait valoir ses droits sur la couronne de France. Épris des légendes des chevaliers de la Table ronde, il fonde le prestigieux ordre de la Jarretière et exalte les vertus de la chevalerie. À la Tour de Londres, Édouard III confie un atelier de broderie à l'armurier royal Jean de Cologne. La somptuosité de la garde-robe royale que suggèrent les comptes permet de le considérer comme le commanditaire d'une précieuse housse de cheval en velours, dont sont conservés d'importants fragments (**n° 127**). Cette broderie héraldique est à la hauteur des plus belles enluminures d'East Anglia, comme le célèbre psautier de Luttrell (Londres, British Library), et de leurs bordures peuplées de figurines, d'oiseaux et de grotesques. La production de broderie (dite *opus anglicanum*), que les marchands londoniens diffusèrent dans toute l'Europe au cours du premier tiers du XIVe siècle, se distingue non seulement par la finesse de sa technique, la préciosité de ses matériaux et la subtilité de ses couleurs à tons rompus, mais aussi par la qualité des modèles livrés par des artistes confirmés. Le goût des figures linéaires et de l'ornement indique un art courtois, en contact avec l'art français.

Dans l'Angleterre des XIIIe et XIVe siècles, la production est aussi riche que variée, à la mesure de sa clientèle. Ainsi l'implantation des nouveaux ordres mendiants a-t-elle favorisé les commandes d'œuvres d'art. Les Dominicains, qui portent à la Vierge une dévotion particulière, montrent un grand attachement aux images mariales. On leur attribue la commande, pour un de leurs prieurés, d'un devant d'autel (**n° 128**) et d'un retable.

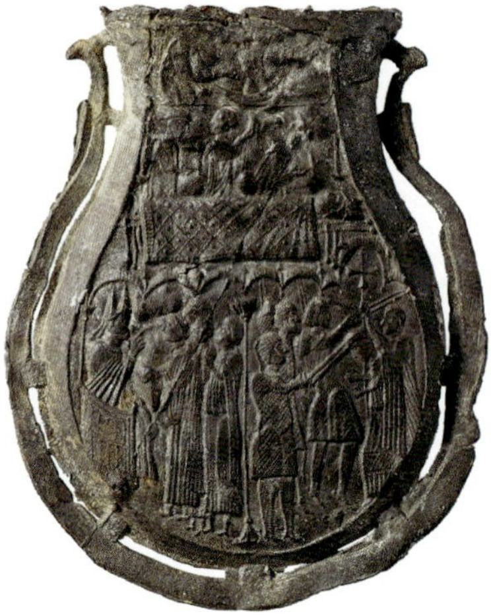

126 | Ampoule de pèlerinage de saint Thomas Becket

Angleterre, début du XIIIe siècle
Plomb, étain
H. 9,8 ; l. 8,1 ; Ép. 1,7
Ancienne collection V. Gay.
Don anonyme, 1909.
Cl. 18063

Saint Thomas Becket fut l'objet d'un culte important dès le XIIIe siècle. Les pèlerins venaient à Cantorbéry se recueillir sur son tombeau et pouvaient rapporter de l'eau miraculeuse dans une ampoule dont le décor rappelait les épisodes de la vie du saint.

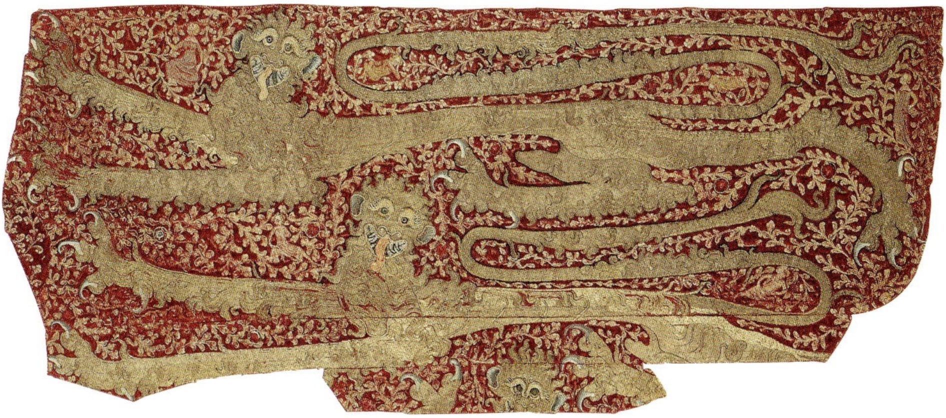

127 | Broderie aux léopards

Italie (velours), Angleterre (broderies), vers 1330-1340
Soie, fils d'argent partiellement dorés, perles, cabochons de verre. H. 51 ; l. 124
Provient de l'abbaye d'Altenberg-sur-la-Lahn.
Acquise en 1922. Cl. 20367

Ce fragment provient probablement d'une housse d'apparat pour cheval, commandée par le roi d'Angleterre Édouard III. Pièce luxueuse, elle porte sur un velours rouge un décor héraldique brodé de fils d'or et de soies polychromes. Parmi des scènes courtoises et des rinceaux végétaux s'étirent des léopards passants, armés et lampassés, qui sont les armes d'Angleterre jusqu'en 1340 : « De gueules aux trois léopards l'un sur l'autre d'or. » Ce tissu appartient aux meilleures productions de l'*opus anglicanum*.

128 | Devant d'autel : scènes de la Vie de la Vierge

Angleterre, vers 1335
Peinture sur bois (chêne). H. 75 ; l. 285
Provient du prieuré de Thetford (Angleterre).
Acquis en 1864. Cl. 7726

L'*antependium* de la Vie de la Vierge a pour pendant un retable peint, actuellement conservé dans l'église de Thornham Parva. Exceptionnel par ses dimensions, son exécution soignée et son fonds estampé et doré, ce devant d'autel met en valeur la figure de la Vierge dans l'une des rares représentations de son Éducation. Il a sans doute été commandé pour le prieuré dominicain de Thetford vers 1335, comme le suggère sa proximité avec les peintures murales de l'église voisine de Brent Eleigh.

Italie

L'Italie de l'époque gothique est constituée de pôles régionaux à l'identité très affirmée. À côté du royaume de Naples et des États pontificaux – deux puissances qui s'effacent au XIVe siècle –, l'Italie du Nord et du Centre est subdivisée en cités dynamiques et rivales, chacune à la tête d'un *contado* (territoire de petites villes et de campagne) qu'elle défend âprement et dispute à ses voisines.

L'art, qui reflète ce polycentrisme, est un vecteur essentiel de la fierté municipale, et, en fin de période, de l'affirmation de familles qui se sont imposées à la tête de certaines villes, devenues des seigneuries : les Visconti à Milan, les Della Scala à Vérone. Les centres artistiques sont nombreux, comme Venise, Bologne et Vérone en Italie du Nord, Florence, Sienne et Pise en Toscane et, bien sûr, Rome et Naples.

Le XIIIe siècle toscan revêt une importance particulière dans l'histoire de l'art médiéval. De profondes mutations se font jour dans les domaines de la peinture et de la sculpture et se traduisent notamment par un renforcement de l'intérêt pour l'Antiquité, mais aussi par l'adoption de la nouvelle esthétique gothique apparue en France. Les fers de lance de cette « révolution » artistique sont Giotto à Florence et Duccio à Sienne pour la peinture, Nicola Pisano et son fils Giovanni pour la sculpture. Dans le sillage de ces précurseurs, le Trecento (XIVe siècle) toscan s'avère très fécond. En sculpture, les groupes de la Descente de croix et de l'Annonciation, en bois ou marbre, connaissent un grand succès (**n° 129** et **133**). Bologne est également au XIVe siècle un centre important de peinture et de sculpture.

Le domaine des arts précieux n'est pas en reste : on y invente ou redécouvre des techniques raffinées. À la fin du XIIIe siècle, les orfèvres siennois mettent au point le procédé des émaux translucides sur basse-taille (**n° 130** et **131**). D'origine antique, la technique du verre doré et gravé (dit « églomisé » au XIXe siècle) est revivifiée à Venise dans la seconde moitié du XIIIe siècle, puis se diffuse dans l'Italie du Trecento (**n° 136**).

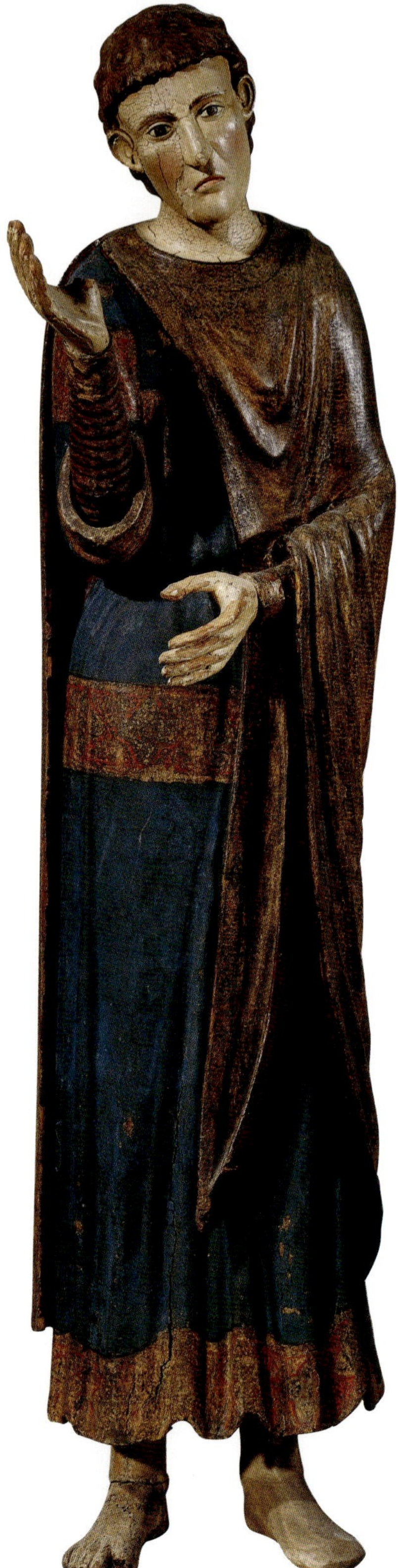

129 | Saint Jean l'Évangéliste

Toscane, vers 1220-1230
Bois peint
H. 170 ; l. 40 ; Pr. 50,6
Provient de la cathédrale de Prato (Toscane).
Acquis en 1854.
Cl. 2369

Comme en Catalogne au XIIe siècle, les représentations de la Descente de croix se multiplient en Toscane au XIIIe siècle. Des cinq personnages qui constituaient celle de Prato, deux se trouvent aujourd'hui au musée de Cluny. Par leurs plis doux et leurs formes suaves, mais aussi par leur position figée, ils témoignent des mutations qui touchent alors l'art de l'Italie centrale. Leur polychromie, refaite au XIVe siècle, est exceptionnellement bien conservée.

130 | Médaillon émaillé

Sienne, vers 1320-1330
Argent de basse-taille, émaux, bordure de cuivre ciselé et doré
D. 7,7
Acquis en 1931.
Cl. 21557

Ce médaillon d'argent gravé revêtu d'émaux translucides et d'émail opaque rouge – selon la technique inventée à Sienne à la fin du XIIIe siècle – figure un épisode de la vie de saint Galgano, chevalier converti par une apparition de l'archange saint Michel : le saint, descendu de cheval, est en prière devant la croix que forme son épée plantée dans le rocher. Exécuté vers 1320-1330, il est sans doute l'œuvre du Maître de Frosini, auteur d'un reliquaire provenant de l'abbaye de San Galgano, autrefois conservé à Frosini, près de Sienne.

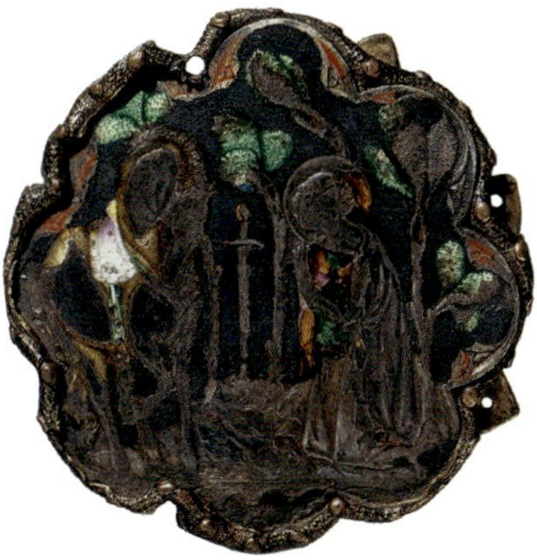

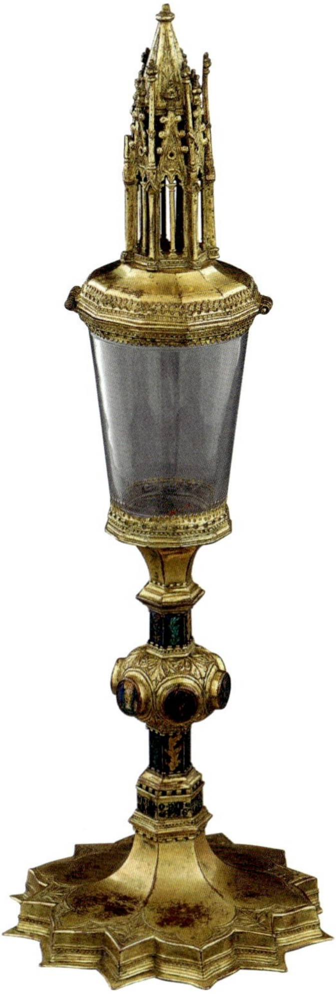

131 | Reliquaire-monstrance

Sienne, 1331
Cuivre, émaux sur argent de basse-taille, verre
H. 45,5 ; l. 17,7
Acquis en 1871.
Cl. 9190

Ce reliquaire se compose d'une monstrance de verre prise entre un pied orné d'émaux translucides et un couvercle en forme d'édicule gothique. Cette transparence répond au besoin des fidèles, croissant à partir du XIIIe siècle, de voir l'objet de leur vénération, reliques ou hostie. Le style du décor de ce reliquaire suggère un orfèvre siennois. Il fut exécuté pour un commanditaire de rang social modeste, dont l'inscription sur le pied – « *Domenico di Benvenuto, fatore* » (régisseur) – donne le nom et le métier, tout en indiquant – fait rare – la date précise de l'œuvre.

132 | Docteur enseignant

Bologne, vers 1340
Marbre
H. 81,5 ; l. 54 ; Pr. 11,5
Acquis en 1884.
Cl. 11115

À la fin du Moyen Âge, les docteurs de l'université de Bologne forment une élite dont les tombeaux reflètent la fierté. En effet, alors que la plupart des monuments funéraires se centrent sur une image pieuse du défunt, ceux-là insistent au contraire sur sa fonction sociale et le représentent le plus souvent assis à sa chaire, enseignant à ses élèves. Sur ce fragment où seule la figuration du défunt subsiste, sa majesté est soulignée par le décor de feuilles grasses de son pupitre ; il semble poser, un doigt marquant la page du livre qu'il commente.

133 | Ange d'Annonciation

NINO PISANO

Pise, troisième quart du XIVe siècle
Bois peint
H. 177 ; l. 62 ; Pr. 45
Legs Ch. Timbal, 1881.
Cl. 12560

Le thème de l'Annonciation connaît un succès grandissant dans l'Italie centrale du XIVe siècle, ce dont témoignent tant les compositions peintes que les groupes sculptés. Outre l'association d'une position verticale rigoureuse à un visage doux et tendre, la finesse de la polychromie est caractéristique de l'œuvre de Nino Pisano ; on les retrouve sur une Vierge d'Annonciation du musée du Louvre, dans laquelle on a parfois vu le pendant de l'Ange.

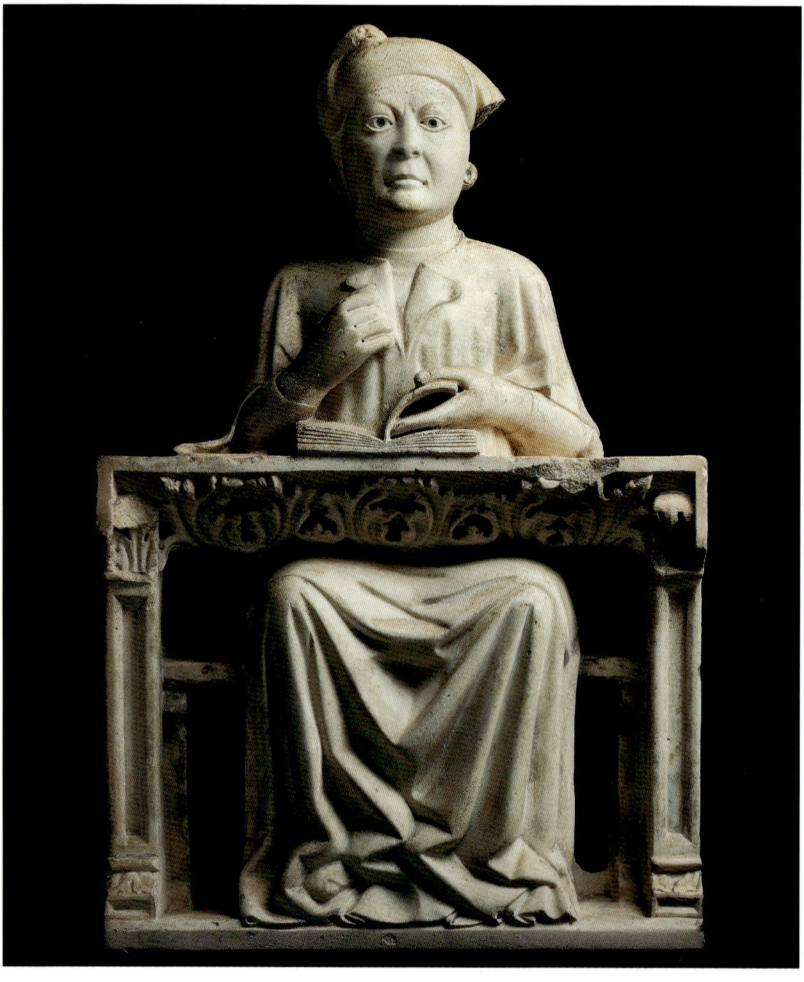

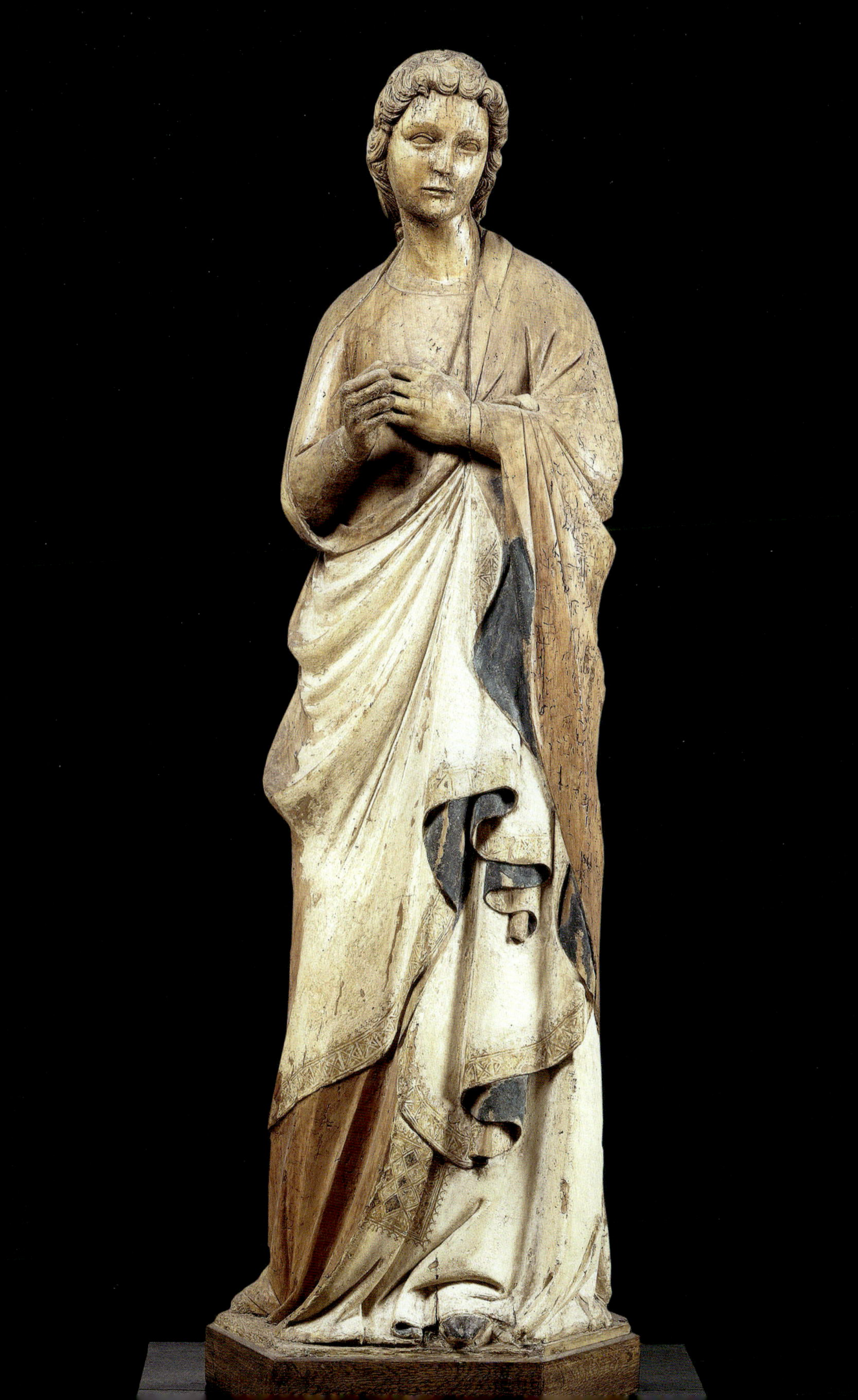

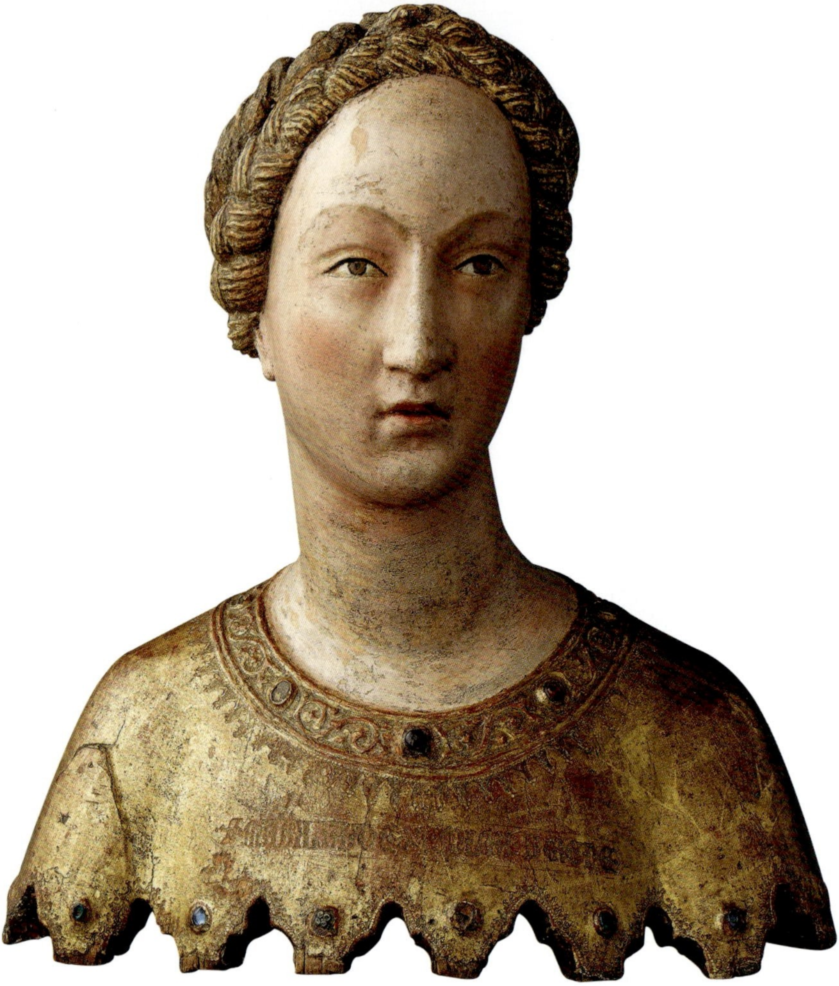

134 | Buste-reliquaire de sainte Mabille

Sienne, vers 1370-1380
Bois peint et doré
H. 46 ; l. 33 ; Pr. 22
Acquis en 1857.
Cl. 2624

Identifiée par une inscription courant sur sa poitrine, sainte Mabille est l'une des onze mille compagnes de sainte Ursule dont le culte, depuis Cologne, se répandit dans une grande partie de l'Europe occidentale. Les traits du visage, particulièrement déterminés, sont adoucis par la polychromie – en grande partie d'origine, à l'exception des carnations qui sont un repeint plus tardif mais proche de l'état initial. La fraîcheur des couleurs permet de mieux appréhender le caractère illusionniste recherché dans ces bustes-reliquaires.

135 | Bas pontifical

Lucques, XIIIe – début du XIVe siècle
Lampas de soie broché d'or
H. 63 ; l. 28
Provient de l'abbaye de Villeneuve-lès-Avignon.
Don, 1867.
Cl. 8604

Ce bas a sans doute appartenu au cardinal Arnaud de Via, neveu du pape Jean XXII et protecteur de l'abbaye de Villeneuve. Il s'orne de paires de gazelles couronnées, de palmettes et d'oiseaux fantastiques. Les têtes, les pattes et les cartouches sont rehaussés d'or. La technique et l'iconographie témoignent de l'influence des ateliers musulmans sur les soieries façonnées italiennes.

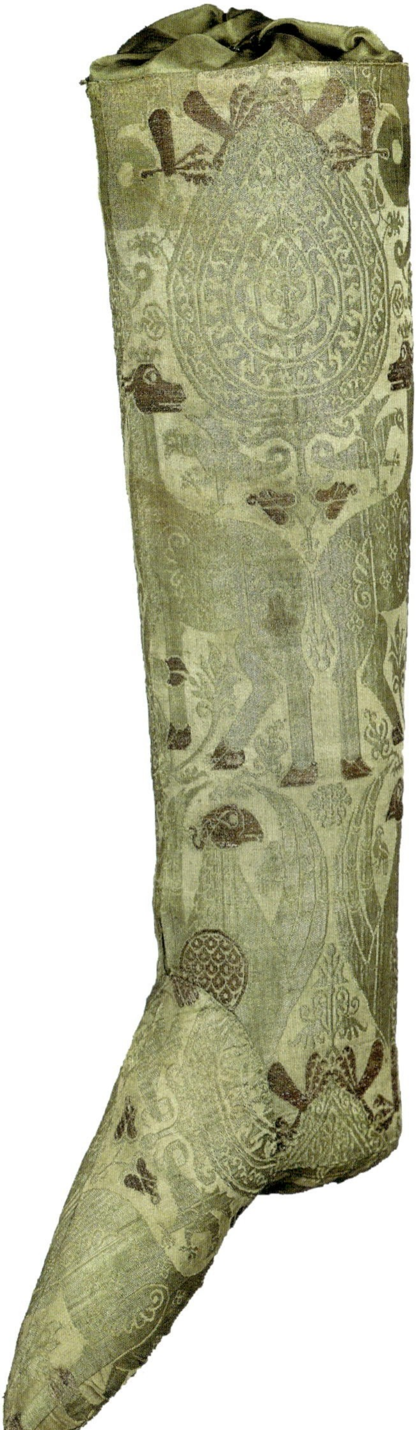

136 | Panneau : Vierge à l'Enfant, licorne

Italie du Nord ou Toscane, vers 1370
Verre doré, gravé et peint ; cadre de bois
H. 32,5 ; l. 15
Ancienne collection F. Spitzer. Acquis en 1893.
Cl. 13093

L'Italie médiévale s'est illustrée dans la production de verres doublés, au revers, d'une feuille d'or gravée et peinte pour composer un petit tableau précieux (ou verres « églomisés ». La Vierge à l'Enfant et la jeune fille à la licorne renvoient à la pureté virginale et au mystère de l'Incarnation. En raison de son parti monumental, hérité de Giotto, la Vierge en majesté a été attribuée au Véronais Altichiero ou aux Florentins Giusto de Menabuoi et Jacopo di Cione.

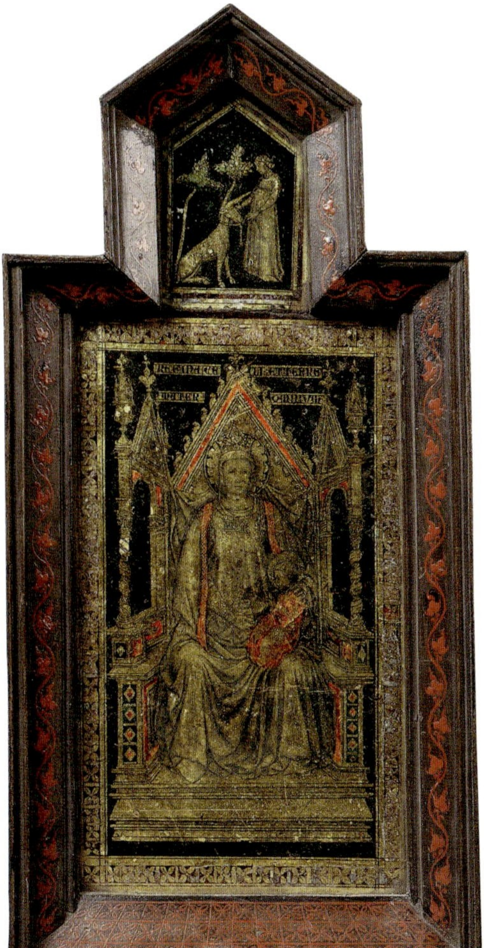

Espagne

En Espagne, les XIIIe et XIVe siècles sont le moment d'un bouleversement radical. Tandis que le roi de Castille et León s'empare successivement de Cordoue puis de Séville, celui d'Aragon conquiert les Baléares et le royaume de Valence. L'emprise musulmane sur l'Espagne se trouve dès lors réduite au petit royaume nasride de Grenade, politiquement faible mais haut lieu de création artistique. L'inversion du rapport de forces entre chrétiens et musulmans, la conquête des riches terres andalouses, la domination de la Méditerranée occidentale – la Sardaigne, la Sicile, le sud de l'Italie et, nominalement, la Corse sont sous la souveraineté du roi d'Aragon – entraînent une nouvelle prospérité dans la péninsule. Les régions orientales, la Catalogne tout particulièrement, en bénéficient. Barcelone s'impose alors comme l'un des principaux ports méditerranéens et comme une capitale commerciale, ce qui entraîne l'essor d'une nouvelle classe de riches marchands et le développement d'une orfèvrerie très précieuse (**n° 138**). Le nombre de commandes s'accroît dans tous les domaines, et suscite la multiplication des ateliers d'artistes. Les souverains aragonais – également comtes de Barcelone – ainsi que les autres comtes catalans ou les grands prélats font venir des artistes de France et d'Italie, bouleversant profondément le paysage artistique catalan.

Dans le domaine de la sculpture, l'une de ses grandes caractéristiques est l'emploi récurrent de l'albâtre. Plus que pour des raisons économiques – le marbre était abondant dans les Pyrénées catalanes –, c'est semble-t-il avant tout pour sa plasticité que les sculpteurs le favorisent : ils l'utilisent pour des sculptures en ronde bosse et des tombeaux (**n° 137**) et pour créer, par des assemblages de plaques, des autels de dimensions parfois monumentales.

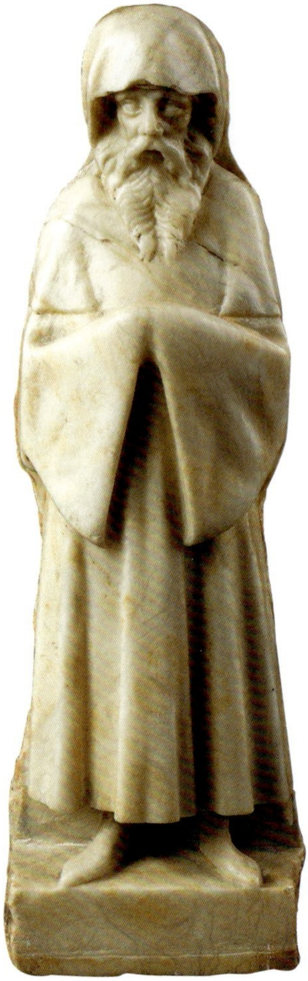

137 | Pleurant

JAUME CASCALLS

Poblet, Troisième quart du XIVe siècle
Albâtre
H. 36,5 ; l. 12,5 ; Ép. 6
Provient de l'abbaye Santa María de Poblet.
Don G. Ladrière, 1986.
Cl. 23251

Projet gigantesque couvrant entièrement la croisée du transept, la réalisation des tombeaux de Santa María de Poblet dura près d'un demi-siècle, occupant successivement trois sculpteurs, Éloi de Montbrai, Jaume Cascalls et Jordi de Déu. C'est au second qu'est dû l'essentiel du décor sculpté, les pleurants notamment, certains très animés, d'autres au contraire – comme celui du musée de Cluny – très sobres et posés ; cette alternance donne du rythme au cortège funéraire.

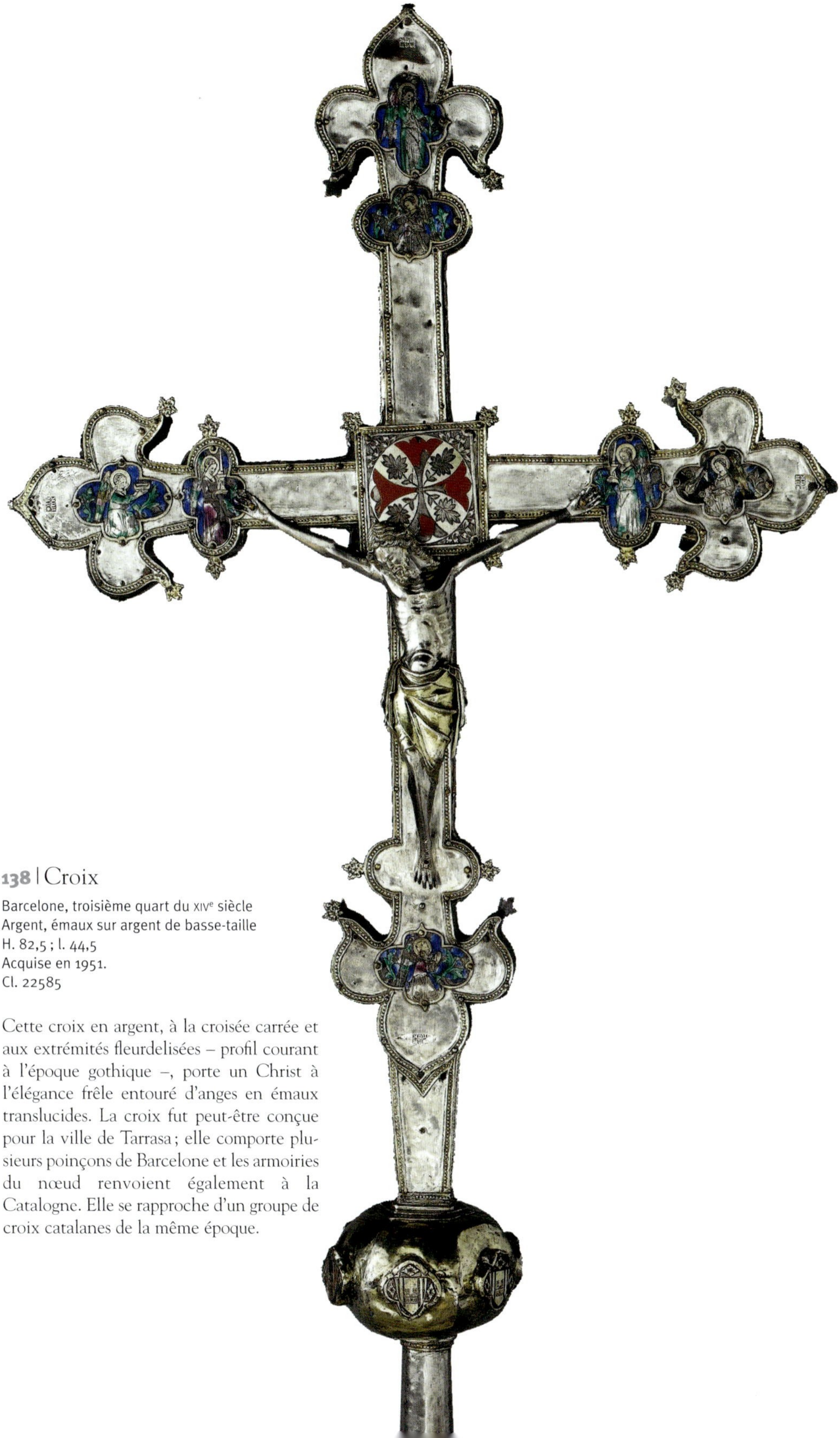

138 | Croix

Barcelone, troisième quart du XIVe siècle
Argent, émaux sur argent de basse-taille
H. 82,5 ; l. 44,5
Acquise en 1951.
Cl. 22585

Cette croix en argent, à la croisée carrée et aux extrémités fleurdelisées – profil courant à l'époque gothique –, porte un Christ à l'élégance frêle entouré d'anges en émaux translucides. La croix fut peut-être conçue pour la ville de Tarrasa ; elle comporte plusieurs poinçons de Barcelone et les armoiries du nœud renvoient également à la Catalogne. Elle se rapproche d'un groupe de croix catalanes de la même époque.

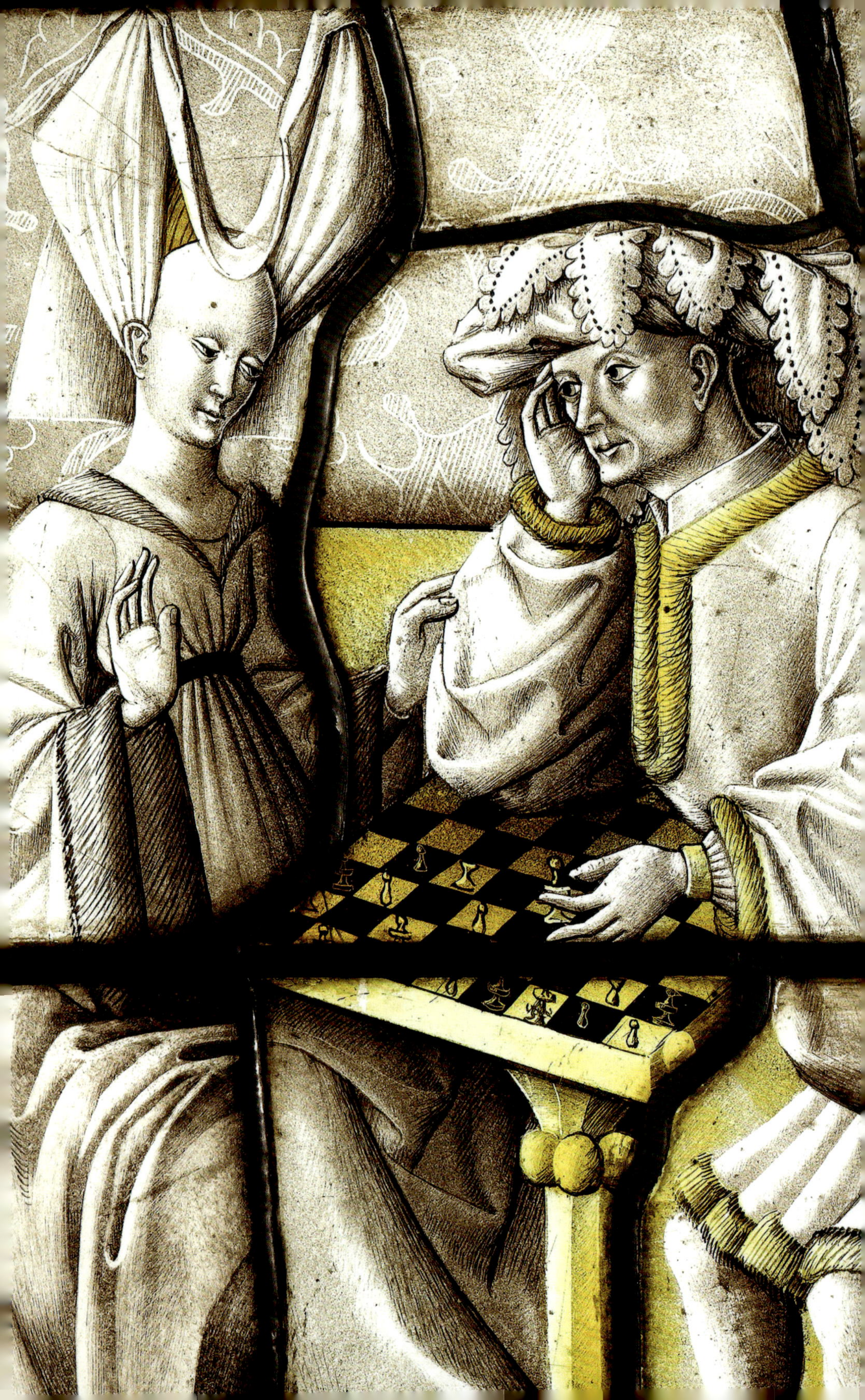

Le XVe siècle

Au XVe siècle, les bourgeois, les métiers, les confréries sont, à côté des ecclésiastiques, des rois, princes et aristocrates, des commanditaires de plus en plus fréquents. L'opulence des élites urbaines stimule la production artistique, sous la forme de commandes ou d'achats. Ce sont souvent des pièces profanes, notamment des objets de la vie domestique : mobilier, rondels et vitraux, tapisseries, céramique commune et d'apparat, pièces de jeux. En outre, les commandes – laïques ou religieuses – d'objets de piété personnelle destinés à la demeure ou aux chapelles privées se multiplient : livres d'heures, petits retables, reliquaires. Les commanditaires se font représenter en prière, font apposer leurs armoiries ou inscrire leur nom sur l'objet.

Certaines productions connaissent alors un essor considérable, parfois amorcé au siècle précédent. C'est le cas de l'art de la tapisserie, qu'il s'agisse de pièces de commande ou de productions à moindre coût, de tapisseries profanes ou de tentures de chœur ; Arras, Lille, Tournai et Bruxelles sont les principaux centres de fabrication. Conséquence de la place croissante de l'image dans la dévotion publique et privée, le retable sous toutes ses formes rencontre un franc succès, notamment dans l'aire germanique où il allie volontiers peinture et sculpture, et dans les Pays-Bas, à Anvers et Malines, où sont produits de grands retables en bois peint. En Angleterre, tout particulièrement à Nottingham, se développe une fabrication en série de petits panneaux d'albâtre assemblés ensuite pour former des retables. La peinture sur panneau, pratiquée par des artistes qui sont parfois aussi enlumineurs ou cartonniers pour les vitraux et les tapisseries, connaît également un grand essor.

Au cours du XVe siècle s'affirment grands États et foyers régionaux. De nouveaux centres (Portugal, Hongrie) émergent, en lien avec la constitution d'ensembles politiques originaux. Les États bourguignons favorisent les échanges artistiques entre leurs différents centres, des Pays-Bas à la Bourgogne puis à l'Espagne. La sculpture y bénéficie de personnalités de premier plan, de Jean de Marville à Claus Sluter, Claus de Werve, Jean de la Huerta et Antoine Le Moiturier. En peinture, la révolution picturale s'accomplit différemment dans les pôles où elle s'affirme, Italie, Flandre, France, pays germaniques, péninsule Ibérique.

Les œuvres du musée sont issues de centres de production très divers. Certaines régions s'affirment (Pays-Bas méridionaux) ou bénéficient d'un renouveau (Limousin) à la fin de la période. Si le nom des artistes est connu plus souvent qu'auparavant, la plupart des productions demeurent anonymes.

Ci-contre : détail du n° 196

France

La reprise de la guerre, les rivalités entre les princes, puis les derniers soubresauts de la guerre de Cent Ans et l'effacement du pouvoir royal affectent profondément le royaume des Valois (défaite d'Azincourt, 1415 ; traité de Troyes, 1420). Paradoxalement, durant ces terribles années, l'effervescence artistique est favorisée par les princes de sang, frères du roi. Grâce à leur goût pour les objets précieux, les livres peints et le faste, Paris devient une capitale du luxe où les divers courants artistiques se fondent en un style gothique « international ». Les orfèvres maîtrisent les techniques raffinées des émaux sur basse-taille et sur ronde-bosse d'or ; les enlumineurs ornent les pages des livres de grisailles, de couleur et d'or.
Sous le règne de Charles VII (1422-1461), après la signature de la paix d'Arras avec le duc de Bourgogne (1435), la reprise de Paris (1436) puis la victoire de Castillon sur les Anglais (1453), s'ouvre une période de reconstruction. Toutefois, le paysage artistique a évolué dans sa nature comme dans sa clientèle et sa géographie. Une ultime floraison du gothique s'épanouit à Paris et dans la vallée de la Loire où réside le roi, comme dans de très nombreux foyers français – le Nord, la Provence, la Bourgogne, la Champagne, la Normandie ou encore la Bretagne – où l'art prend diverses nuances régionales. Partout, l'implication des donateurs se traduit par l'insertion de portraits à l'intérieur des œuvres ; les artistes sont plus nombreux à quitter l'anonymat et à signer leur production. On peut ainsi nommer le sculpteur Claus de Werve (**n° 145**), les peintres Jean Fouquet ou Barthélemy d'Eyck (**nos 148, 149**), Jean d'Ypres ou Gautier de Campes (**nos 152, 154, 155, 156**), et attribuer à d'autres des noms de convention.
Effet des malheurs du temps sur les mentalités, les thèmes morbides ont la faveur, sous forme de danses macabres ou de transis (**n° 142**).

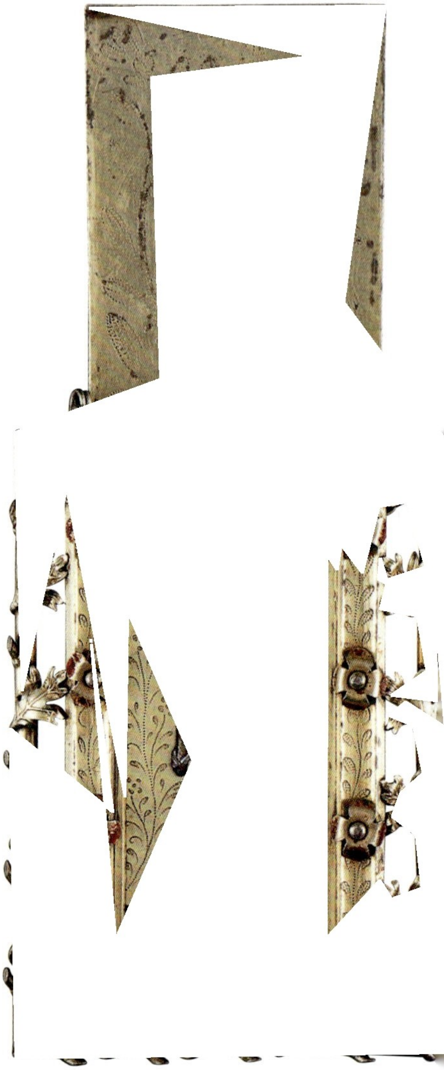

139 | Tableau-reliquaire

Paris, vers 1380-1390
Argent doré, émaux translucides sur basse-taille
H. 8,1 ; l. 6,6
Ancienne collection de Louis XIV (?).
Acquis en 1989.
Cl. 23314

À la fois bijou et objet de dévotion, ce tableau-reliquaire pouvait être porté ou suspendu dans un oratoire. Le couvercle du revers masque les reliques. La face, émaillée, figure sainte Geneviève dans la scène du miracle du cierge ardent, sans cesse éteint par un diablotin et rallumé par un ange. Par la délicatesse des émaux translucides sur basse-taille et la finesse de la ciselure en poinçonné, cette œuvre évoque les joyaux de cour créés par les orfèvres parisiens à la fin du XIVe siècle.

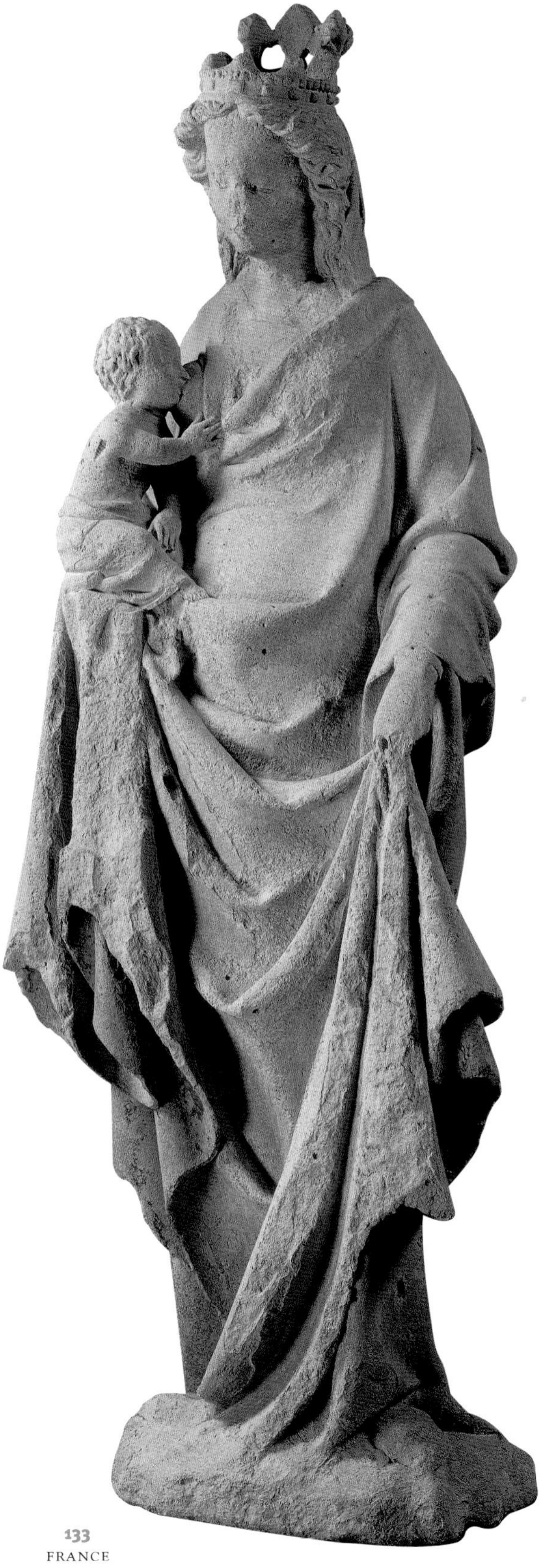

140 | Vierge à l'Enfant

Paris, vers 1400
Calcaire lutétien
H. 138 ; l. 52 ; Pr. 35
Provient sans doute de l'abbaye Saint-Victor de Paris. Acquise en 1850.
Cl. 18764

Au tournant des XIVe et XVe siècles, quoique l'art gothique européen se caractérise par son raffinement extrême, les sculpteurs parisiens restent marqués par l'influence très classicisante d'André Beauneveu ; en résultent des sculptures qui, telle cette Vierge, atteignent par leur élancement et la souplesse de leur posture à une rare élégance qu'accentue le contraste avec l'iconographie très prosaïque de la Vierge allaitant l'Enfant, particulièrement goulu.

141 | Vierge à l'Enfant, reliquaire de l'ombilic du Christ

Paris (?), 1407
Argent doré, verre coloré
H. 33,4 ; l. 18,9 ; Pr. 17,2
Provient du trésor de Notre-Dame-en-Vaux de Châlons-en-Champagne. Ancienne collection P. Soltykoff. Acquise en 1861.
Cl. 3307

Cette statuette, commandée en 1407 par les exécuteurs testamentaires de Thibault des Abbés, bourgeois de Châlons-en-Champagne, enfermait la seule relique du Saint Nombril conservée en France. Œuvre exceptionnelle par ses qualités plastiques, l'élégance et la fluidité des drapés, la douceur du visage de la Vierge, elle fut sans doute exécutée par un orfèvre parisien – ou champenois et formé à Paris –, et illustre magistralement le raffinement du milieu parisien vers 1400.

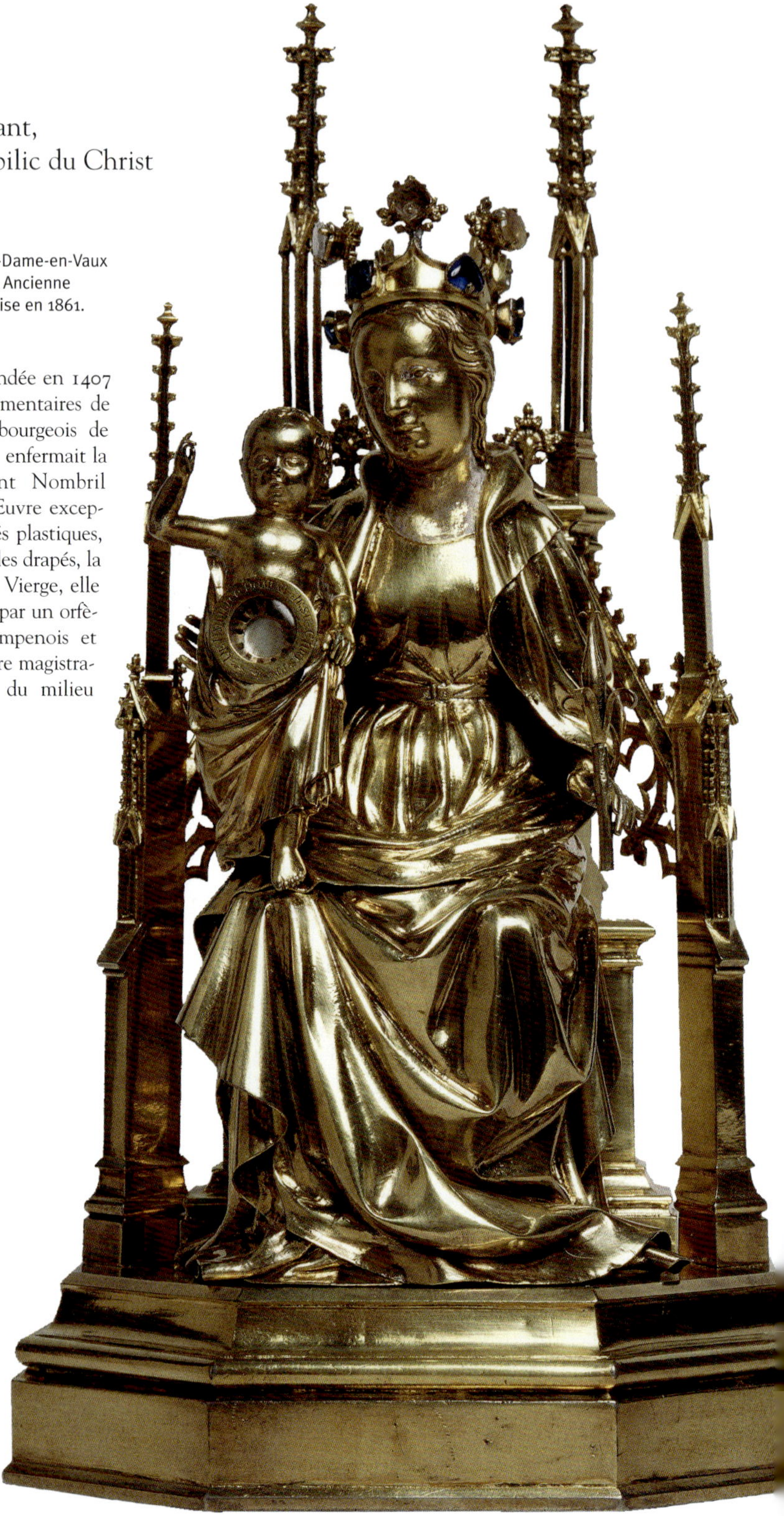

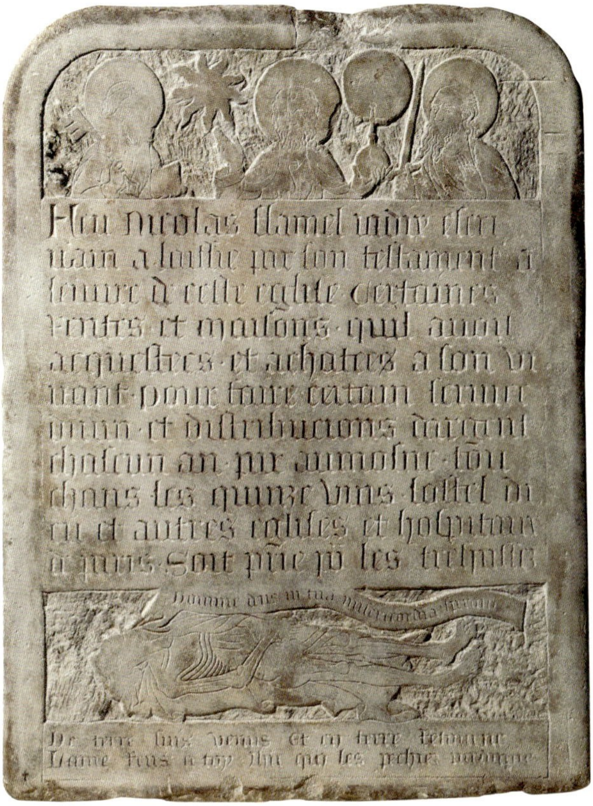

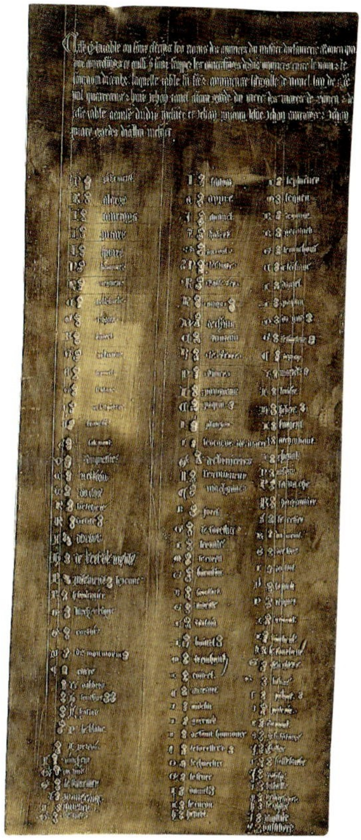

142 | Épitaphe de Nicolas Flamel

Paris, premier quart du XVe siècle
Calcaire lutétien
H. 56 ; l. 40 ; Pr. 4
Provient de l'église Saint-Jacques-de-la-Boucherie, Paris. Don de la ville de Paris, 1845.
Cl. 18823

Écrivain juré de l'université de Paris, Nicolas Flamel se distingua par une fortune impressionnante et une longévité rare pour l'époque, qui lui valurent une réputation d'alchimiste. Grand donateur de l'église Saint-Jacques-de-la-Boucherie – dont l'un des portails le représentait –, il y fut enterré. Son épitaphe est complétée par une représentation gravée où il apparaît, dans le goût de l'époque, sous la forme d'un « transi », représentation pieuse et morbide d'un cadavre en décomposition.

143 | Plaque d'insculpation des poinçons des orfèvres de Rouen

Rouen, 1408
Cuivre gravé
H. 52 ; l. 32,7
Acquise en 1862.
Cl. 3451

Cette plaque datée de 1408 permet d'identifier les poinçons des cent quarante-cinq orfèvres de Rouen, gravés par eux-mêmes entre leur nom de baptême et leur surnom (qui devenait alors nom de famille). Chaque poinçon comporte le seing de la ville, l'Agneau pascal et le contre-seing de l'artisan – écu, initiale ou meuble héraldique. Le poinçon de maître avait été imposé par une ordonnance du roi Jean le Bon en 1355. Document exceptionnel, cette plaque est l'un des plus anciens témoignages du contrôle des orfèvres par l'insculpation de leur poinçon.

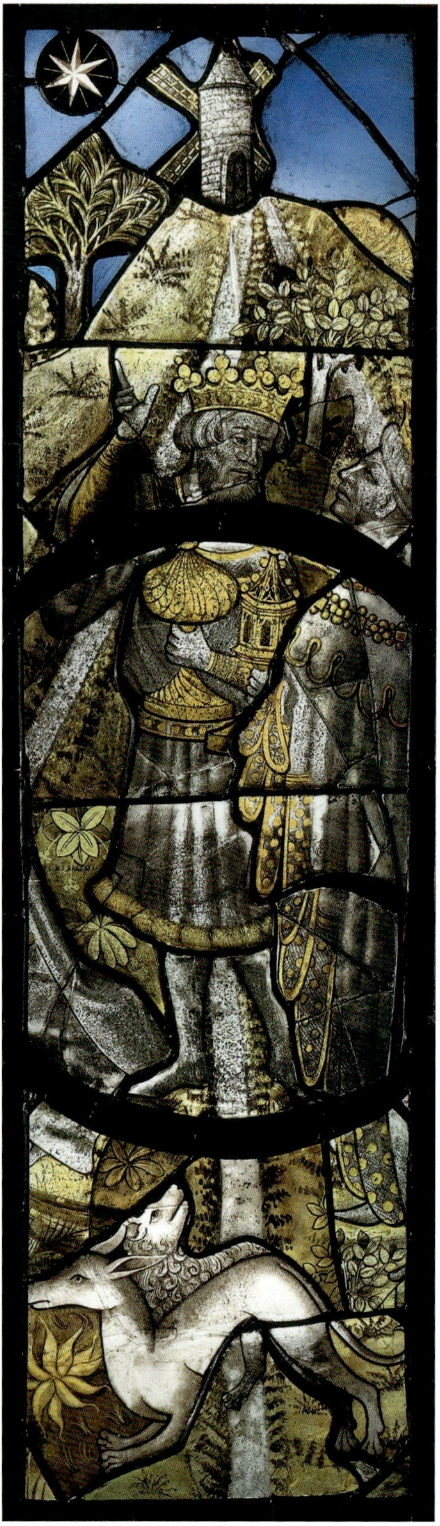

144 | Adoration des Mages

Normandie, vers 1415
Verre, grisaille, jaune d'argent, plomb
H. 118 ; l. 37
Provient de Saint-Vivien de Rouen.
Don A. Lion, 1952.
Cl. 22760

La scène – incomplète – des trois Rois venant rendre hommage au Christ nouveau-né se déroule sur un large panorama de collines d'influence siennoise, et se distingue par certains détails pittoresques comme le petit moulin ou la taille démesurée des coupes orfévrées. La transparence et la blancheur des verrières flattaient alors le goût d'une clientèle aristocratique et bourgeoise.

145 | Déploration sur le Christ mort

Entourage de Claus de Werve

Bourgogne, première moitié du XVe siècle
Chêne et noyer peint et doré
H. 82 ; l. 39 ; Pr. 20
Acquis en 1988.
Cl. 23311

En réaction à la froideur de la théologie scolastique, une religion mystique, beaucoup plus centrée sur la piété personnelle, se développe dans la seconde moitié du XIVe siècle ; il en résulte une multiplication des objets de dévotion privée, notamment des petits retables, souvent liés – c'est le cas ici – aux Sept Douleurs de la Vierge. Le traitement pathétique de la scène, presque violent, est d'autant plus apparent que l'artiste fait preuve d'un sens de la monumentalité remarquable malgré les faibles dimensions des personnages.

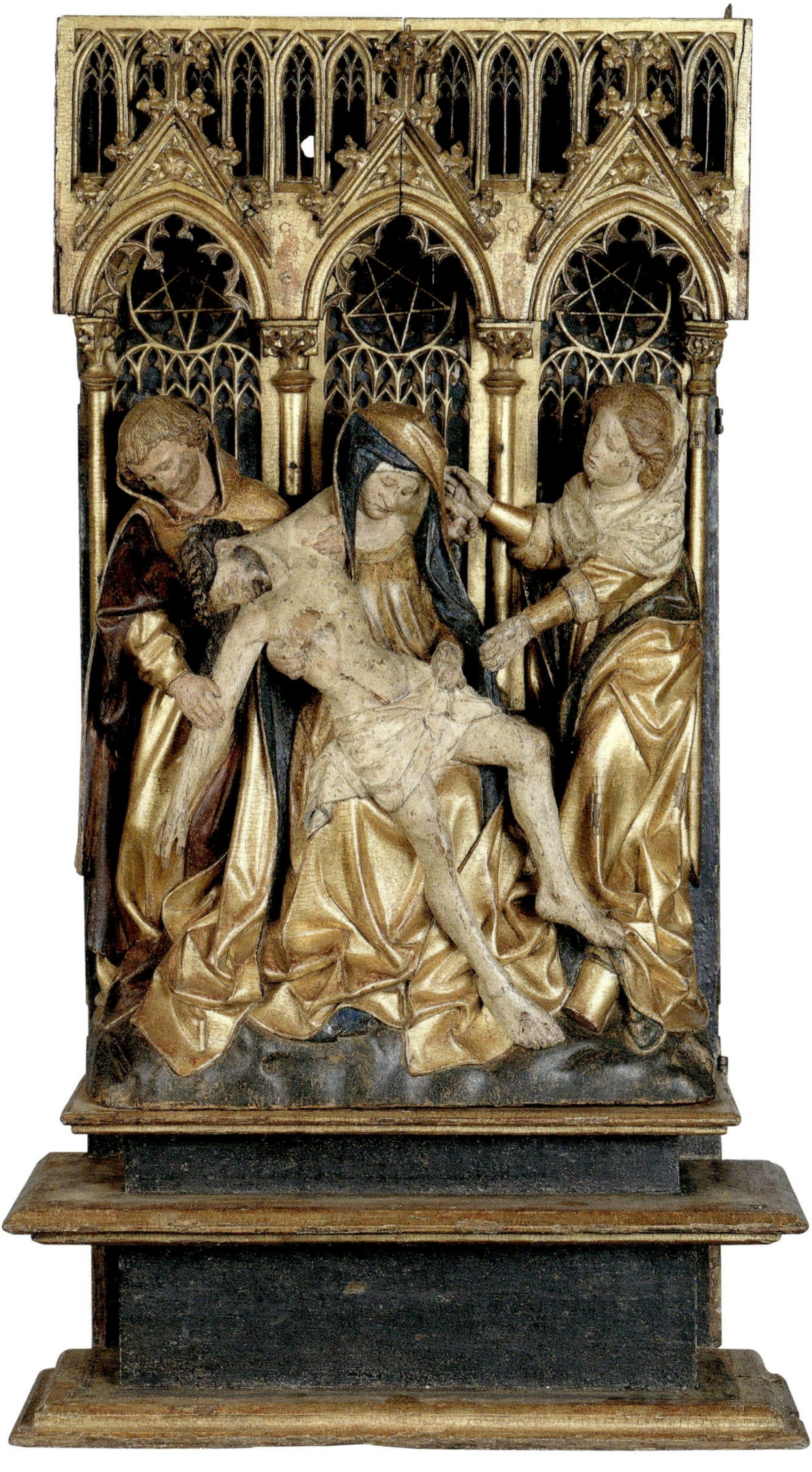

137
FRANCE

146 | Vierge à l'Enfant

Dijon, premier quart du XVe siècle
Calcaire
H. 97 ; l. 45 ; Pr. 31
Provient du portail du château de Saint-Apollinaire, près de Dijon.
Legs Ch. Timbal, 1881.
Cl. 18926

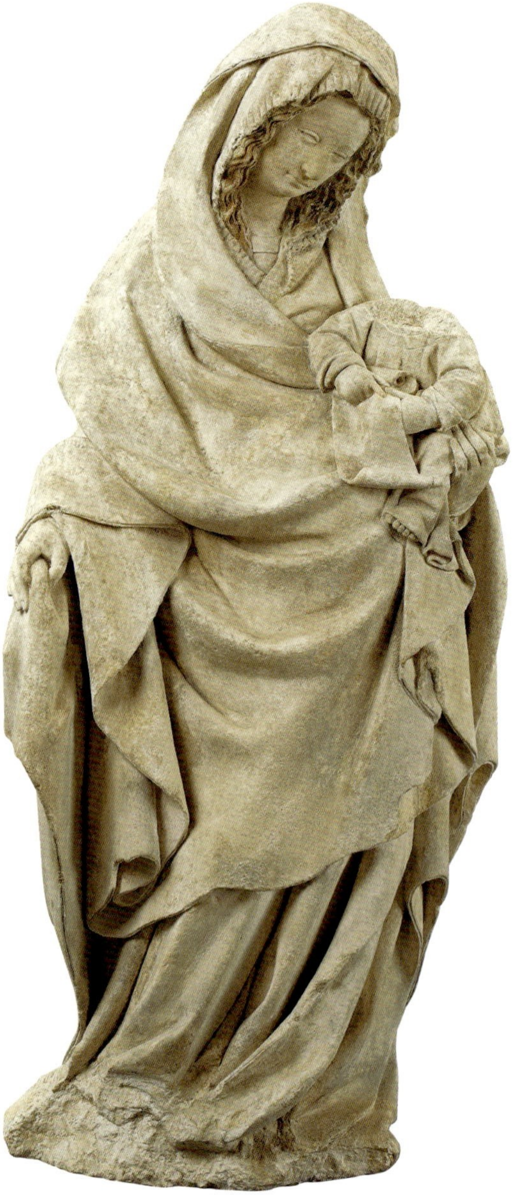

Dans la lignée de Claus Sluter puis de son gendre Claus de Werve, la sculpture bourguignonne développe, dans la première moitié du XVe siècle, une esthétique originale : figures fortement hanchées, vêtements lourds et amples aux drapés pesants d'où ne surgissent que de rares morceaux de corps dont le traitement délicat est d'autant plus sensible. Cette Vierge a été à plusieurs reprises l'objet d'attributions prestigieuses, mais aucune ne semble aujourd'hui pouvoir être retenue.

147 | Couple de donateurs : Jean de Saint-Gilles et Jeanne de Tilly

Bretagne, vers 1420-1430
Verre, grisaille, jaune d'argent, plomb
H. 44 ; l. 49
Provient de l'église de Betton (Ille-et-Vilaine).
Acquis en 1877.
Cl. 9545

Sur les fenêtres de l'église de Betton (aujourd'hui détruite) se détachaient deux ensembles posés sur un fond de damas colorés : des scènes religieuses d'une part, des couples de donateurs d'autre part. Jean de Saint-Gilles (mort en 1435), chambellan du duc Jean V de Bretagne – vêtu d'une étoffe aux armes « d'azur semé de fleurs de lys d'argent » – et sa femme en furent les commanditaires. L'absence de modelé des figures et la faiblesse de la construction spatiale indiquent le caractère tardif du développement de l'art de la peinture sur verre en Bretagne.

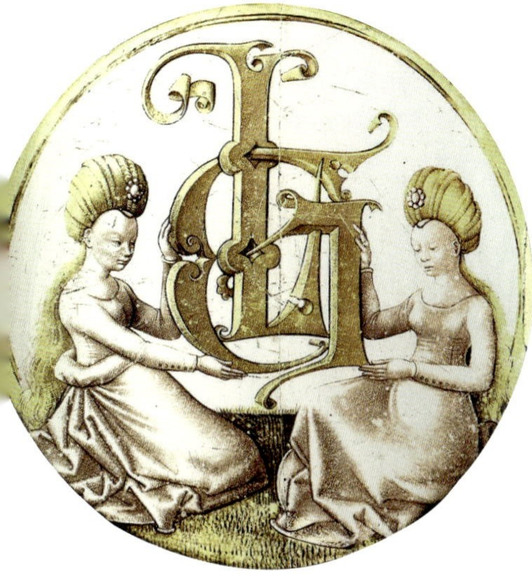

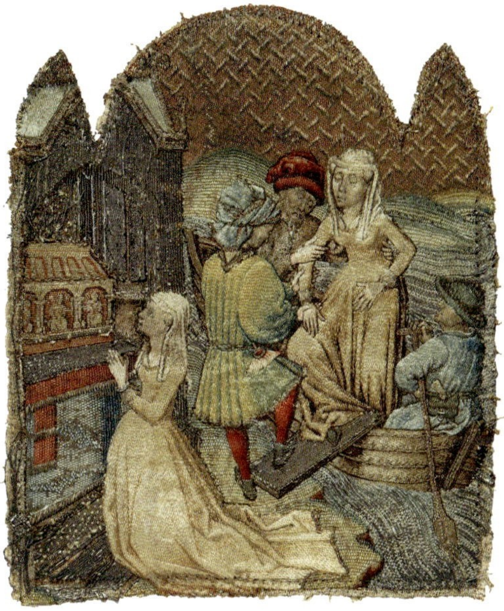

148 | Rondel au monogramme LG

Jean Fouquet

Paris, vers 1460
Verre, grisaille, jaune d'argent
D. 19,5
Provient de l'hôtel de Laurent Girard, rue de la Verrerie (?), à Paris.
Fonds Du Sommerard.
Cl. 1037 a

Découpé dans une unique pièce de verre, le rondel décorait l'imposte (ou « jour haut ») des croisées. Il porte ici le chiffre de Laurent Girard, notaire et secrétaire du roi, contrôleur des finances (1452-1486). Les jeunes filles aux fines silhouettes, aux têtes enturbannées et aux regards mélancoliques, sont très proches de celles du livre d'heures de Simon de Varie, signé du grand peintre du roi Jean Fouquet (vers 1455 ; Los Angeles, Getty Museum). Ce médaillon se distingue par sa technique de grisaille traitée en granité (ou « putoisé ») et ses « enlevés » à l'aiguille.

149 | Fragment d'orfroi : guérison d'une aveugle auprès du tombeau de saint Martin

Barthélemy d'Eyck (patron) et Pierre du Billant (broderie)

France, vers 1440-1445
Soie, fils métalliques
H. 17,5 ; l. 15
Acquis en 1993.
Cl. 23424

Dans un espace creusé et mis en perspective, se déroulent deux moments successifs du récit : l'arrivée de l'aveugle et sa visite au tombeau. Ce fragment d'orfroi d'une chasuble appartient à un ensemble de pièces consacrées à la vie de saint Martin commandées par le roi René d'Anjou pour des vêtements liturgiques, probablement en vue du mariage de sa fille avec le roi d'Angleterre Henri VI, à Tours en 1444. Le patron de ce panneau, œuvre du peintre Barthélemy d'Eyck, a été traduit à l'aiguille par Pierre du Billant, beau-père de Barthélemy et brodeur en titre du roi René, actif dans la suite de ce prince amateur d'art en Provence, Anjou et Val de Loire.

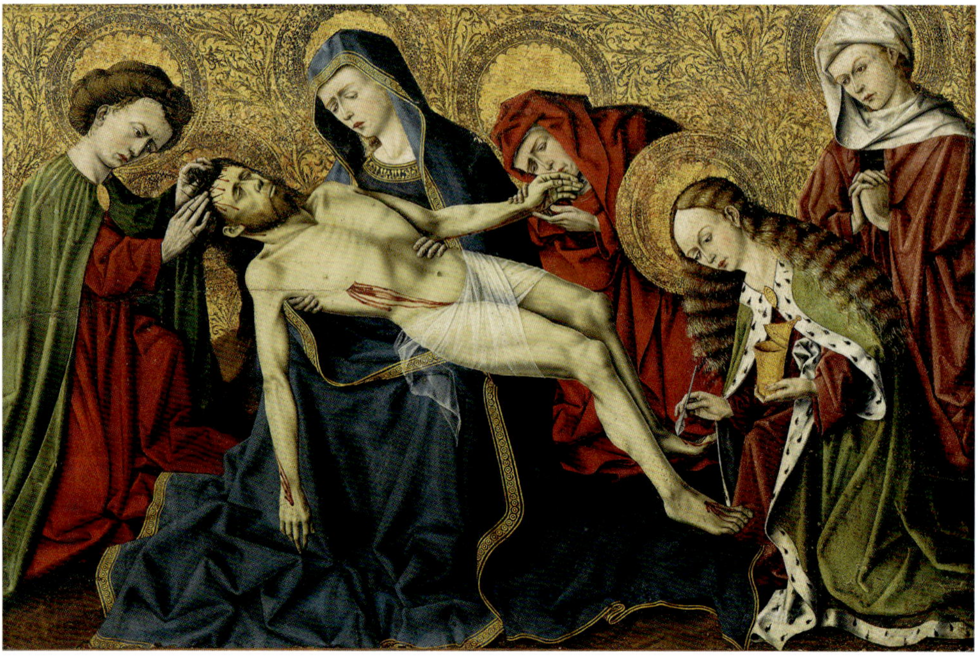

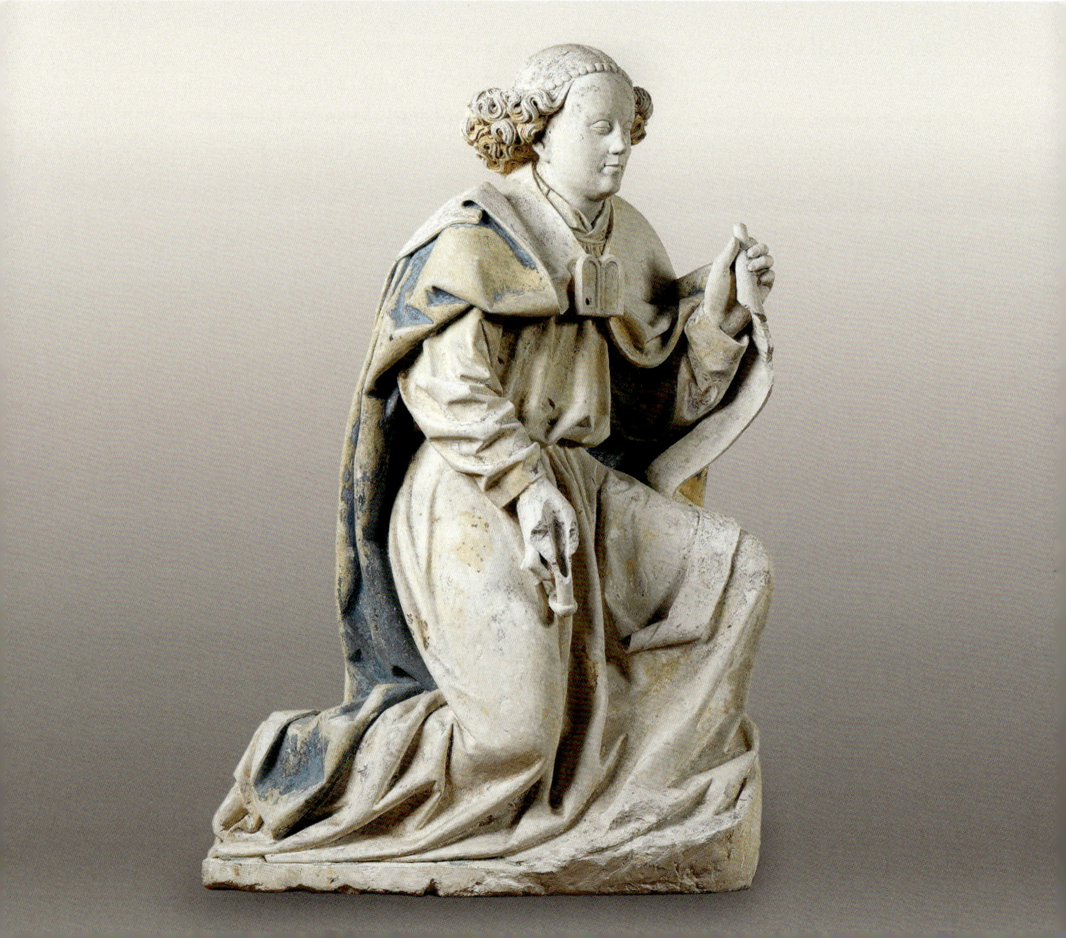

150 | Pietà de Tarascon

Avignon, milieu du XVe siècle (avant 1457)
Peinture sur bois
H. 84 ; l. 130
Ancienne collection de l'hospice de Tarascon.
Dépôt du musée du Louvre, 1910.
Cl. 18509 (RF 1765)

Déposé de la croix, le Christ est allongé sur les genoux de sa mère, entouré de saint Jean et des trois Marie. Le panneau, dont plusieurs détails, comme le geste de saint Jean, sont empruntés à Enguerrand Quarton (Pietà d'Avignon, Louvre), pourrait être l'œuvre de l'un des membres de la famille Dombet, artiste aixois. Il correspond à la description d'un retable neuf représentant une Pietà, exposé dans la chambre de Jeanne de Laval, épouse du roi René, qui figure dans l'inventaire du château de Tarascon de 1457.

151 | Annonciation

Normandie, vers 1490
Craie de Vernon, restes de polychromie
H. 93 ; l. 71 ; Pr. 36,5 (a) – H. 98 ; l. 104 ; Pr. 36,5 (b)
Provient du château de Bois-Héroult, commune d'Écaquelon (Eure). Acquise en 2004.
Cl. 23796 a et b

Le sculpteur a consacré tout son talent à saisir l'instant précis où l'archange Gabriel fait irruption dans la chambre de la Vierge. Gabriel est en cours de génuflexion – son genou ne touche pas encore le sol –, la Vierge se retourne, son doigt froissant la page qu'elle lisait. Très proche d'un grand Saint Michel conservé dans la collégiale de Blainville (Seine-Maritime), cette sculpture témoigne de la richesse de la sculpture normande de la fin du Moyen Âge.

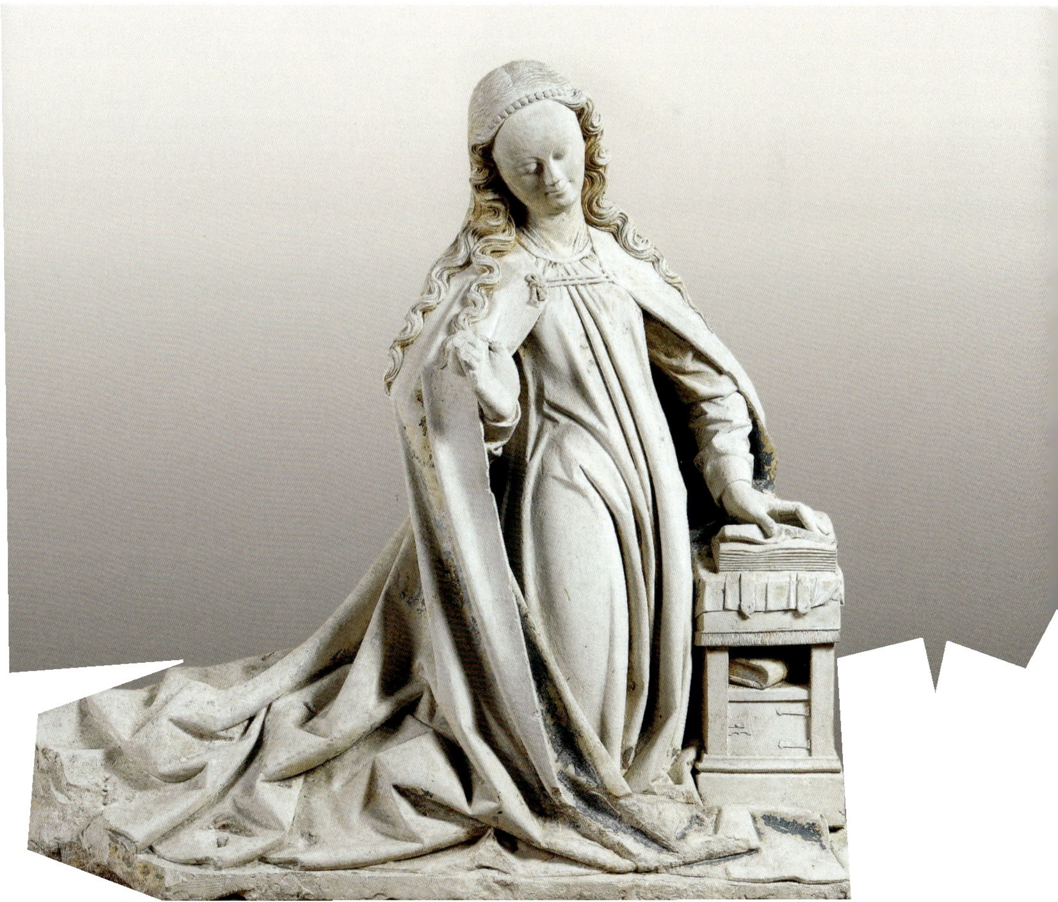

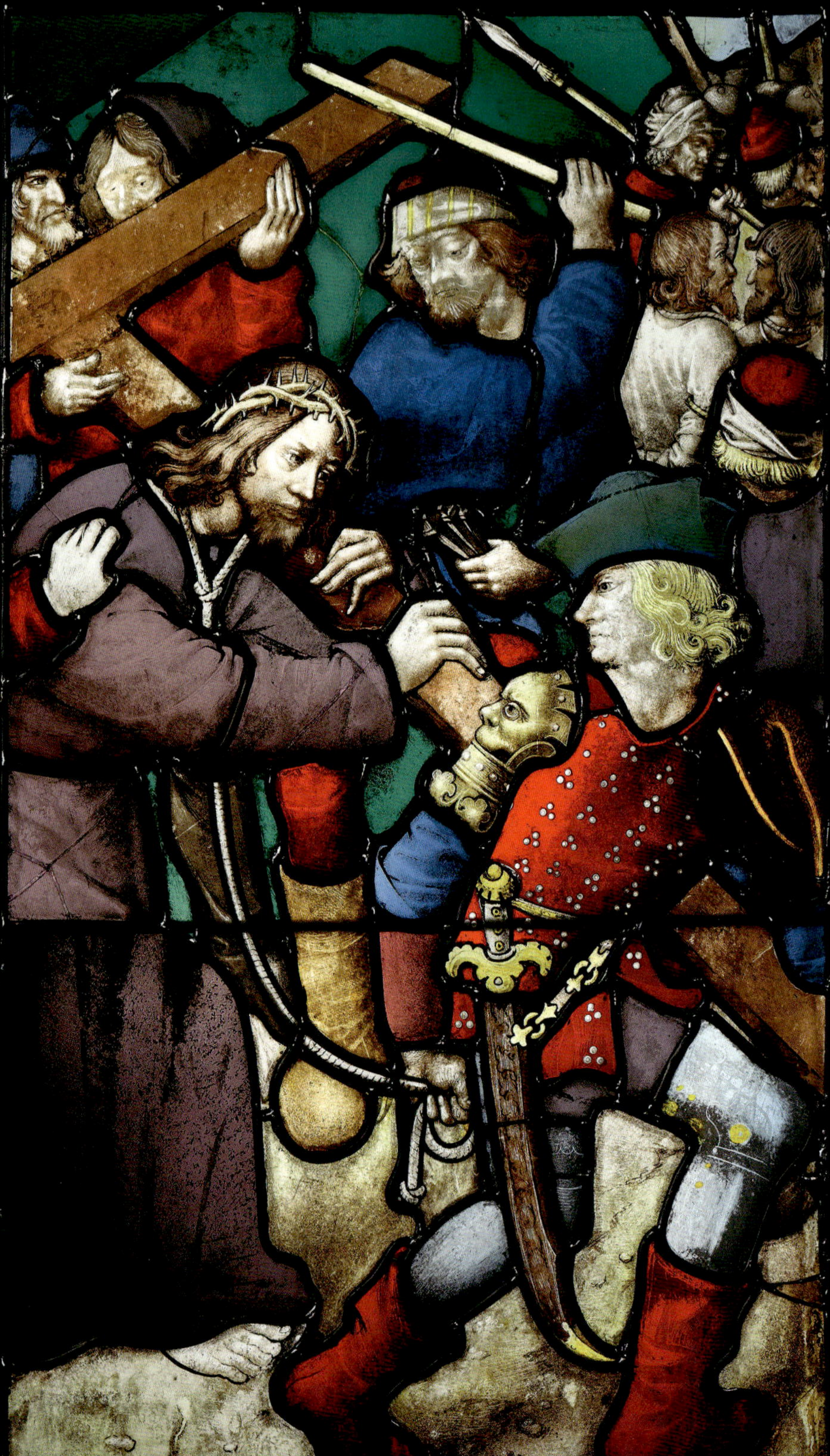

152 | Portement de croix

Paris, vers 1500
Verre, grisaille, jaune d'argent, plomb,
H. 73 ; l. 41
Provient de la chapelle de l'hôtel de Cluny.
Fonds Du Sommerard.
Cl. 22391

Ce Portement de croix fut réalisé pour une fenêtre de la chapelle de l'ancien hôtel de Cluny, consacrée aux épisodes de la Passion et de la Résurrection du Christ. Vêtu d'une robe violette, le Christ y porte sa croix, entouré de ses bourreaux et suivi d'un cortège de témoins. Resserrée et dynamique, la composition dérive d'un modèle du Maître parisien des *Très Petites Heures d'Anne de Bretagne* (Jean d'Ypres ?). L'exécution sur le verre s'y révèle particulièrement virtuose.

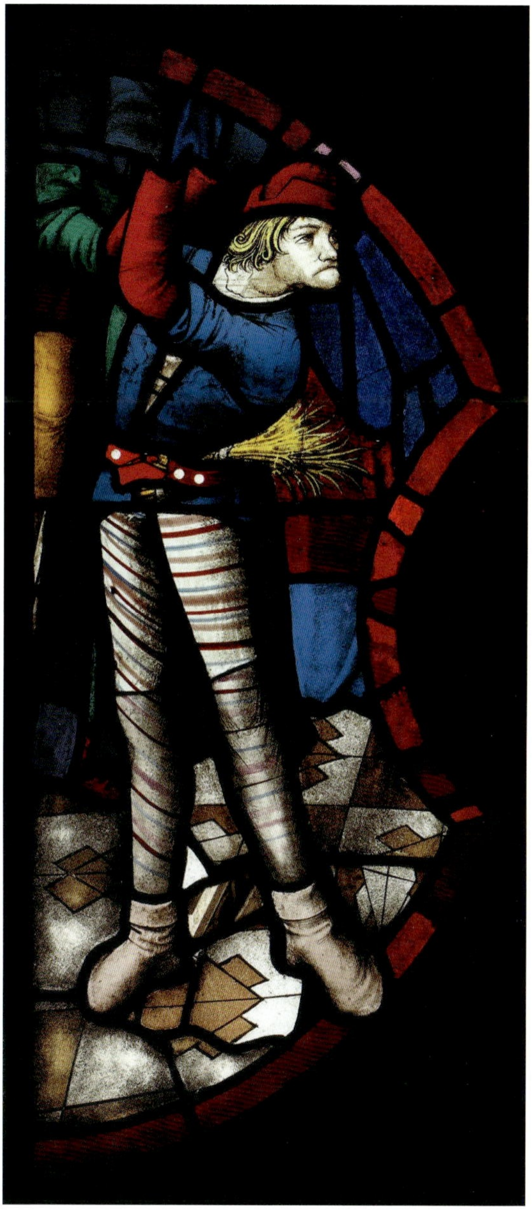

153 | Bourreau

Paris, vers 1500
Verre, grisaille, jaune d'argent, plomb
H. 87 ; l. 42,5
Provient de la Sainte-Chapelle. Déposé en 1903.
Cl. 14476

Retiré de la vitrerie de la Sainte-Chapelle au XIXe siècle, le Bourreau de la Flagellation illustre à merveille le degré de perfection technique alors atteint par les verriers et peintres-verriers. Les uns confectionnaient des verres rayés dits « vénitiens » (chausses), les seconds découpaient avec virtuosité le verre, le gravaient (ceinture cloutée), le peignaient et le brossaient en grisaille et en lavis avant de le teindre au jaune d'argent.

154 | La Dame à la licorne

Paris (petits patrons), vers 1500
Tapisseries à fils de laine et soie
6 pièces
H. 311 à 377 ; l. 290 à 473
Proviennent du château de Boussac.
Acquises en 1882.
Cl. 10831 à Cl. 10836

La beauté des compositions et le charme distant des figures, le rôle majeur conféré à la licorne, animal fabuleux, la poésie qui se dégage des fonds roses semés de fleurs et d'animaux, contribuent à la séduction exercée par ces tapisseries. Les armoiries à trois croissants d'argent ont été identifiées comme celles de la famille Le Viste. L'attribution des petits patrons au Maître d'Anne de Bretagne (Jean d'Ypres ?), actif à Paris entre 1480 et 1508, est généralement retenue. Si l'on reconnaît dans cinq des six pièces la figuration de l'un des cinq sens, l'interprétation de la sixième (ci-contre) est plus complexe : s'agit-il du sixième sens, le cœur moral et spirituel, selon une acception répandue au XVe siècle ?

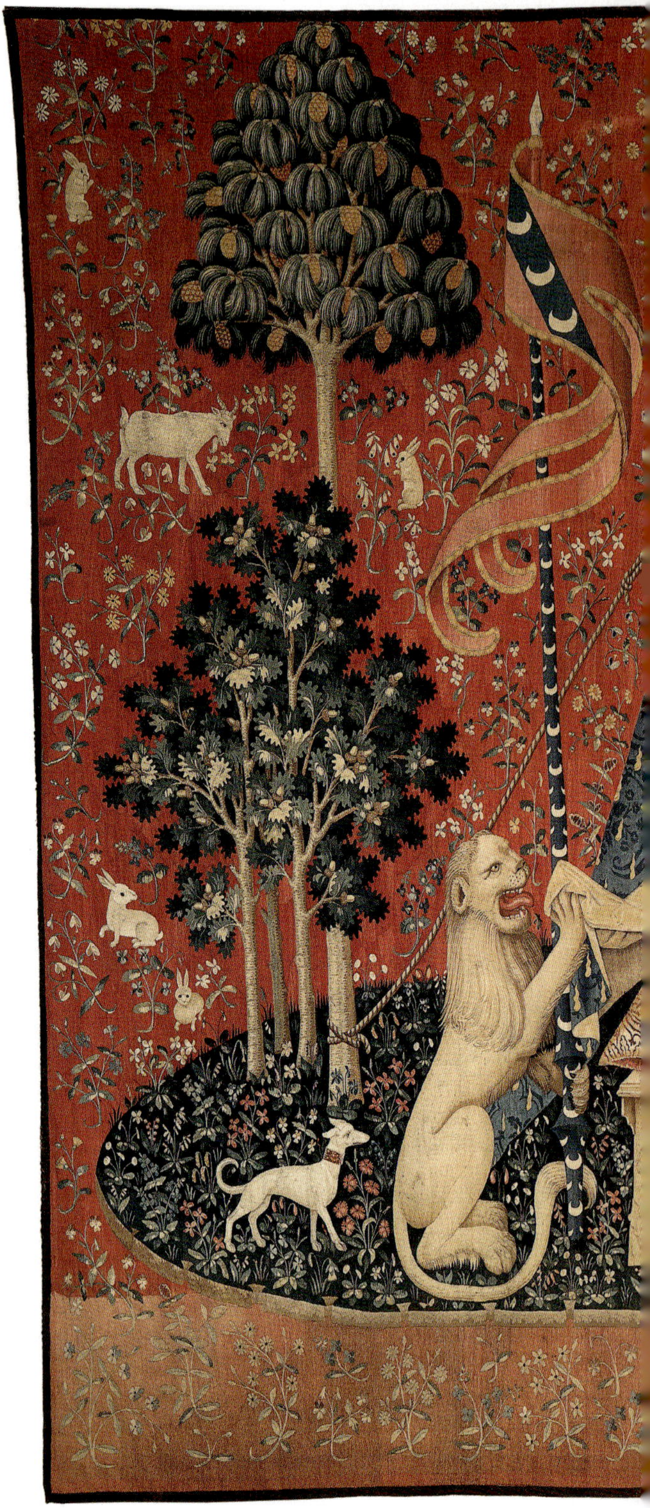

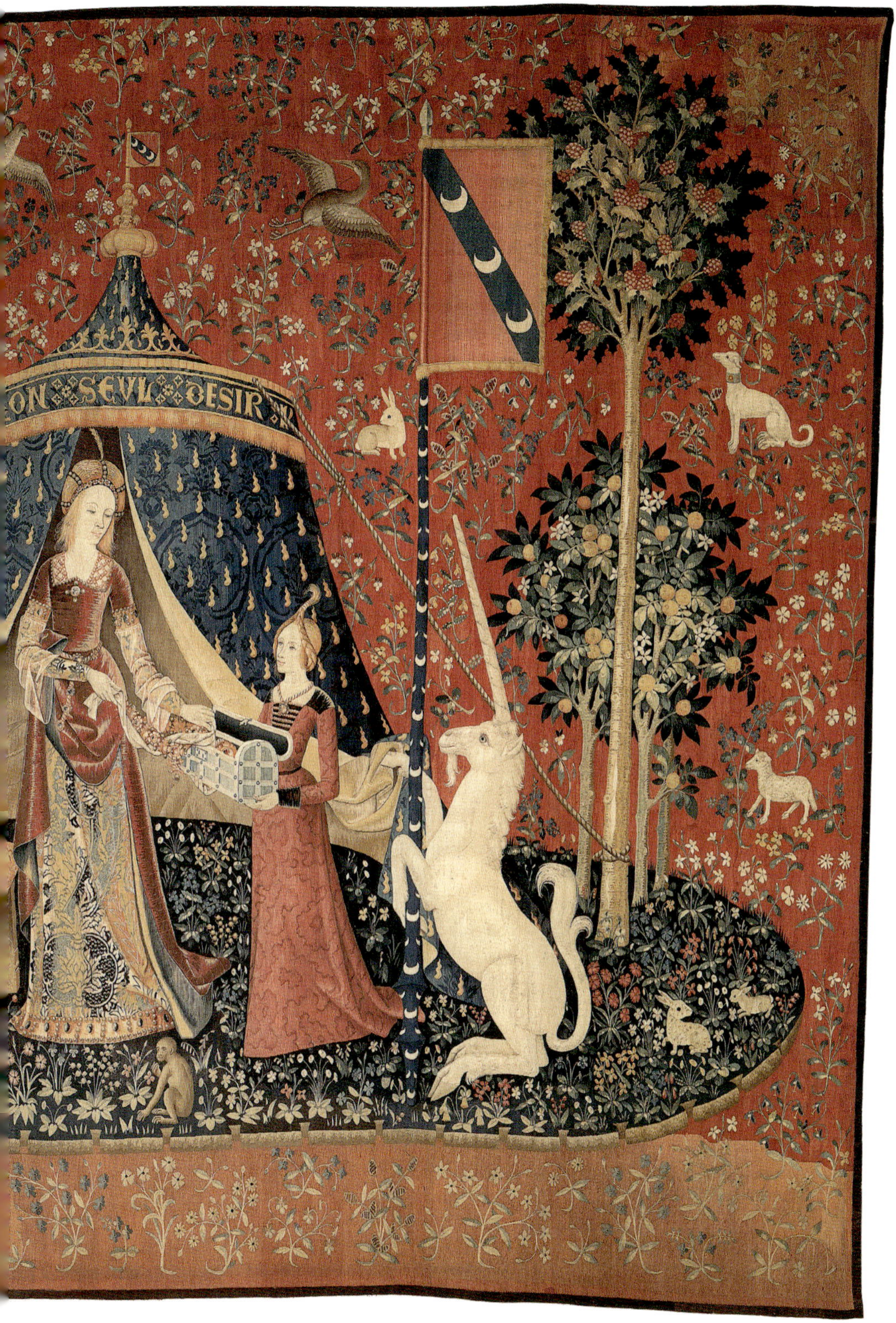

Mon seul désir

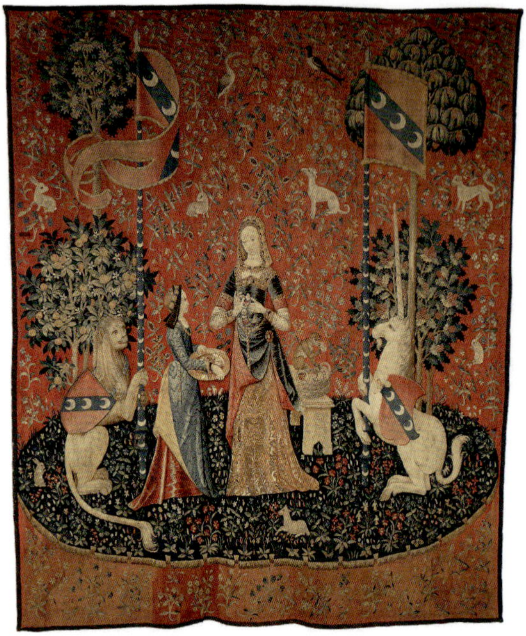

L'Odorat

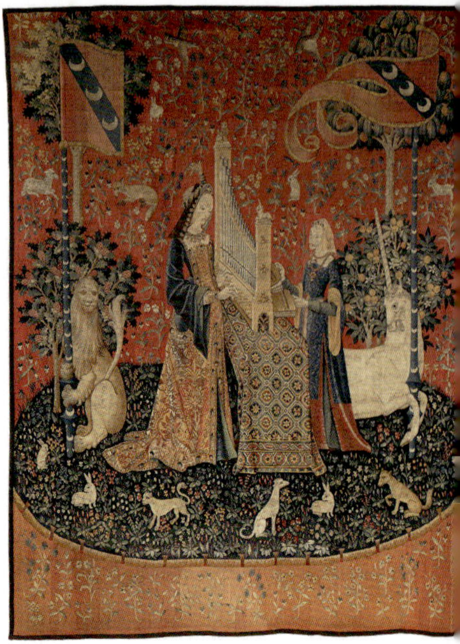

L'Ouïe

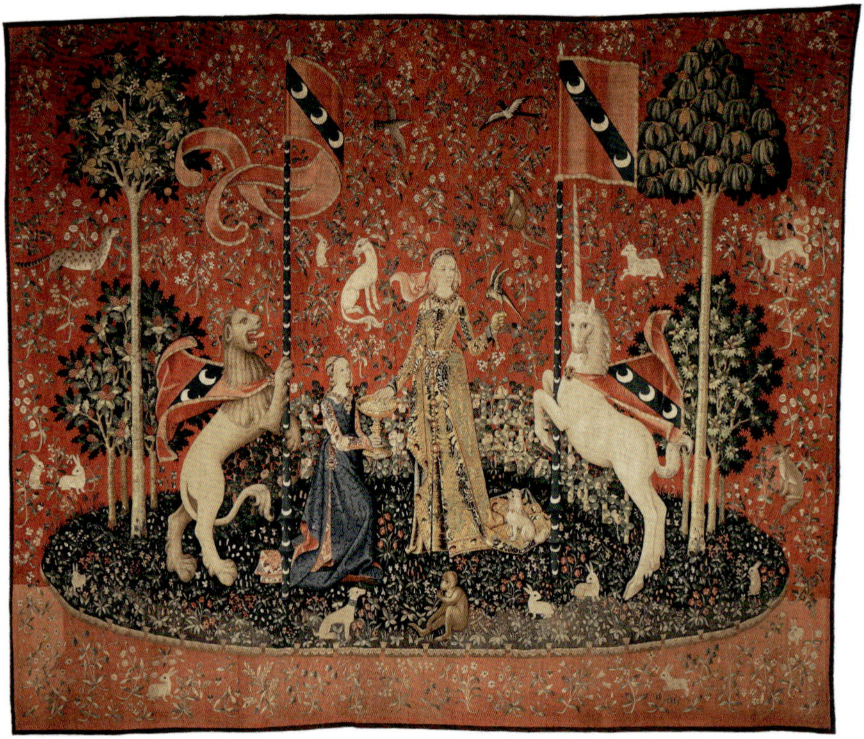

Le Goût

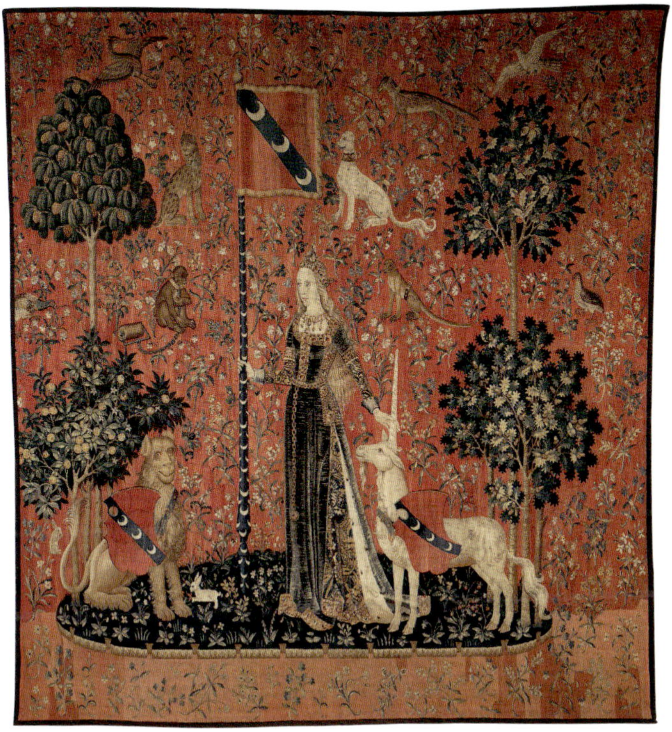
Le Toucher

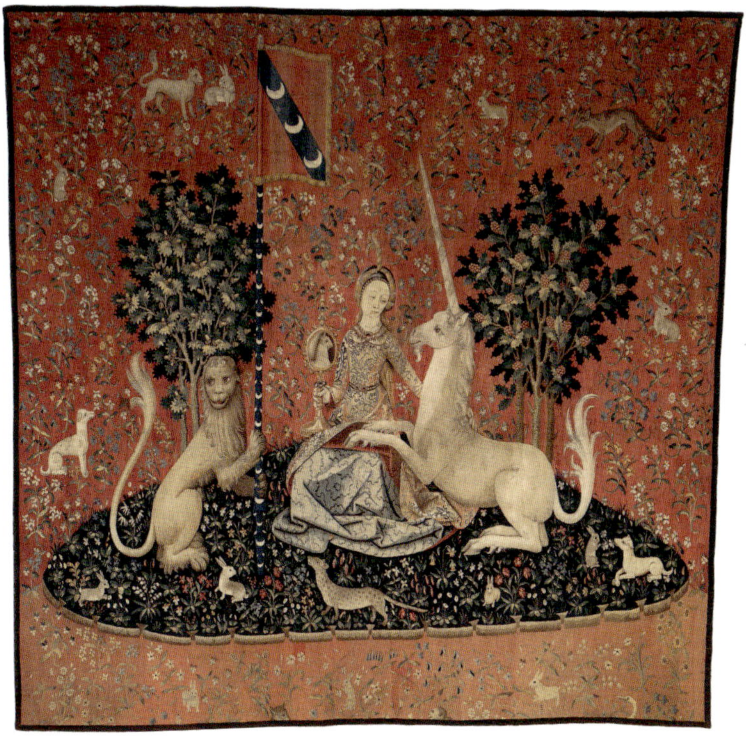
La Vue

155 | Trois épisodes de la Vie de la Vierge : l'Annonciation, la Visitation, Marie et Joseph

Paris (petits patrons), 1499
Tapisseries à fils de laine et soie
H. 138 ; l. 348 (Cl. 22865) – H. 130 ; l. 73 (Cl. 22866)
Pièce de la tenture de six tapisseries offerte à la cathédrale de Bayeux par Léon Conseil, chancelier, en 1499. Don P. et C. Bacri, 1972.
Cl. 22865 et Cl. 22866

Le style des personnages permet de rapprocher ces pièces de la production d'un ou plusieurs ateliers diffusant les créations et le style du Maître d'Anne de Bretagne, auteur de manuscrits enluminés mais aussi de modèles pour le vitrail, la tapisserie et la gravure (**n°s 152, 154**).

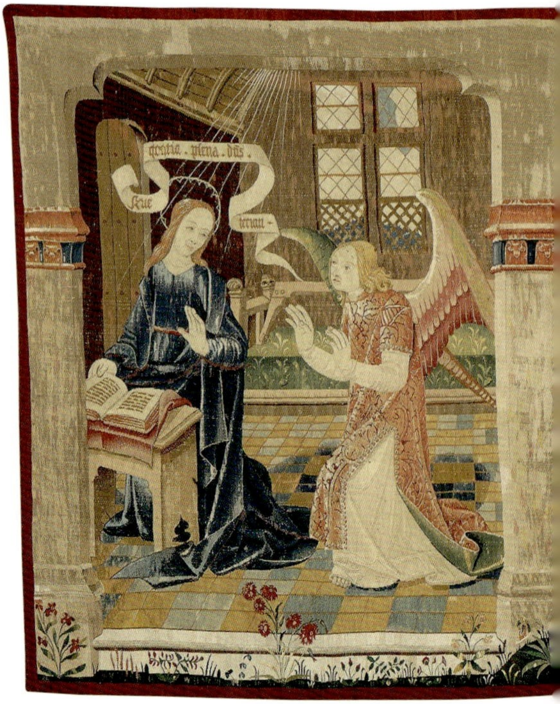

156 | Tenture de saint Étienne

Paris, vers 1500
Tapisserie à fils de laine et soie
12 pièces ; H. 163 à 178 ; l. totale 450
Commandée par Jean III Baillet, évêque d'Auxerre (1477-1513) pour sa cathédrale. Armoiries des Baillet (« amphistères », sortes de dragons) et parties ou écartelées de Baillet et de Fresne, pour le père et la mère de l'évêque. Acquise en 1880, sauf deux pièces acquises par le Louvre en 1838 et attribuées au musée de Cluny en 1897.
Cl. 9930 à Cl. 9938 et LP 3496, LP 3497

Les vingt-trois scènes relatent la vie de saint Étienne puis le transport de ses reliques de Jérusalem à Constantinople. Le peintre qui a donné les modèles a su faire alterner architectures et paysages, varier les compositions – tantôt denses et sur un seul plan, tantôt plus aérées et étagées dans l'espace –, évoquer à la fois l'histoire sainte et la vie contemporaine, notamment par la représentation de détails de l'architecture, de l'ameublement ou des vêtements. Cet artiste, formé sans doute à Bruxelles, pourrait être Gautier de Campes, actif à Paris où il est mentionné pour avoir fourni avant 1503 les modèles d'une tenture de saint Étienne.

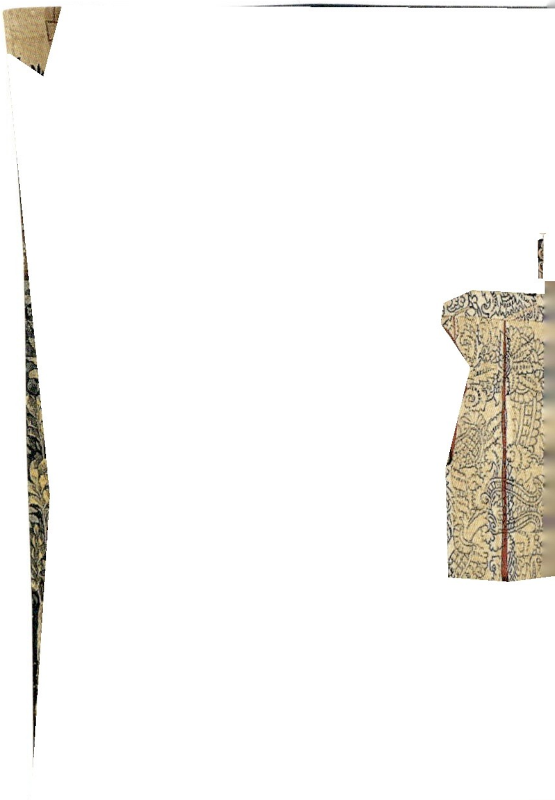

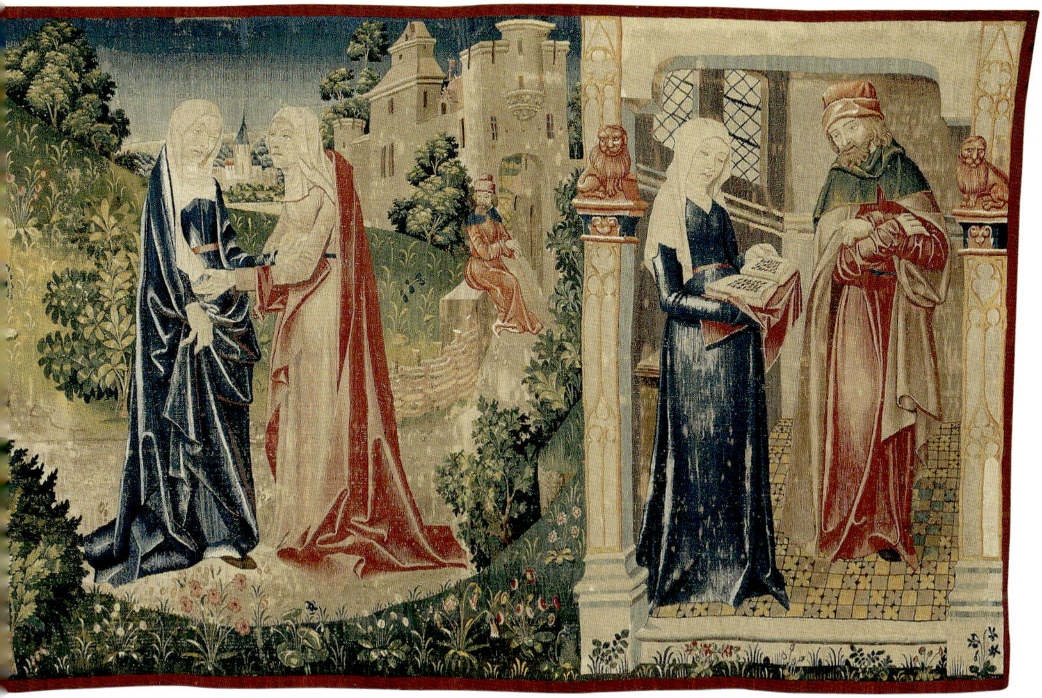

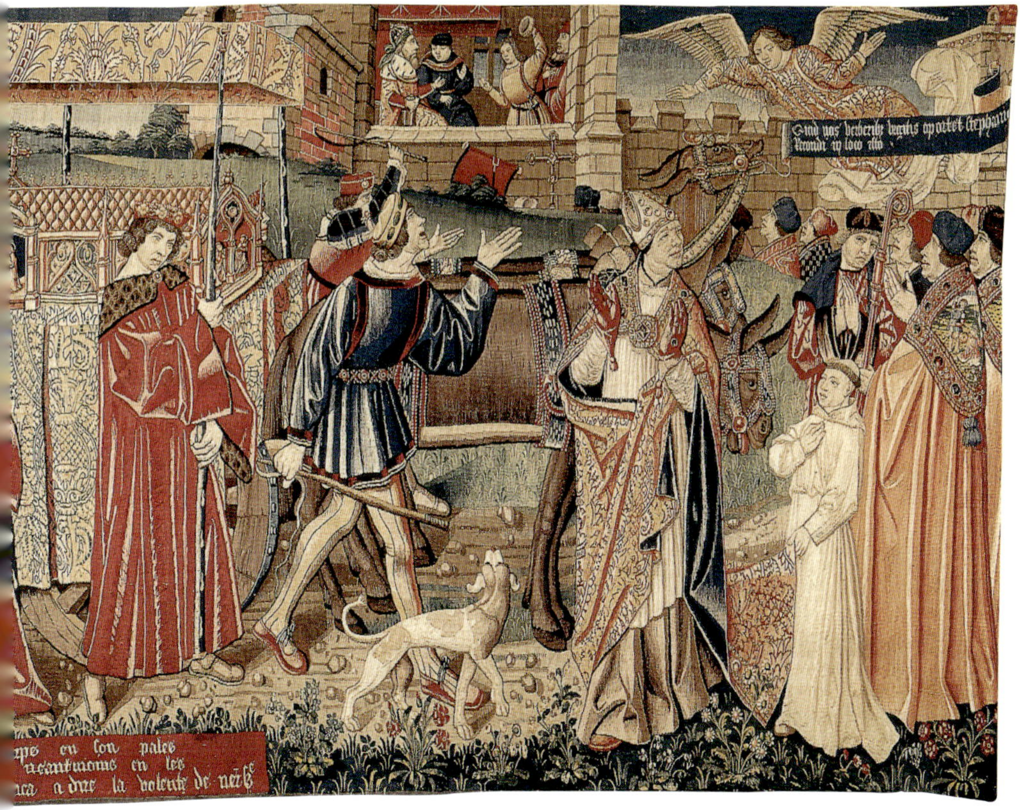

Scène 10 :
Transport de la châsse de saint Etienne

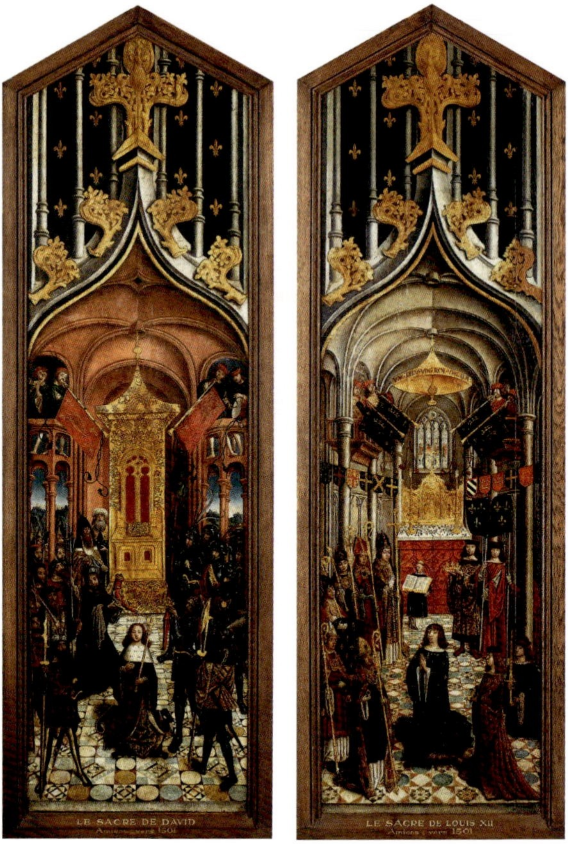

157 | Sacres de David et de Louis XII

Amiens, 1502
Peinture sur bois
H. 195 ; l. 60
Proviennent de la cathédrale d'Amiens.
Fonds Du Sommerard.
Cl. 822 a et b

Chaque année, la confrérie du Puy d'Amiens enrichissait le décor de sa cathédrale d'un tableau inspiré d'un poème dédié à la Vierge. En 1502, Jean Le Caron, seigneur de Bouillancourt-sous-Miannay, receveur des Aides, commanda, sans doute à un peintre picard, le Maître d'Antoine Clabaut, la mise en image du refrain *Sacree ampoulle a l unction royale*. Une Vierge – aujourd'hui perdue – y figurait entre les sacres des rois David et Louis XII, panneaux conservés au musée. Le second représente la cérémonie du 27 mai 1498, où le roi est entouré des douze pairs du royaume. Au revers du premier est peinte une Vierge de pitié.

158 | Stalles

Beauvais, 1492 - avant 1500
(montage moderne des jouées, parcloses et miséricordes)
Chêne
Proviennent de l'abbaye de Saint-Lucien de Beauvais. Affectation, 1913 et acquisition, 1919, 1970.
Cl. 19601 à Cl. 19682 ; Cl. 19730 à Cl. 19732 ; Cl. 19755, Cl. 19756, Cl. 19766 ; Cl. 19799 à Cl. 19801

Sièges dévolus aux chanoines ou aux moines, les stalles bordent les côtés du chœur des églises, cathédrales ou abbatiales. Elles sont généralement réparties en deux rangs de hauteurs différentes, et offrent aux occupants du rang arrière supérieur une vue aussi dégagée sur le chœur que celle du premier rang. Selon les exigences liturgiques, le siège abattant pouvait être abaissé ou relevé. Durant les longs offices, la posture debout est facilitée par le culot du siège relevé, appelé « miséricorde », sur lequel le religieux, également soutenu par les hauts accoudoirs, pouvait appuyer le poids de son corps. Ces stalles furent commandées en 1492 par l'abbé Antoine Du Bois (1492-1500), représenté sur une des jouées face à son saint patron. Quant aux scènes imagées des miséricordes, elles dépeignent l'exubérance de certains aspects de la vie profane.

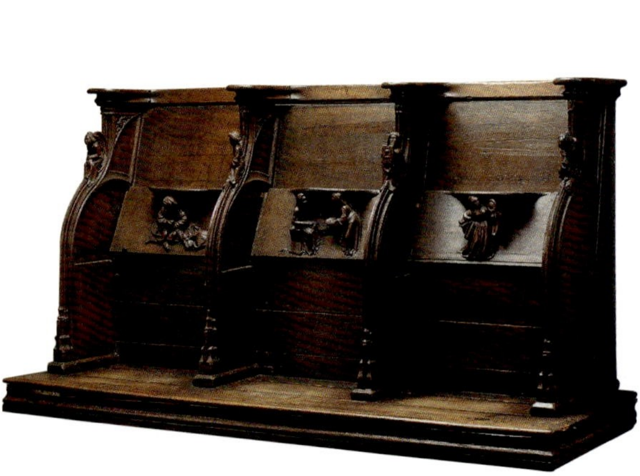

159 | Chaire et panneaux

Paris, entre 1505 et 1530
Chêne
H. 224 ; l. 87 (chaire) – H. 222 ; l. 95 (porte)
Proviennent de la chapelle de la « nation » de Picardie à Paris. Attribuées en 1890.
Cl. 19960 et Cl. 19961

Cet ensemble provient d'une chapelle construite en 1487 derrière Saint-Julien-le-Pauvre pour servir aux assemblées de la « nation » de Picardie, composée de l'ensemble des professeurs et étudiants originaires de cette région. Le décor de la chaire du célébrant encadrée par ses dorsaux relève du gothique flamboyant, alors que celui de la porte (non reproduite ici) encore structurellement médiévale, présente des éléments caractéristiques de la Renaissance : il y a donc moins rupture que transition dans les formes entre ces deux périodes.

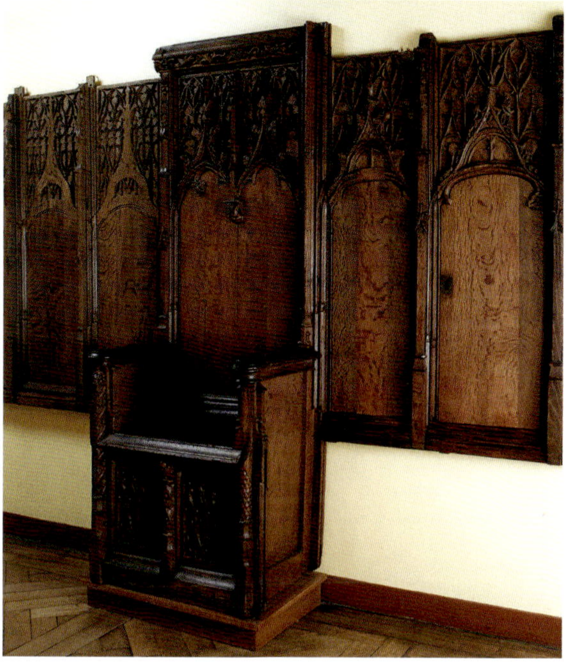

Détails des « miséricordes » des stalles

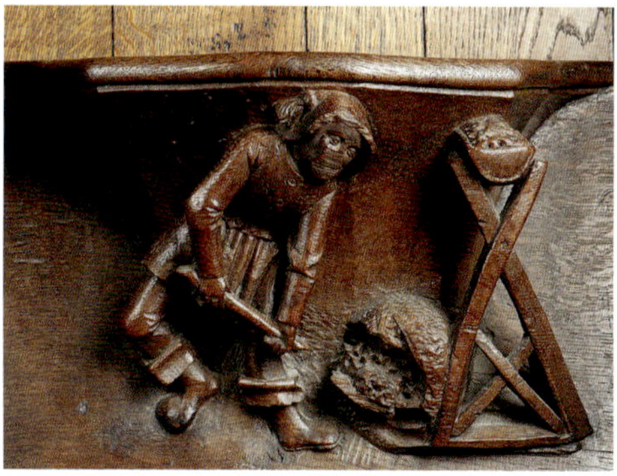

Le manœuvre

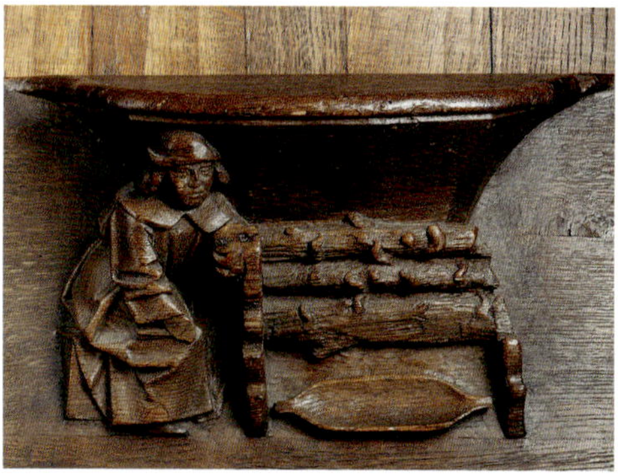

Le rôtisseur

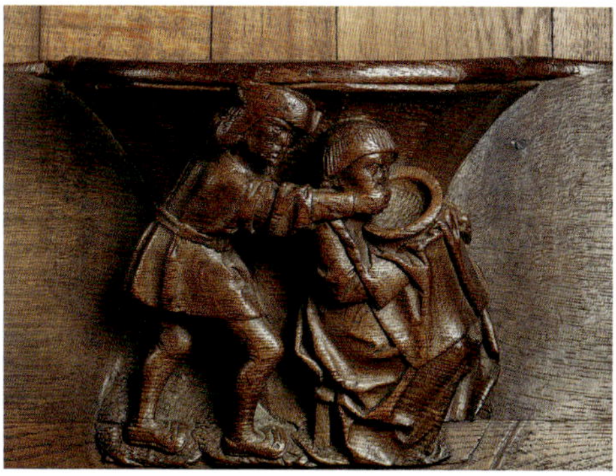

Le barbier

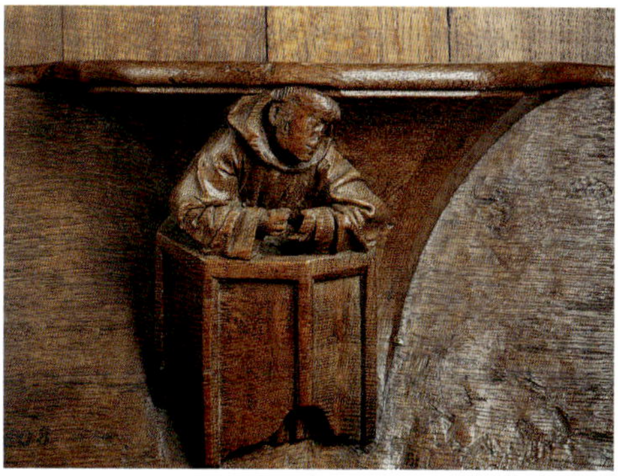

Le moine

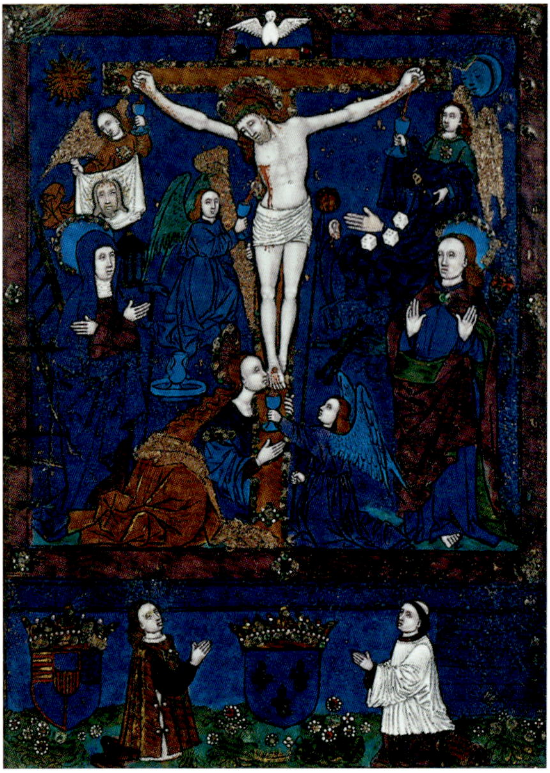

160 | Plaque émaillée

Limoges, 1503-1504
Cuivre, émaux peints
H. 31 ; l. 23,3
Legs Labadie, 1853.
Cl. 2232

À la fin du XVe siècle réapparaît à Limoges une production d'objets de cuivre émaillé, notamment des tableaux de dévotion, selon la formule nouvelle des émaux peints. Cette plaque figurant la Crucifixion est l'un des rares émaux peints précoces signés – ici, de Nardon Pénicaud – et le seul qui soit daté : 1er avril 1503 ancien style (inscription aujourd'hui presque illisible). La scène, pleine d'équilibre et d'élégance, déploie une riche palette de bleus et de verts. Au registre inférieur figurent le roi Louis XII et un clerc, sans doute le commanditaire de l'œuvre.

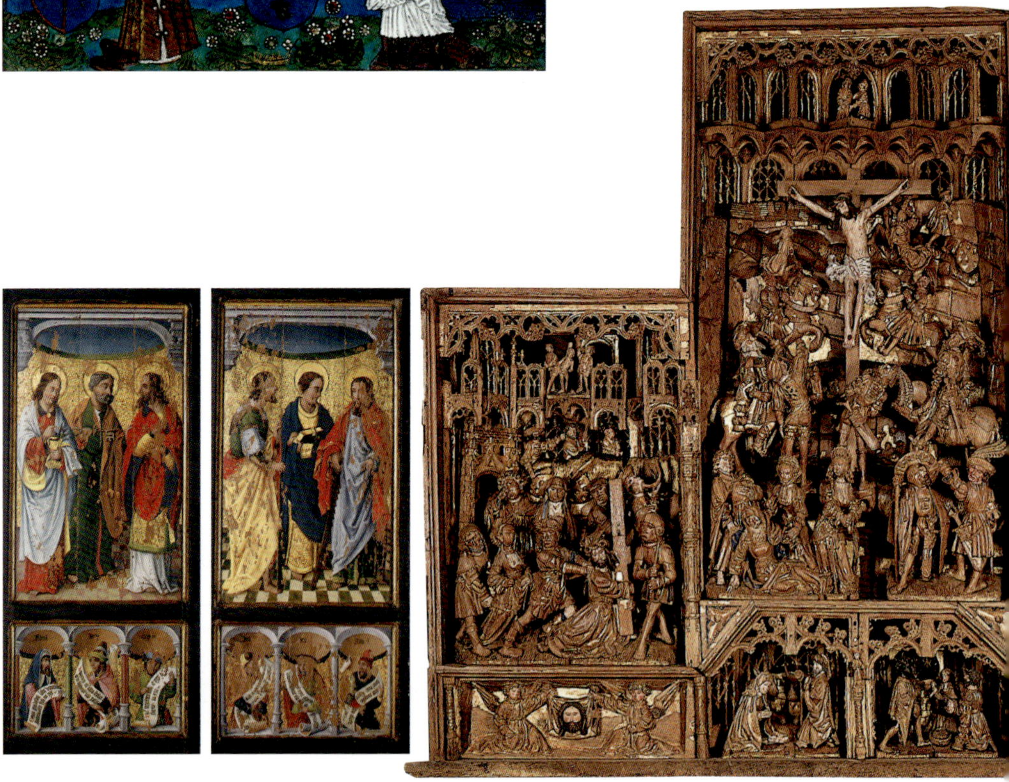

161 | Sainte Barbe

Champagne, début du XVIe siècle
Craie peinte
H. 80 ; l. 35 ; Pr. 16
Acquise en 1870.
Cl. 18786

Intercesseur invoqué contre la peste et la mort subite, sainte Barbe fait l'objet d'une importante dévotion à la fin du Moyen Âge. La sculpture joue ici du contraste entre les formes souples de la jeune fille et la dure verticale de la tour, qui renforce la douceur émanant de son visage. Cette finesse, cette rondeur, cette délicatesse sont caractéristiques de la sculpture champenoise de l'extrême fin du Moyen Âge, particulièrement riche et raffinée dans la région troyenne.

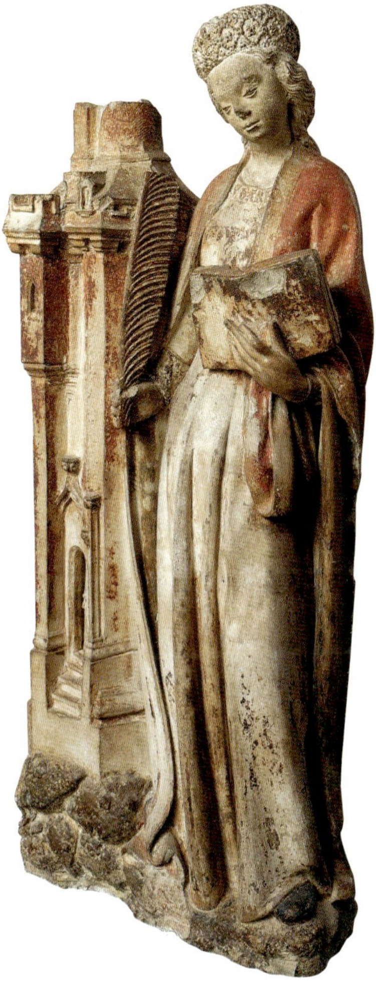

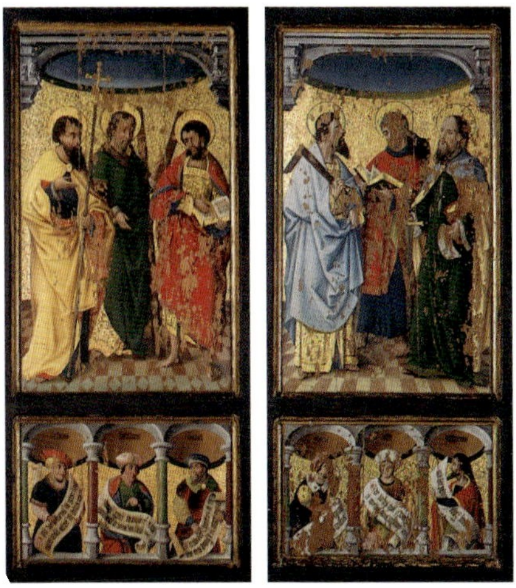

162 | Retable de la Passion

Pays-Bas méridionaux et Champagne, début du XVIe siècle
Bois peint et doré ; panneaux peints
H. 200 ; l. 248 ; Pr. 32
Don de la commune de Champdeuil, 1861.
Cl. 20635

Le retable est d'une structure classique : à l'extérieur, les volets peints présentent l'Annonciation, deux saints et le donateur, figures aujourd'hui très usées. À l'intérieur, les apôtres peints encadrent une caisse centrale sculptée, consacrée à la Passion. Le foisonnement de sculptures et les trognes grossières des soldats romains sont caractéristiques de la sculpture des Pays-Bas méridionaux ; les peintures, en revanche, signées par trois fois d'un « Lucas Lois » dont on ne sait rien, appartiennent à un milieu très différent, probablement local.

Pays du Nord et pays germaniques

Frère de Charles V, Philippe le Hardi reçut la Bourgogne en apanage. Son mariage avec Marguerite de Flandre lui permit de joindre à son domaine la Flandre et l'Artois. Par une habile politique matrimoniale et dynastique, ses successeurs ont poursuivi cet accroissement : de la Frise (au nord) jusqu'au territoire proprement bourguignon (au sud), leur État devient l'une des grandes principautés européennes. Grande puissance économique et politique placée au cœur des échanges commerciaux internationaux, les Pays-Bas, où le duc réside, attirent marchands et banquiers italiens, principaux acteurs du marché de l'art.

En peinture, les recherches de Jan Van Eyck sur la lumière, sa maîtrise de la technique à l'huile bouleversent la pratique et dynamisent le métier. Les peintres profitent, comme les enlumineurs, de l'essor urbain. Bénéficiant d'une industrie lainière organisée et de la présence d'artistes – créateurs potentiels de modèles –, les Pays-Bas s'orientent vers la production de grandes tentures tissées et y affirment leur hégémonie (**n° 168**, **n° 173**). Les entrepreneurs centralisent les commandes et rassemblent les matières premières, répartissent les tâches entre cartonniers et lissiers, stockent et commercialisent les produits finis. Dans le même temps, Bruxelles, Malines et Anvers se spécialisent dans la production de grands retables de bois peint et doré (**n° 178**), Utrecht dans celle des retables en terre cuite (**n° 170**). Ces œuvres, de même que les albâtres produits autour de Nottingham et de York (Angleterre, **n° 163**), sont exportées dans tout l'Occident.

En Allemagne, un rôle capital est dévolu aux villes de l'axe rhénan et des comptoirs hanséatiques, mais aussi à celles d'Allemagne du Sud et d'Autriche, portées par la montée des Habsbourg. Les artistes bénéficient de nombreuses commandes privées mais aussi, de plus en plus, de commandes collectives. Les prédicateurs mystiques, en prônant l'imitation de la vie du Christ, ont suscité une religiosité nouvelle – ou *devotio moderna* – dont témoigne l'art exacerbé et compassionnel des contrées d'Empire.

163 | Annonciation

Nottingham, XVe siècle
Albâtre polychrome
H. 41,5 ; l. 26 ; Pr. 4
Fonds Du Sommerard.
Cl. 19343

Plusieurs régions d'Angleterre, tout particulièrement York et Nottingham, se spécialisent au XVe siècle dans la production de sculptures en albâtre, utilisé comme un succédané du marbre, notamment pour produire en série des retables exportés dans toute l'Europe occidentale. Cependant, certaines pièces, comme cette Annonciation, font l'objet d'une exécution soignée, la polychromie soulignant subtilement la translucidité de la matière.

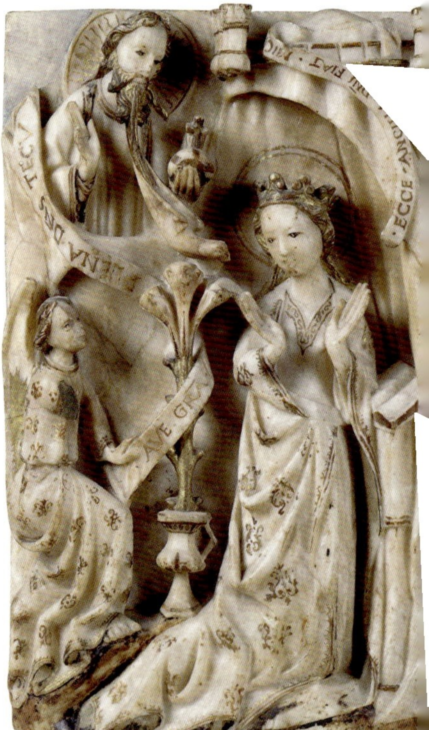

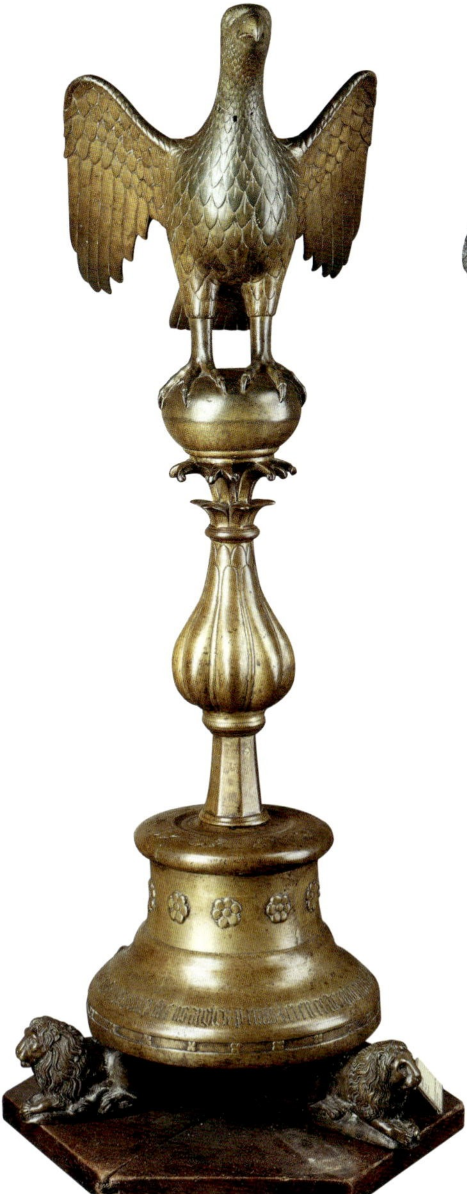

164 | Aigle lutrin

Dinant, 1383
Alliage cuivreux
H. 155
Provient de Saint-Nicolas de Tournai.
Ancienne collection Ch. Stein. Acquis en 1893.
Cl. 13062

Support des livres saints et des livres de chant, le pupitre est essentiel à la liturgie. La tablette inclinée sur laquelle reposent les livres adopte très tôt, sans doute par référence à l'évangéliste saint Jean, la forme d'un aigle aux ailes déployées – dans plusieurs représentations, Jean rédige l'Apocalypse ou l'Évangile sur l'île de Patmos, avec un aigle pour pupitre –, si bien que l'ensemble est souvent désigné du seul nom de l'oiseau. La ville de Dinant s'était spécialisée dans la réalisation d'ouvrages en fonte ou en « bosse » d'alliage cuivreux ; ce lutrin en est l'un des plus anciens exemples.

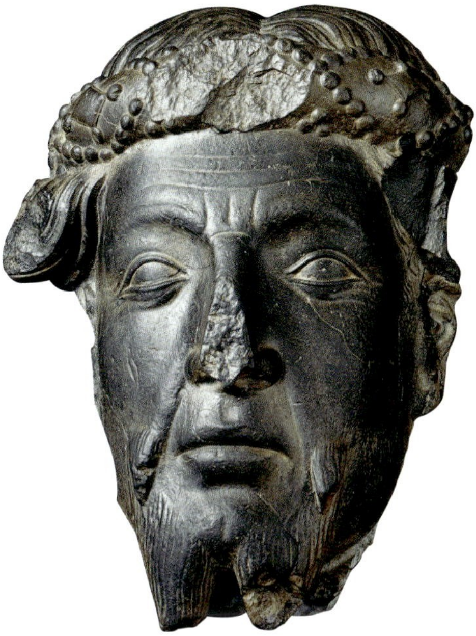

165 | Masque de gisant

Tournai, vers 1400
Calcaire noir de Tournai
H. 32 ; l. 23 ; Pr. 10
Acquis en 1992.
Cl. 23412

La pierre de Tournai, calcaire carbonifère très dense à l'aspect proche du marbre, connaît un grand succès dans la sculpture de la fin du Moyen Âge, plus particulièrement dans la sculpture funéraire où, associée au marbre blanc, elle permet de créer des effets de polychromie. Contrairement à leurs prédécesseurs, les sculpteurs des XIVe et XVe siècles n'hésitent plus à souligner les effets de l'âge sur le visage, ici rendus de façon appuyée sur le front et de part et d'autre des lèvres. Le cercle de tête d'orfèvrerie indique que le défunt appartenait à la haute noblesse.

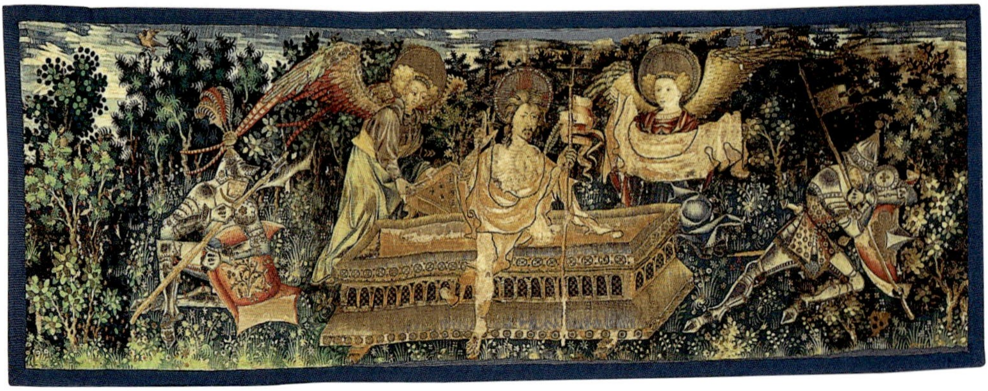

166 | La Résurrection

Flandre, vers 1410-1420
Tapisserie à fils de soie et d'argent
H. 77 ; l. 240
Dépôt du musée du Louvre, 1948.
OA 3132

La Résurrection est représentée dans un paysage verdoyant : le Christ, entre deux soldats endormis et deux anges dont l'un porte son linceul, sort de son tombeau. Cette pièce fait partie d'une série de tapisseries sur le thème de la Passion qui appartenaient à l'archevêque de Saragosse, Dalmacio de Mur, et dont deux pièces sont conservées dans la cathédrale de cette ville.

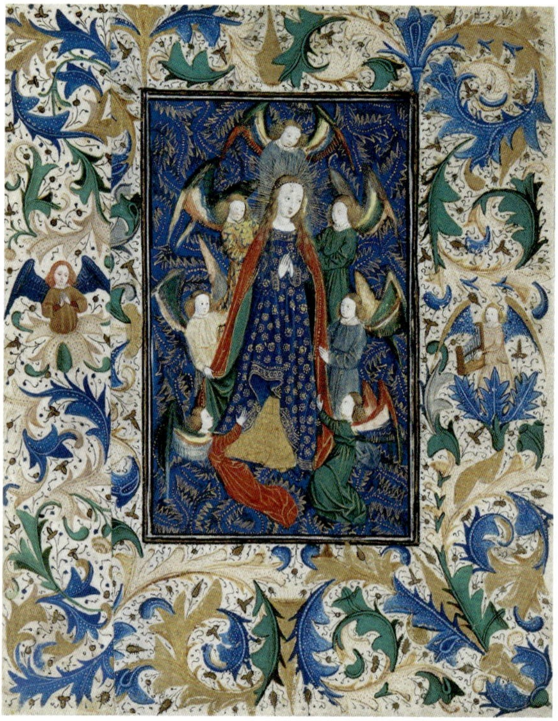

167 | L'Assomption de la Vierge

Flandre (Bruges ?), vers 1450-1455
Enluminure sur parchemin
H. 19 ; l. 15
Fonds Du Sommerard.
Cl. 884 a

Détachée d'un livre d'heures, l'Assomption de la Vierge se déploie sur une pleine page de format rectangulaire aux élégantes bordures enroulées d'acanthes. Le fond en camaïeu de bleu orné d'or met en évidence la maladresse du traitement spatial, mais les attitudes pleines de vie des anges, leurs ailes multicolores et la grande finesse du modelé des visages, attestent la fortune des modèles eyckiens. Deux autres feuillets du même manuscrit sont conservés dans les collections du musée.

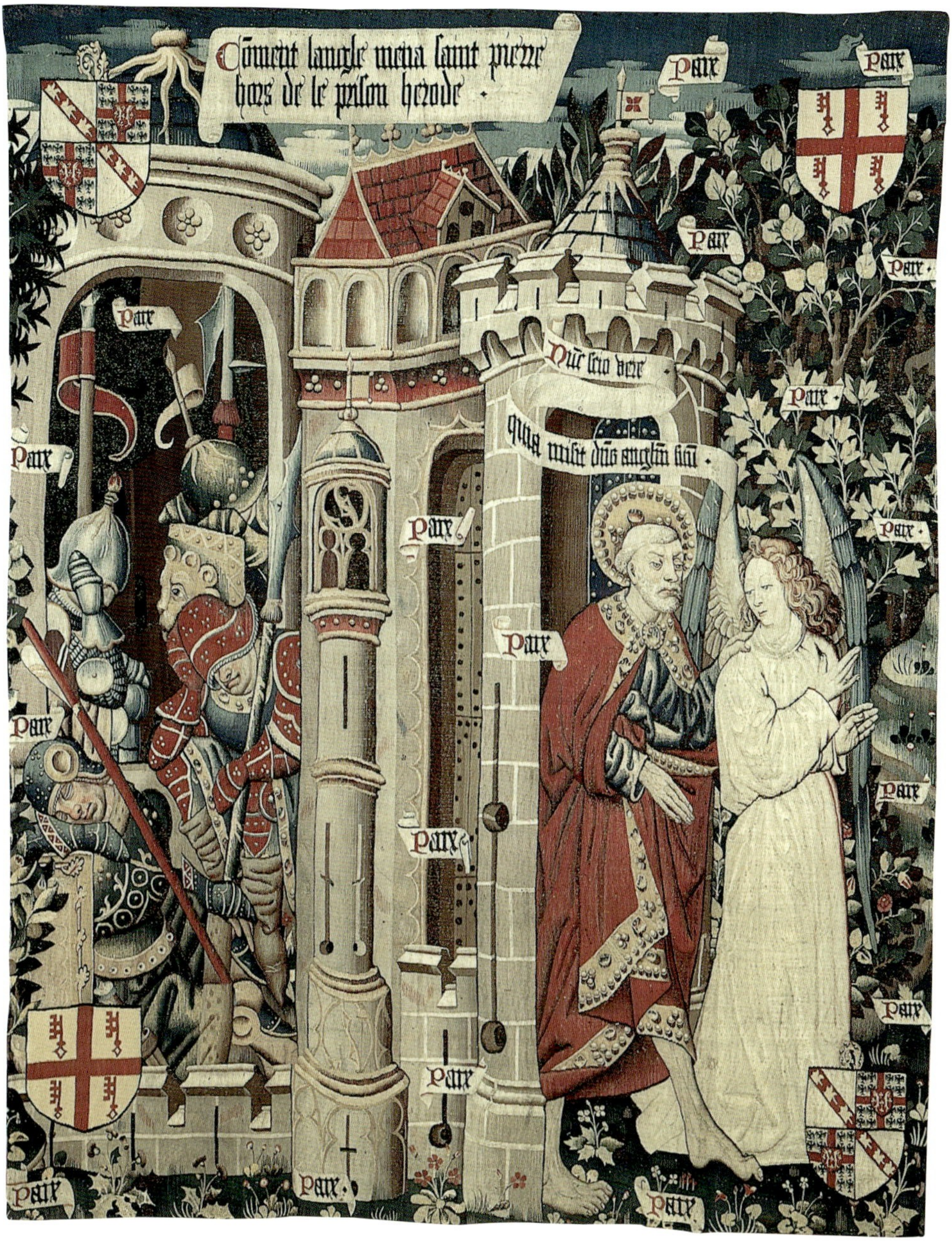

168 | La Délivrance de saint Pierre

Tournai (?), vers 1460
Tapisserie à fils de laine et soie
H. 272 ; l. 221
Cinquième pièce de la tenture de la Vie de saint Pierre commandée par Guillaume de Hellande, évêque de Beauvais (1444-1462), pour sa cathédrale. Armoiries du chapitre (clés) et de l'évêque (alérions et marteaux).
Fonds Du Sommerard.
Cl. 1235

La définition sobre des corps, les drapés souples aux ombres marquées, les gestes calmes et les visages graves du saint et de l'ange qui le guide hors de la prison, révèlent l'assimilation de l'art des grands peintres flamands de la première moitié du XVe siècle, notamment Robert Campin et son élève Jacques Daret, actifs à Tournai.

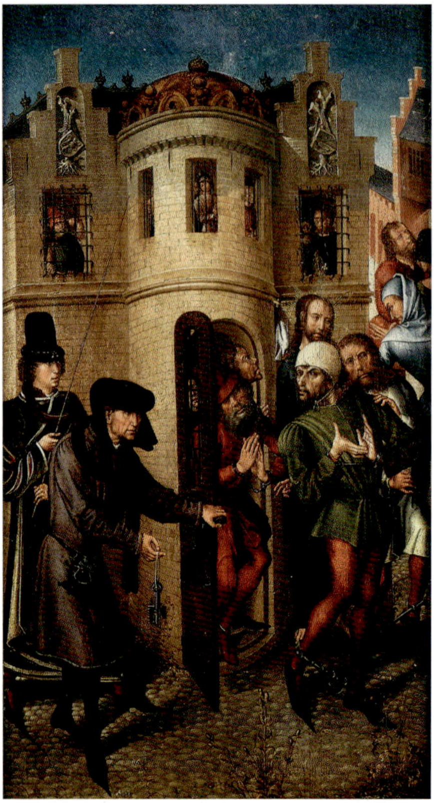

169 | La Délivrance des prisonniers

Bruxelles, vers 1470
Peinture sur bois
H. 91 ; l. 57,5
Fonds Du Sommerard.
Cl. 839

Traitée en gros plan devant une échappée urbaine, la Délivrance des prisonniers représente l'un des Actes de saint Matthieu, thème fort apprécié dans les Pays-Bas des XVe et XVIe siècles. Quoique l'hypothèse soit contestée, le tableau est généralement attribué au Maître de la Vue de Sainte-Gudule qui se rendit célèbre par l'inclusion systématique d'une vue de la collégiale Saint-Gudule de Bruxelles en fond de tableau d'une part, par son style expressif et narratif d'autre part, en complet contraste avec la production brabançonne alors influencée par Rogier van der Weyden.

170 | Retable : Vie de la Vierge

Utrecht, vers 1470-1480
Terre cuite peinte
H. 95 ; l. 229 ; Pr. 15
Provient du prieuré Saint-Lambert, dépendant de l'abbaye du Bec-Hellouin (Eure). Acquis en 1861.
Cl. 3201

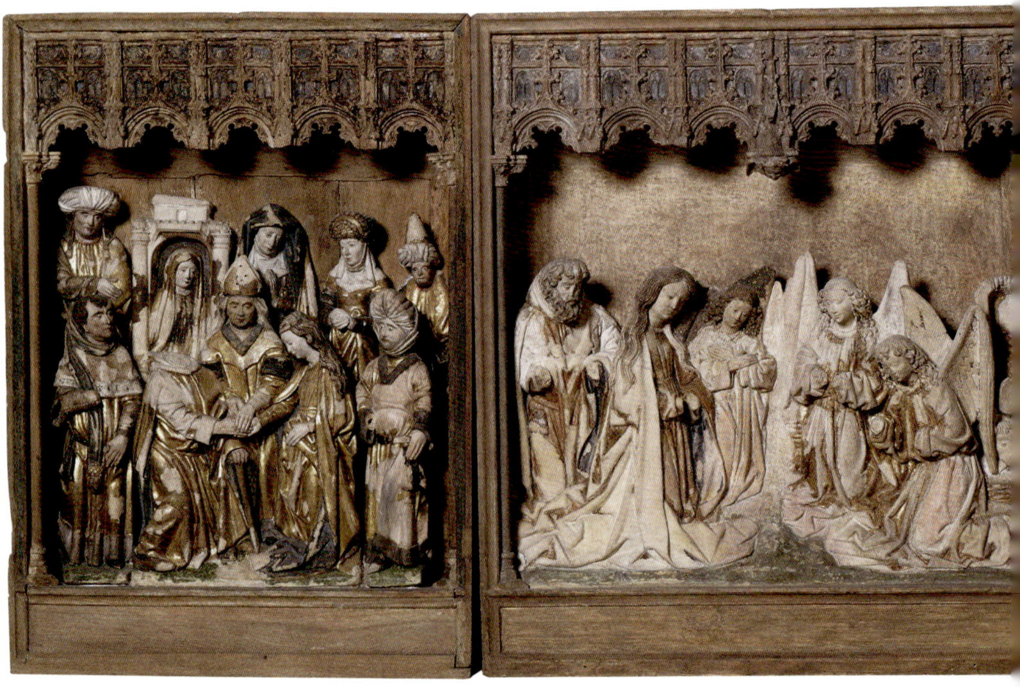

À la fin du Moyen Âge, la région d'Utrecht se spécialise dans la production de retables en terre cuite moulée, exportés dans toute l'Europe occidentale, et tout particulièrement en Normandie. Malgré une production en série, bien peu sont parvenus jusqu'à nous en raison de la fragilité du matériau. Ici, les sculpteurs ont joué du contraste entre les deux scènes latérales des Noces de la Vierge et de l'Adoration des Mages, très animées, et la scène centrale de la Nativité où les personnages forment autour de l'Enfant un cadre calme.

171 | Marie-Madeleine

Bruxelles, vers 1490-1495
Chêne. H. 97 ; l. 36 ; Pr. 24
Acquise en 1850. Cl. 1851

Figure féminine ambiguë, la Madeleine est ici représentée sous les traits d'une laïque issue des plus hautes franges de la société. Le sculpteur a souligné sa silhouette sinueuse, la richesse ornementale de ses vêtements et surtout sa coiffure particulièrement complexe, avec son front épilé très haut et ses nattes s'enroulant sur le bonnet avant de retomber sur les épaules. Cette sculpture est particulièrement proche du décor des stalles de Saint-Sulpice de Diest (Brabant), réalisées entre 1491 et 1493.

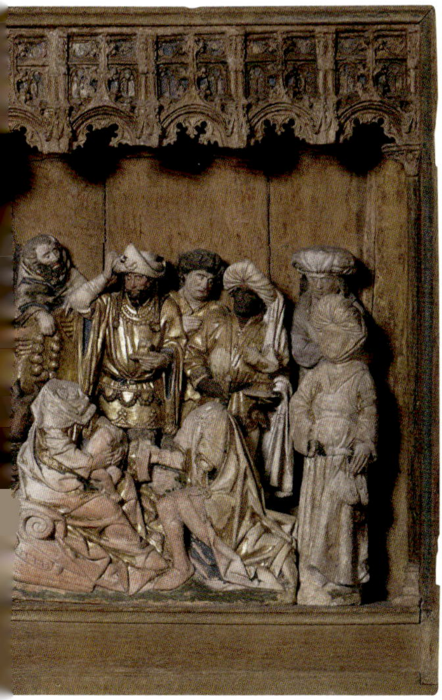

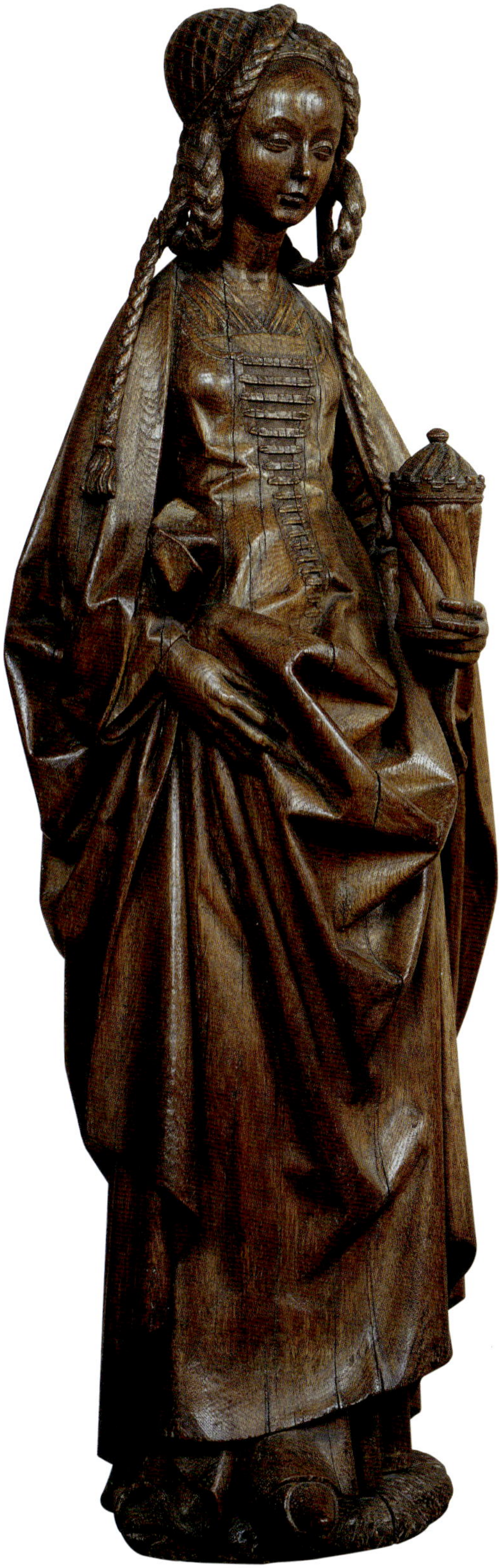

172 | Retable du Saint-Sacrement

Jan de Molder

Anvers, 1513-1514
Bois polychrome
H. 228 ; l. 205 ; Pr. 33
Provient de l'abbaye des Prémontrés d'Averbode (Brabant). Fonds Du Sommerard.
Cl. 240

Ce retable fut installé à Pâques 1514 sur l'autel du Saint-Sacrement de l'abbaye d'Averbode, ce qui explique l'iconographie de la caisse centrale – les volets peints ont disparu –, consacrée à l'eucharistie et ordonnée autour de la grande scène centrale de la Messe de saint Grégoire. Une telle iconographie se comprend particulièrement bien dans le contexte de l'émergence de la Réforme et des polémiques renouvelées sur les sacrements, sur l'eucharistie en particulier.

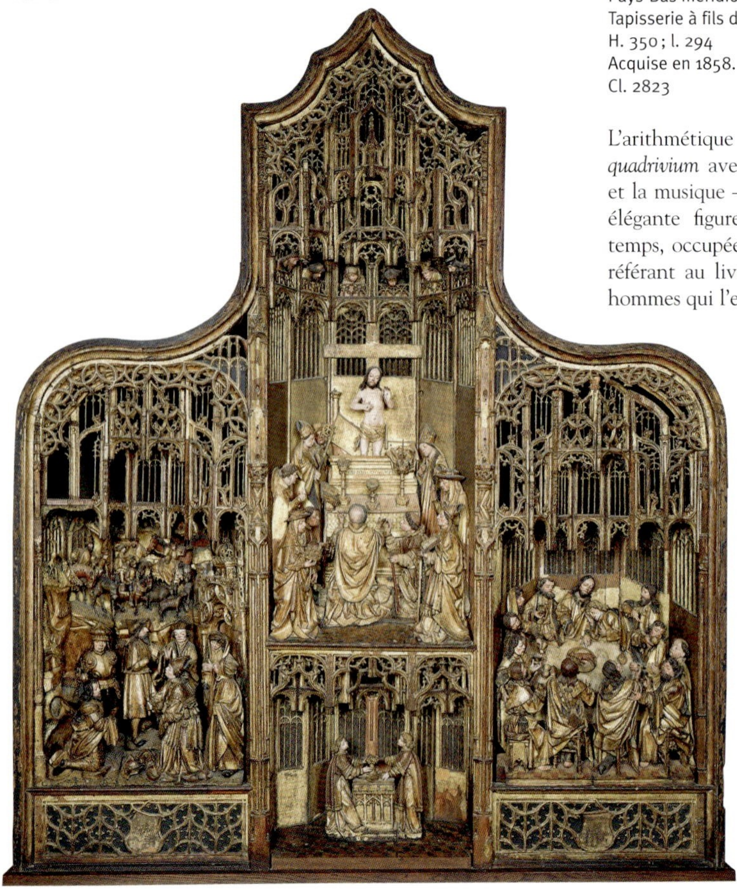

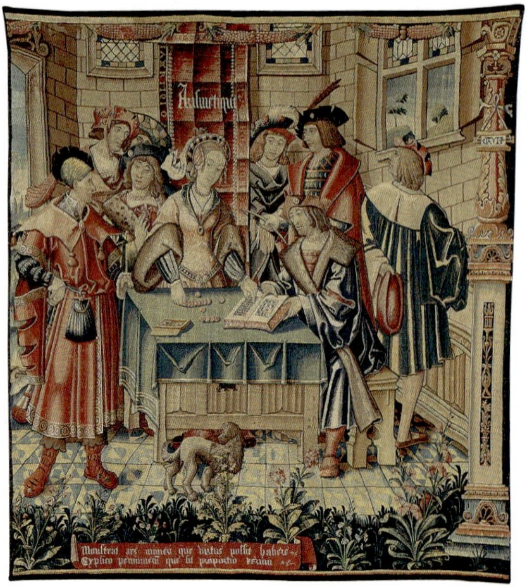

173 | L'Arithmétique

Pays-Bas méridionaux, début du XVIe siècle
Tapisserie à fils de laine et soie
H. 350 ; l. 294
Acquise en 1858.
Cl. 2823

L'arithmétique – l'un des arts libéraux du *quadrivium* avec la géométrie, l'astronomie et la musique – est ici personnifiée par une élégante figure féminine en costume du temps, occupée à compter des jetons en se référant au livre que lui présente l'un des hommes qui l'entourent.

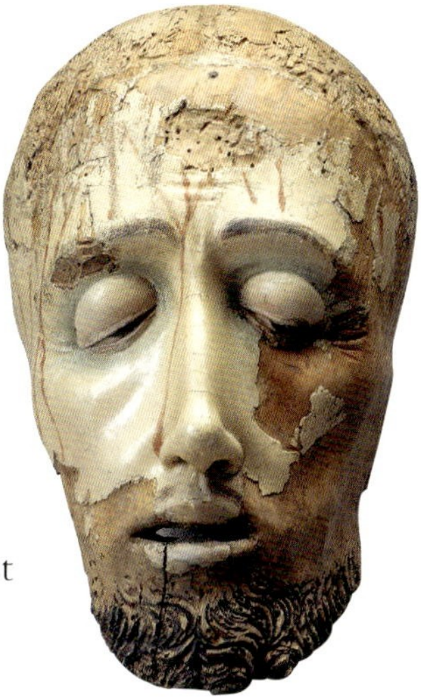

174 | Retable : Assomption de la Vierge

Adrien Isenbrant (?)

Bruges, vers 1520
Peinture sur bois (chêne)
H. 115 ; l. 86 (panneau central) – H. 115 ; l. 37 (volets)
Ancienne collection du château de Grancey (Côte-d'Or). Trésor national acquis en 2004.
Cl. 23758

Ce triptyque, attribué à Adrien Isenbrant – peut-être aidé de Gérard David, son principal inspirateur – évoque la mort puis le couronnement de la Vierge. La monumentalité des Apôtres placés au centre d'un paysage à l'antique, la finesse de leur modelé, comme le *sfumato* qui bleuit l'horizon, révèlent un peintre à la fois sensible au maniérisme anversois (sainte Catherine au revers) et aux innovations italiennes.

175 | Tête de Christ

Franconie, vers 1470
Tilleul peint
H. 32 ; l. 18 ; Pr. 13
Legs M. Cogniet, 1919.
Cl. 20270

Cette tête, seul fragment subsistant d'un grand crucifix, impressionne par sa dureté. La bouche légèrement ouverte, le nez pincé, les yeux aux paupières tombantes, le front excessivement bombé, les carnations pâles, tout participe d'une représentation violente, expressionniste, de la souffrance et de la mort du Christ, caractéristique d'un certain courant de la sculpture franconienne, dans l'entourage de Hans Multscher.

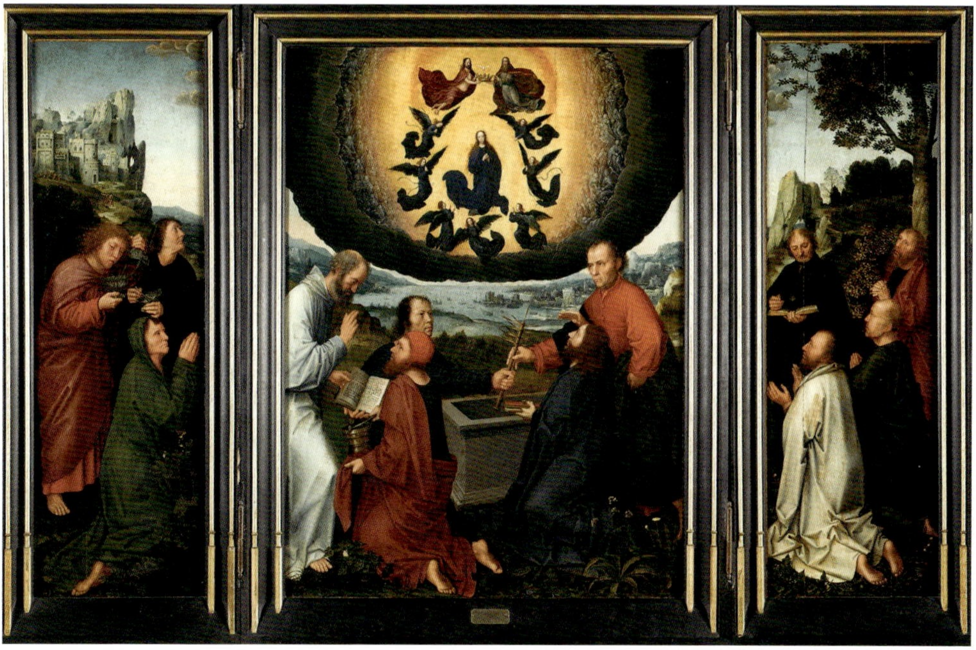

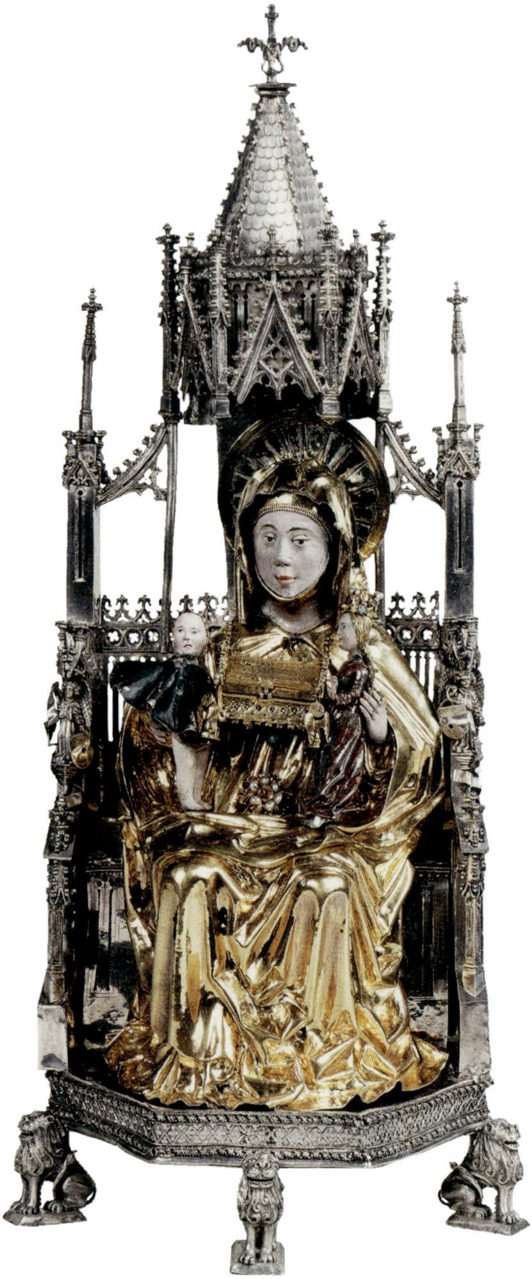

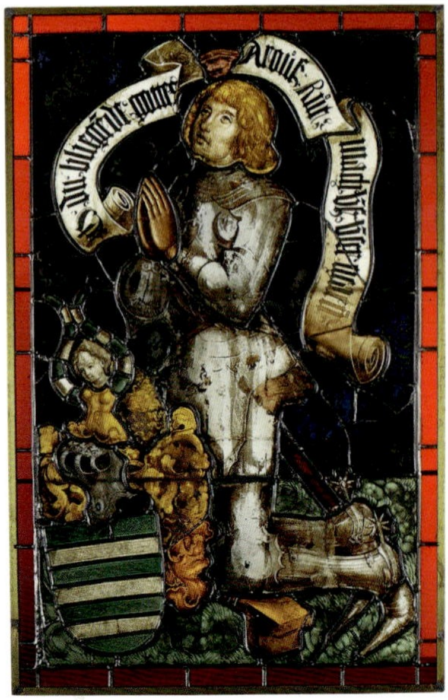

177 | Jacques de Fleckenstein en donateur

Haguenau (Bas-Rhin), vers 1495
Verre, grisaille, jaune d'argent, plomb
H. 80,5 ; l. 53,5
Acquis en 1850. Cl. 1924

Le *landvogt* (ou préfet) Jacques de Fleckenstein est à l'origine de la construction d'une chapelle dans l'église Saint-Georges de Haguenau. Sans doute s'est-il adressé à l'un des peintres-verriers strasbourgeois réputés pour la qualité de leurs verrières denses en couleurs. Le portraitiste y affirme sa science du modelé.

176 | Sainte Anne trinitaire

Ingolstadt, 1472
Argent partiellement doré et peint
H. 48,6 ; l. 21
Ancienne collection P. Soltykoff. Acquise en 1861. Cl. 3308

Cette œuvre représente sainte Anne assise, portant la Vierge et l'Enfant qui tiennent un petit reliquaire. Le thème de sainte Anne trinitaire était très prisé dans les pays germaniques. Cette statuette reflète aussi le goût pour la ronde-bosse et les éléments architecturés dans l'orfèvrerie gothique. Exécutée en 1472 par l'orfèvre Hans Greiff pour Anna Hofmann, épouse du receveur d'Ingolstadt – comme l'indique l'inscription qui en précise aussi le prix –, elle témoigne de l'essor de la commande bourgeoise à la fin du Moyen Âge.

178 | Retable

Maître Arndt

Kalkar (Rhénanie du Nord – Westphalie), vers 1483
Bois peint et doré
H. 97 ; l. 45 (fermé), 90 (ouvert) ; Pr. 21,5
Ancienne collection P. Soltykoff. Acquis en 1861.
Cl. 3269

Ce petit retable, réalisé pour la chartreuse de Roermond (Limbourg néerlandais), est l'œuvre de maître Arndt, peintre et sculpteur installé à Kalkar. Les personnages, qu'il s'agisse des acteurs de la scène ou du donateur – un chartreux, représenté au premier plan –, sont travaillés avec une minutie et un sens du détail renforcés par la polychromie ; celle-ci, exceptionnellement bien conservée, fait appel à toute la richesse et à toute la diversité des techniques médiévales.

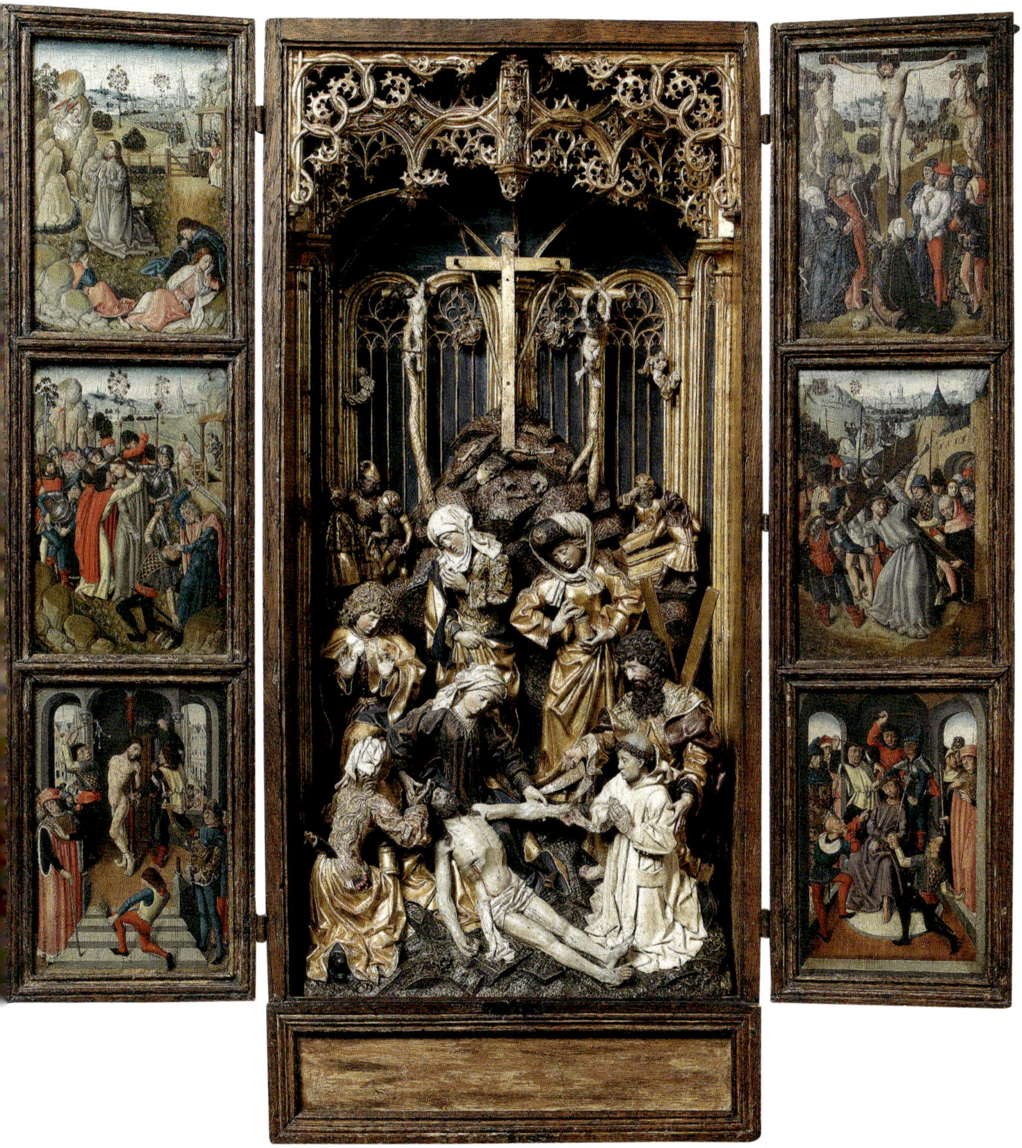

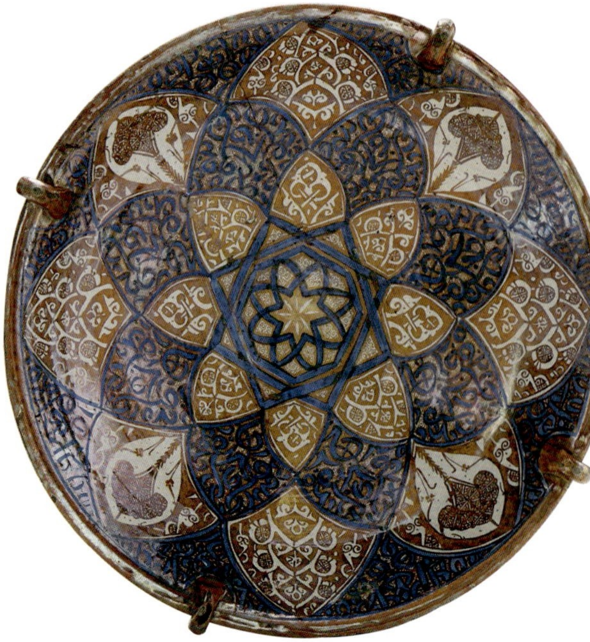

Espagne

Dès la fin du XIIIe siècle apparaît dans la péninsule Ibérique une nouvelle esthétique qui connaît un grand succès aux XIVe et XVe siècles, mêlant à des structures issues de l'art d'Europe occidentale un répertoire décoratif inspiré de l'art du royaume nasride de Grenade. Nombre des artistes réalisant ces œuvres étant des musulmans demeurés en terre chrétienne (en espagnol *mudejares*), cet art est connu sous le nom de « mudéjar ». Parmi les productions de ces artistes, celles de céramique des ateliers de Valence se détachent particulièrement (**n° 179, 180**). Produisant au départ de la proto-faïence à décor vert et brun, ces derniers commencent, au XIVe siècle, à imiter les productions des ateliers de Málaga, dans le royaume nasride. Celles-ci se caractérisaient notamment par l'emploi d'une technique particulièrement complexe pour le décor, à base d'oxydes métalliques dont la couleur variait en fonction de l'angle selon lequel il était vu, un effet proche de celui des reflets du métal. Rapidement, les ateliers valenciens, installés principalement dans deux faubourgs de la ville – Manisès et Paterna –, exportent leur production vers l'ensemble de l'Europe occidentale, de l'Angleterre à Prague. L'Italie centrale, la Toscane plus particulièrement, se montre très friande de cette production pendant tout le XVe siècle, avant que des ateliers locaux ne concurrencent la production valencienne.

179 | Bassin creux à bélières

Valence, vers 1400
Faïence à reflets métalliques
H. 15 ; D. 48
Acquis en 1854.
Cl. 2343

Ce n'est qu'à la fin du XIVe siècle que la production des ateliers valenciens commence à se distinguer véritablement de celle de Málaga. Elle reste néanmoins très fortement influencée par l'art nasride, et recourt à un répertoire géométrique complexe disposé en cercles successifs, au milieu duquel se détachent des figures d'arbres de vie. Quoique la palette soit réduite à trois couleurs – le pigment lustré, le bleu de cobalt et le blanc de la glaçure –, les effets chromatiques obtenus sont assez subtils.

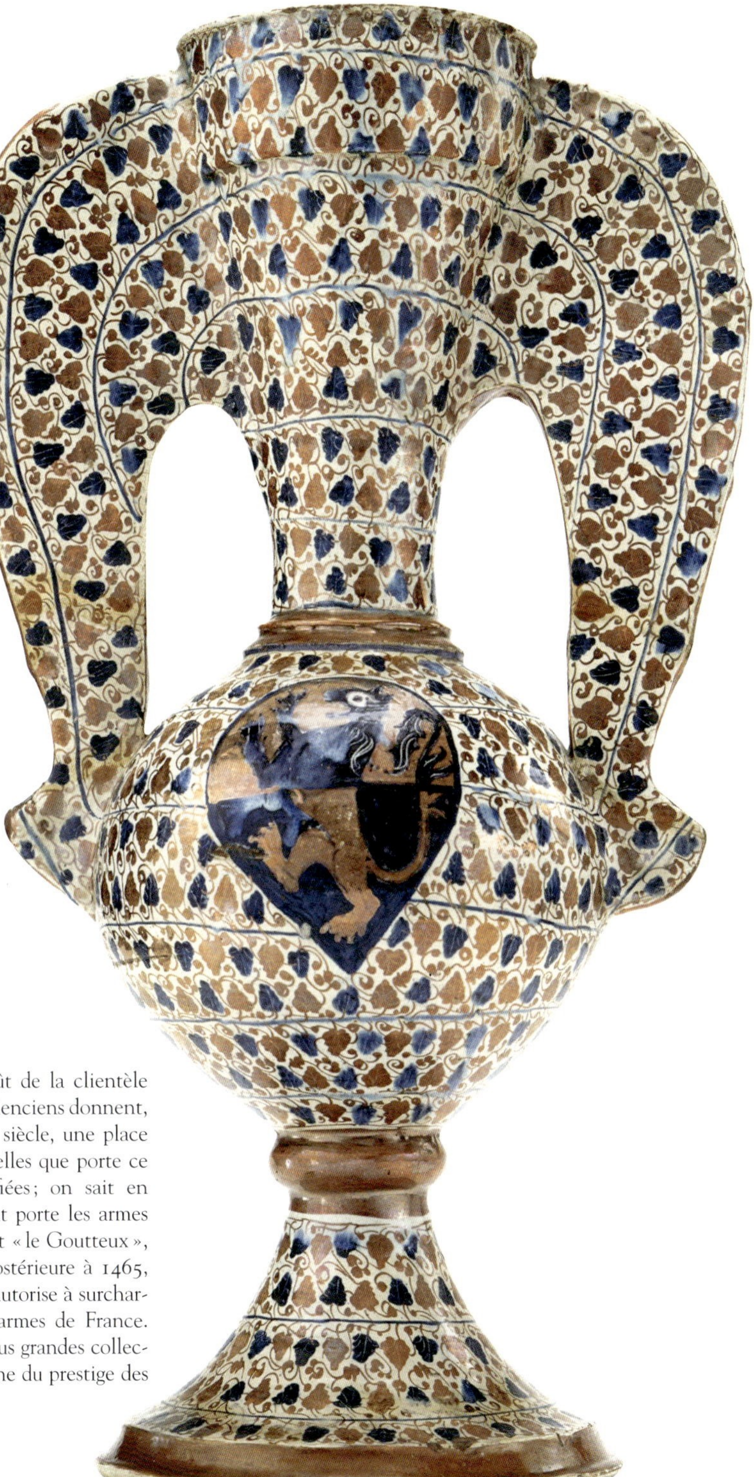

180 | Vase à ailes

Valence, vers 1465-1469
Faïence à reflets métalliques
H. 60 ; D. 22,6
Acquis en 1863.
Cl. 7647

Pour se conformer au goût de la clientèle européenne, les ateliers valenciens donnent, à partir du milieu du XVe siècle, une place centrale aux armoiries. Celles que porte ce vase ne sont pas identifiées ; on sait en revanche que son pendant porte les armes de Pierre Ier de Médicis dit « le Goutteux », dans leur configuration postérieure à 1465, date à laquelle Louis XI l'autorise à surcharger l'un des besants des armes de France. Cette présence dans les plus grandes collections européennes témoigne du prestige des productions valenciennes.

Italie

L'Italie du XVe siècle est le théâtre d'une lutte acharnée entre deux puissantes seigneuries, Milan sous le gouvernement des Visconti puis des Sforza, et Florence sous celui des Médicis, soutenue par Venise. Cette lutte trouve des répercussions jusque dans le royaume de Naples. Le paysage artistique, où Florence joue un rôle considérable, est marqué, dans la première moitié du siècle, par la coexistence de deux courants : – le style gothique international, courtois et précieux, développé en Europe vers 1380 et qui se prolonge dans la capitale toscane jusqu'au milieu du XVe siècle, par exemple chez Gentile da Fabriano et Pisanello, – et un courant profondément novateur représenté par Brunelleschi, Masaccio et Donatello, qui invente la perspective géométrique et porte à son terme la mutation esthétique amorcée par Giotto. Ce dernier courant est l'une des composantes de la Renaissance, qui éclôt en Italie dès le XVe siècle.

Les leçons de cette « révolution spatiale » se retrouvent dans des productions tributaires de la peinture – comme les panneaux brodés de la vie de saint Jean Gualbert (**n° 182**) –, mais les répercussions de cette mutation sont plus ou moins perceptibles selon les domaines artistiques. En orfèvrerie, les productions du XVe siècle, tout en intégrant des éléments nouveaux apparus précédemment, comme l'attention au volume des corps, se situent très nettement dans la continuité des créations des XIIIe et XIVe siècles (**n° 184**).

La péninsule voit aussi se développer des productions en série. L'atelier des Embriachi, établi à Florence, se spécialise dans les retables et les coffrets formés d'un assemblage de plaquettes d'os sculptées, disposées en registres et encadrées de marqueterie de bois et d'os teinté, comme l'Oratoire des duchesses de Bourgogne (**n° 181**). Les « nappes de Pérouse » en tissu bleu et blanc, fabriquées dans toute l'Italie, ont également eu un grand succès au XVe siècle (**n° 183**). Objets en os et tissus de lin et coton constituent des versions moins coûteuses d'objets de luxe, ivoires pour les premiers et soieries du Proche-Orient pour les seconds.

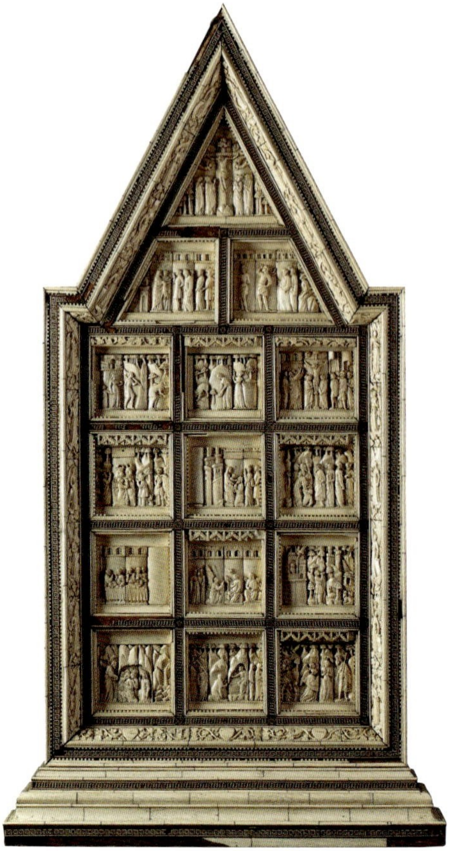

181 | Oratoire des duchesses de Bourgogne

Florence, avant 1393
Bois et os
H. 130 ; l. 75 ; Pr. 15
Provient de la chartreuse de Champmol (Dijon).
Acquis en 1849.
Cl. 17051

À la fin du XIVe siècle, Baldassare Embriachi établit, à Florence puis à Venise, un atelier spécialisé dans la production en série d'objets – essentiellement des coffrets et des retables – au décor obtenu par un assemblage de plaquettes d'os, bien moins coûteux que l'ivoire. Originellement, le retable installé dans l'oratoire des duchesses de Bourgogne comptait trois panneaux, mais il a largement souffert lors de la Révolution et au XIXe siècle. Des deux panneaux conservés, un seul présente encore une part de son décor d'origine, largement remanié toutefois, comme en témoigne la présence de plaquettes provenant d'un coffret profane consacré à l'histoire de Pyrame et Thisbé.

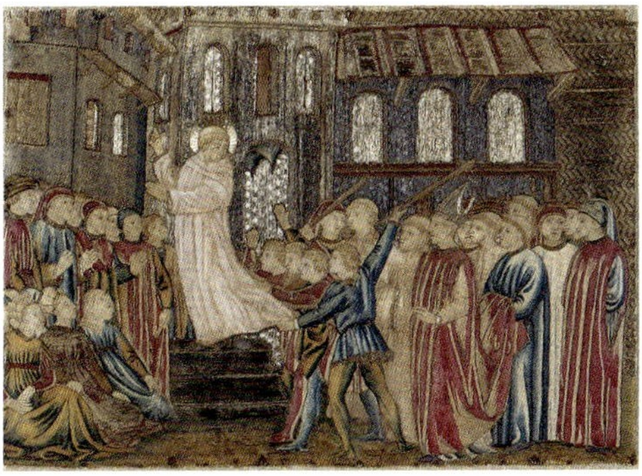

182 | Prédication de saint Jean Gualbert

Florence, vers 1450
Toile de lin, fils de soie, d'or et d'argent
H. 31,4 ; l. 45,2
Acquis en 1852. Cl. 2153 et Cl. 2154

Ce panneau brodé provient peut-être d'un devant d'autel relatant des épisodes de la vie de saint Jean Gualbert, fondateur au XIe siècle de l'ordre de Vallombreuse. Ces représentations rappellent la lutte du saint contre la simonie, ou trafic des charges et biens sacrés. Ici, Jean Gualbert dénonce l'abbé de San Miniato et l'évêque de Florence sur la place du marché. Les analogies avec d'autres broderies et avec un cycle peint de Benozzo Gozzoli suggèrent l'origine florentine de ces panneaux.

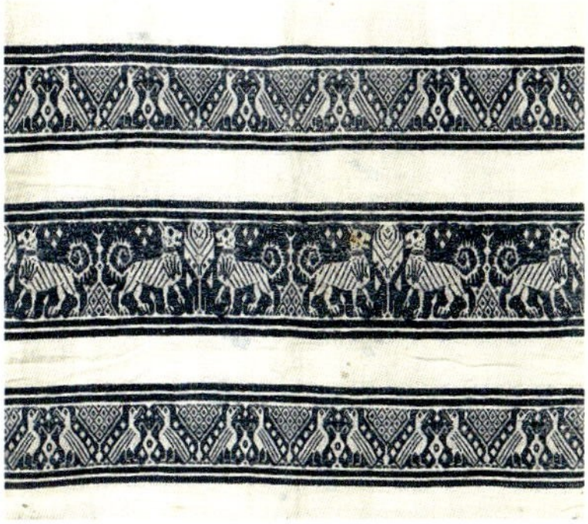

183 | Serviette (détail)

Italie (?), Pietro Vannini et atelier (?), XVe siècle
Lin, coton
H. 202 ; l. 52
Acquise en 2005.
Cl. 23800

Cette serviette appartient à un ensemble de tissus bleu et blanc dits « nappes de Pérouse » en raison de leur premier lieu de collecte. L'usage de ces nappes et serviettes était aussi bien liturgique que profane. Leurs motifs stylisés d'oiseaux et de quadrupèdes affrontés (lions, dragons) rappellent les soieries du Proche-Orient, dont elles constituent peut-être une version plus modeste. Fabriquées en Italie dès le XIVe siècle, représentées dans la peinture toscane et ombrienne, elles connurent un vif succès dans toute la péninsule et furent imitées jusqu'en Hongrie occidentale.

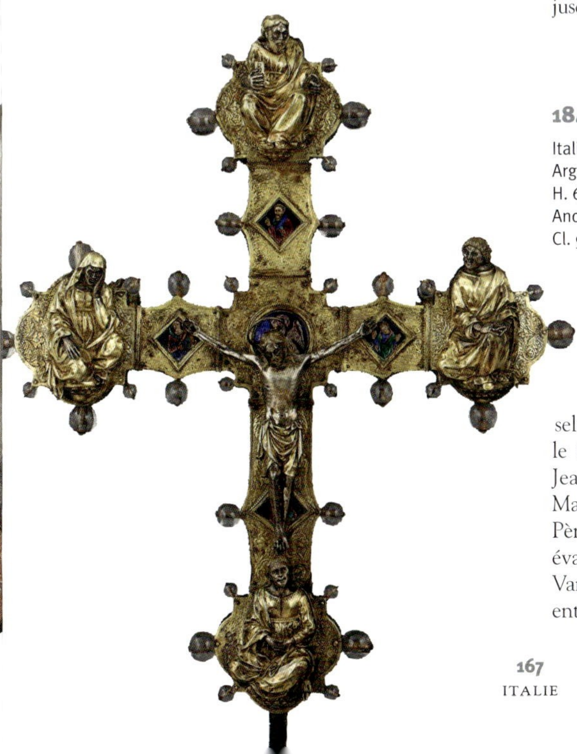

184 | Croix processionnelle

Italie centrale, seconde moitié du XVe siècle
Argent doré, émaux, cristal de roche
H. 61 (78 avec la hampe) ; l. 54 ; Ép. 13
Ancienne collection P. Demidoff. Acquise en 1880.
Cl. 9927

Cette croix biface au profil dentelé et aux extrémités quadrilobées porte, sur une surface finement gravée et enrichie de médaillons d'émaux translucides, des figures en haut relief : d'un côté, selon une iconographie répandue en Italie, le Christ crucifié entre la Vierge et saint Jean, saint Pierre au sommet, Marie-Madeleine à ses pieds ; de l'autre, Dieu le Père bénissant entouré des symboles des évangélistes. L'œuvre a été attribuée à Pietro Vannini, orfèvre actif dans les Marches entre 1452 et 1495.

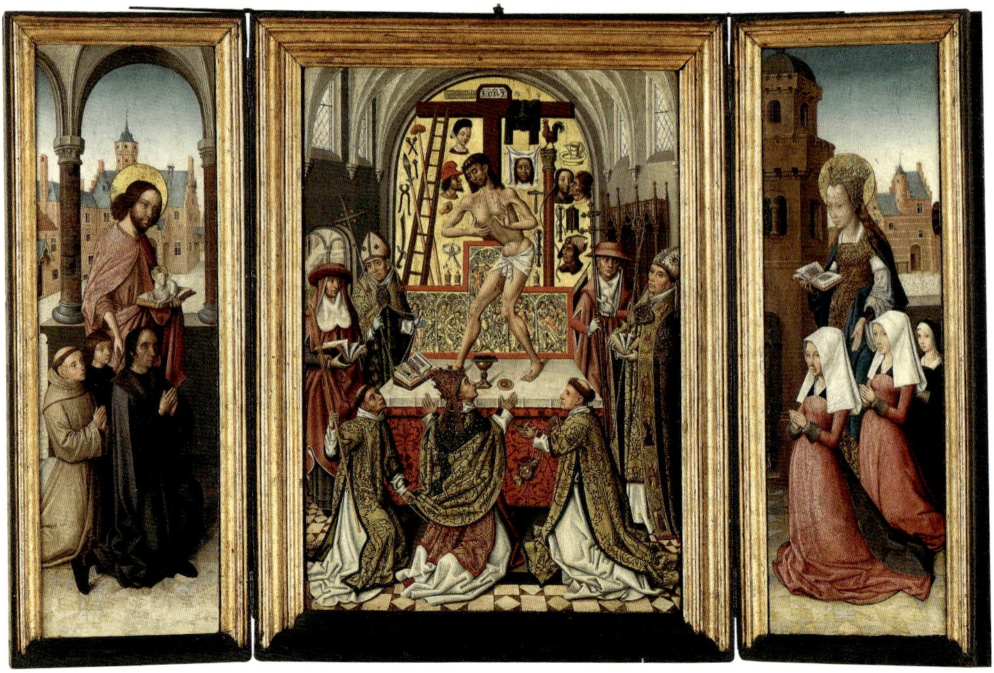

188 | Triptyque : la Messe de saint Grégoire

Westphalie, fin du XVe siècle
Peinture sur bois
H. 101,2 ; l. 157,8
Fonds Du Sommerard.
Cl. 840

La Messe de saint Grégoire relate l'apparition du Christ au pape, épisode considéré par l'Église médiévale comme une preuve de sa présence réelle dans l'Eucharistie. Parce qu'elle donnait lieu à des indulgences, l'image fut largement diffusée. Le panneau central évoque l'art germanique mais les personnages en prière placés devant une perspective urbaine renvoient plutôt aux œuvres flamandes. La présence d'un franciscain parmi ces derniers rappelle deux triptyques conservés à Korbach (Hesse) où le peintre, un moine, s'est représenté lui-même.

189 | Reliquaire

Allemagne rhénane, 1469
Cuivre gravé et doré
H. 9 ; l. 7,5 ; Ép. 1,5
Legs Ch. Piet-Lataudrie, 1915.
Cl. 19968

Ce reliquaire, qui adopte la forme d'un livre, fait partie des nombreux objets de piété domestique ornés d'images de dévotion fabriqués à la fin du Moyen Âge. Il porte la date de 1469. Les scènes gravées sur ses deux faces – la Crucifixion et le Christ au jardin des Oliviers –, inspirées de gravures contemporaines, témoignent des liens étroits entre la gravure et l'orfèvrerie dans les pays germaniques au XVe siècle.

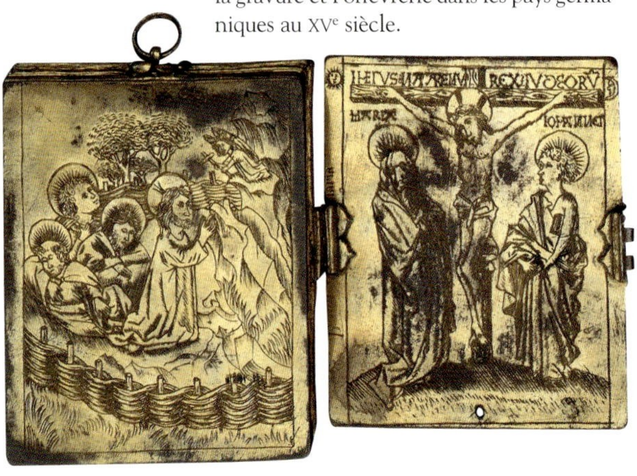

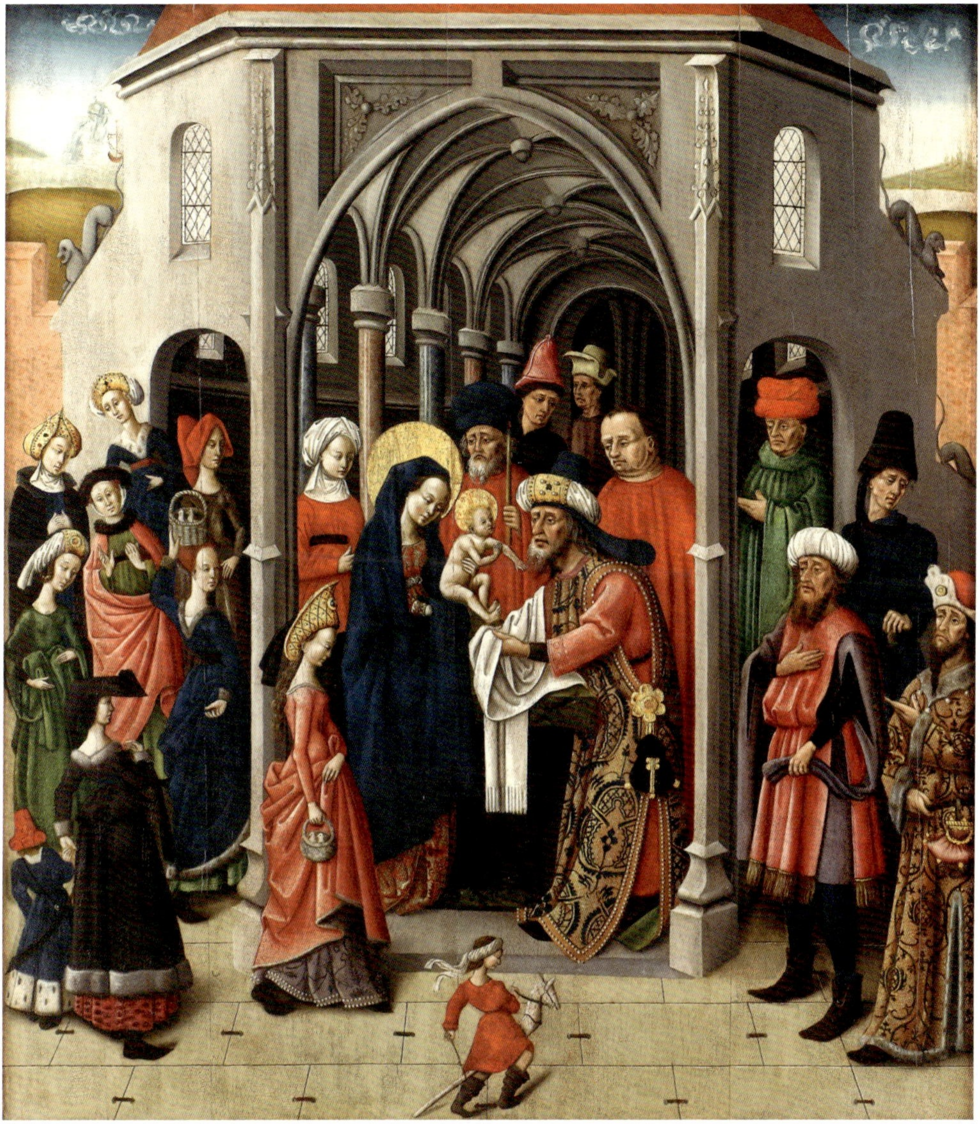

190 | La Présentation au Temple

France du Nord (?), troisième quart du XVe siècle
Peinture sur bois (sapin)
H. 107,5 ; l. 98,4
Acquise en 1993.
Cl. 23414

Sur un même triptyque sans doute consacré à la Nativité, s'ouvraient deux volets, figurant l'un le Miracle du bâton fleuri – lors duquel Joseph fut miraculeusement désigné comme le fiancé de la Vierge –, l'autre la Présentation au Temple. Situées chacune à l'intérieur d'un édicule ouvert, les deux scènes s'inspirent d'une œuvre du peintre flamand Robert Campin (Madrid, musée du Prado). Costumes et accessoires (tel le cheval de bois d'un enfant) évoquent la société et les usages de la fin du Moyen Âge.

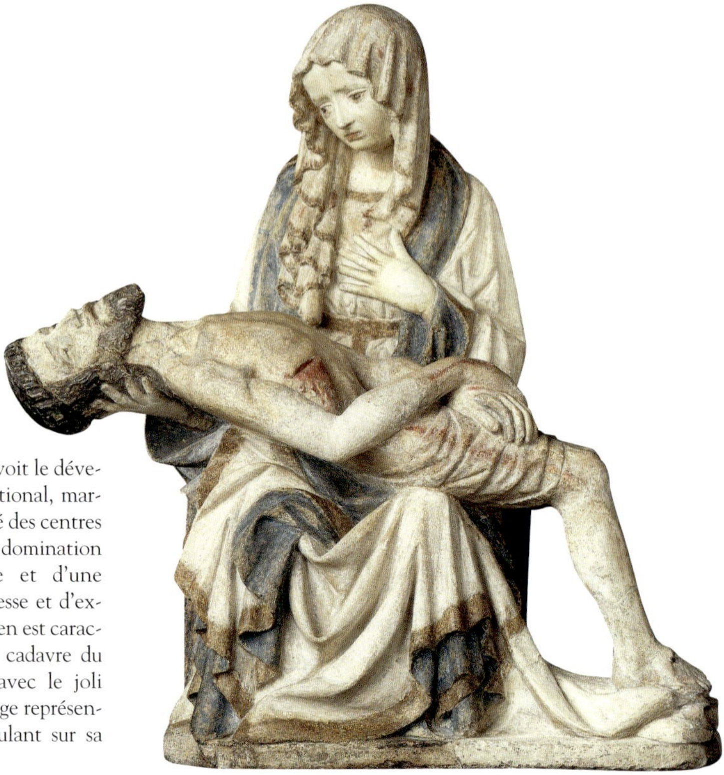

191 | Vierge de pitié

Salzbourg (?), vers 1390-1395
Calcaire peint et doré
H. 39 ; l. 28 ; Pr. 20
Ancienne collection A. Carl (Zurich).
Acquise en 1999.
Cl. 23656

L'Europe de la fin du XIVe siècle voit le développement du gothique international, marqué d'une part par la multiplicité des centres de création, de l'autre par la domination d'une iconographie mystique et d'une recherche stylistique de délicatesse et d'expressivité. Cette Vierge de pitié en est caractéristique : la cruelle dureté du cadavre du Christ y forme un contraste avec le joli visage un peu mièvre d'une Vierge représentée adolescente, une larme coulant sur sa joue.

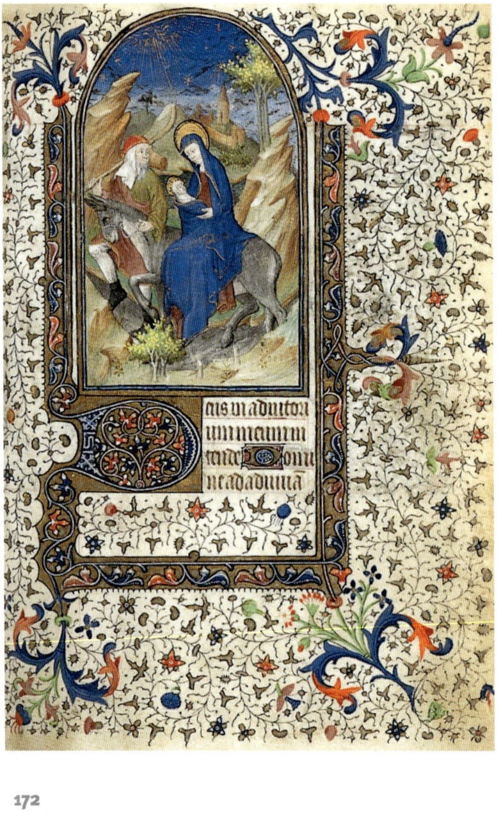

192 | Heures enluminées

Paris, vers 1415-1420
Enluminure sur parchemin
H. 19,5 ; l. 14,5
Fonds Du Sommerard.
Cl. 1252

Au XVe siècle, la ville de Paris se spécialise dans la fabrication de petits livres enluminés donnant le texte – souvent illustré – des prières individuelles pour les sept « heures » de chaque jour de l'année liturgique. Ce livre est un exemple de leur raffinement. Il est attribué à un enlumineur, proche du Maître de Boucicaut, connu sous le nom de « Maître de l'Hannibal d'Harvard », dont l'œuvre se caractérise par un goût pour la troisième dimension, le pittoresque des paysages et les dégradés des ciels.

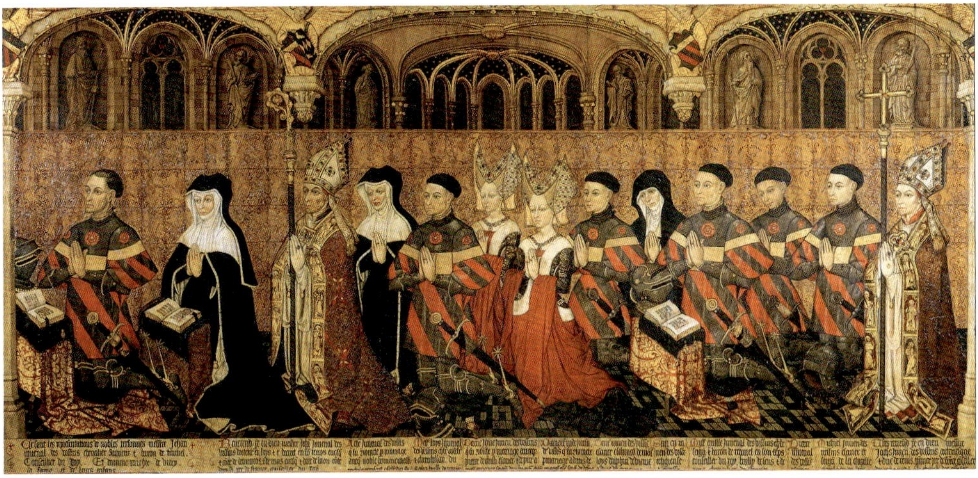

193 | Portrait de la famille Jouvenel des Ursins

Paris, entre 1445 et 1449
Peinture sur bois
H. 165 ; l. 350
Provient de la chapelle Saint-Rémi de Notre-Dame de Paris. Dépôt du musée du Louvre, 1985.
Inv. 9618

Destiné à orner une chapelle privée dans le chœur de la cathédrale de Paris, le tableau aligne les membres de l'opulente famille Jouvenel des Ursins – qui compta un prévôt des marchands de Paris, un président du parlement de Poitiers, deux évêques et archevêques, un chancelier royal. Portrait conventionnel mais dont l'originalité vient de la représentation d'une tenture par l'application de brocart doré en relief, c'est l'un des rares témoignages de la peinture parisienne du milieu du XVe siècle.

194 | Heures à l'usage de Rome

imprimées par Thielman Kerver
pour Gilles Remacle

Paris, 26 juin 1500
Enluminure sur vélin, cuir de chèvre (reliure, étui)
H. 17 ; l. 12
Acquis en 2008.
Cl. 23841

C'est à Paris, devenue autour de 1500 un centre réputé de production imprimée, que Thielman Kerver, imprimeur allemand, gagne sa notoriété. Ses livres d'heures sont d'une réelle qualité graphique, comme en témoignent les dix-sept gravures en pleine page de l'ouvrage, les multiples bordures historiées et les lettrines rehaussées de couleur. Sa réserve d'images provient des modèles gravés du prolifique Maître d'Anne de Bretagne (Jean d'Ypres ?).

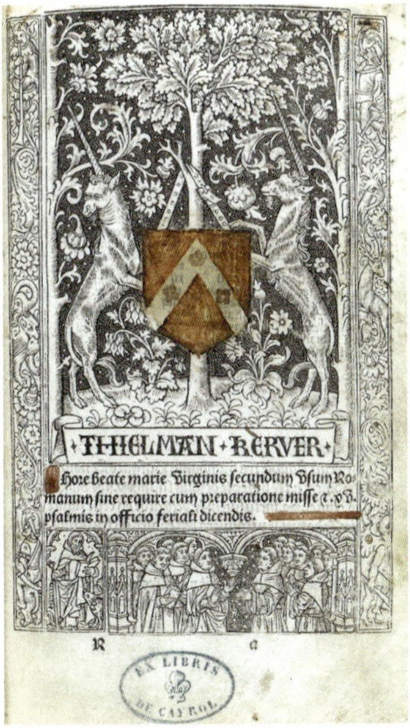

La vie domestique

Le cadre de vie domestique de la fin du Moyen Âge est connu par les sources iconographiques et textuelles – qu'il s'agisse de descriptions romancées, de comptes ou d'inventaires –, mises en relation avec les objets et les rares bâtiments parvenus jusqu'à nous. Toutefois, la conjonction de ce faisceau d'éléments ne concerne qu'une infime partie de la population : une élite sociale formée par les princes, seigneurs, grands ecclésiastiques et bourgeois fut à l'origine de la commande des grandes demeures et des objets qu'elles abritaient. De ce mobilier abondant et diversifié, souvent conçu pour être transportable d'une résidence à l'autre, il subsiste essentiellement des coffres, conservés grâce au hasard et à l'oubli ; ce fait rend d'autant plus rares et précieuses les deux tables du musée (**n° 195** et **198**), l'une d'apparat, peinte et à tréteaux, l'autre octogonale et pliante, liée à l'intimité domestique. Cette dernière et la rarissime boîte à jeux (**n° 199**) dénotant l'importance du divertissement dans une société aisée, trouvent dans le vitrail des Joueurs d'échecs (**n° 196**) une saisissante mise en abyme. L'enfant, chevalier en devenir, joue comme tous les petits garçons du monde avec un soldat de plomb ou un sifflet. Le couteau aux armes de Philippe le Bon (**n° 197**) illustre les raffinements du repas, au décor parfois somptueux dont le dressoir chargé de vaisselle d'apparat est alors un élément fréquent. Il faut imaginer l'importante collection de coffrets regorgeant de biens précieux et intimes, lettres, parfums ou bijoux, comme celui qu'une servante présente ouvert à la Dame à la licorne.

Le même goût pour le décor et la même continuité formelle affectent le second œuvre de la maison. Portes, fenêtres, volets, grilles, cheminées, sols et plafond sont le support d'un vocabulaire formel aussi délicat que structurellement gratuit. Ainsi ces meubles et objets de la fin du Moyen Âge permettent-ils d'évoquer dans tous ses aspects le cadre de la vie domestique.

195 | Table

Allemagne du Nord, début du XVe siècle
Peinture sur bois
L. 455 ; l. 76
Acquise en 1864.
Cl. 7725

Cette table est composée de trois panneaux articulés, dont le dessus et les chants sont peints. Objet d'apparat ou de cérémonie bien plus que d'usage quotidien, son décor la situe vraisemblablement dans la sphère civile. Une frise d'écus armoriés forme la bordure. Au centre, de grandes armoiries alternent avec des médaillons quadrilobés représentant la sottise couronnant un âne, un roi s'interrogeant sur les quatre choses mystérieuses qui le dépassent – « la trace de l'aigle dans les cieux, la trace du serpent sur le rocher, la trace du navire au milieu de la mer, et la trace de l'homme chez la jeune fille » (Proverbes 30:19) –, la fable du lion et du rat et enfin le jugement de Salomon. Ce programme iconographique complexe, qui associe des scènes allégoriques aux blasons de divers royaumes, cités et familles, inscrit l'évocation des vertus des princes dans une cosmologie schématique. La table de Lüneburg, mêlant également décor héraldique et scènes figurées, lui est très comparable.

196 | Les Joueurs d'échecs

Lyon, vers 1450
Verre, jaune d'argent, grisaille, vitrail
H. 54.2 ; l. 54
Provient de l'hôtel de La Bessée (Villefranche-sur-Saône, Rhône). Acquis en 1993.
Cl. 23422

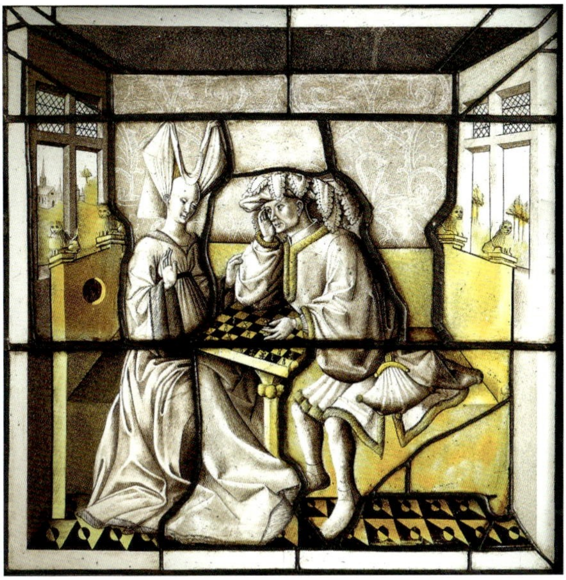

De sa main levée, la dame feint la surprise quand l'homme s'empare de sa reine, ce qui selon le code courtois symbolise sa victoire. Jusqu'en 1840, le vitrail ornait l'une des fenêtres de l'hôtel de la Bessée à Villefranche-sur-Saône, demeure de l'une des familles les plus puissantes de la ville. Rare exemple conservé de vitrail civil, il est peut-être l'œuvre du peintre de la baie de la chapelle Saint-Michel (1450), dans la cathédrale de Lyon.

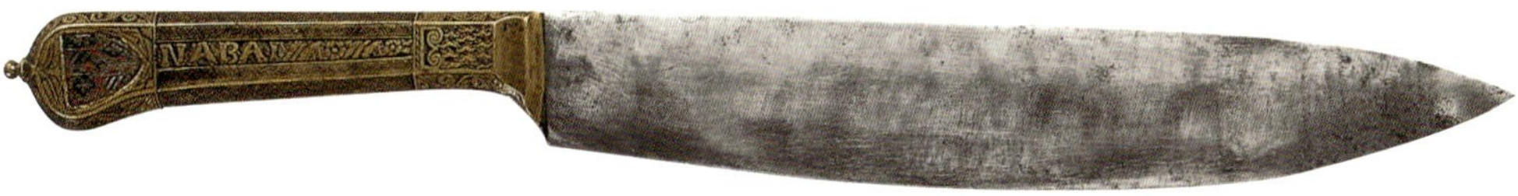

197 | Couteau aux armes et à la devise de Philippe le Bon

Pays-Bas, 1453-1467
Acier, cuivre, émail
L. 39
Dépôt du musée du Louvre, 1936.
Cl. 22193 (MR R158)

Tandis que l'écuyer tranchant présente la viande sur un couteau à lame large, le commensal lui, en utilise un plus petit et pointu, issu de son couvert particulier. Le couteau aux armes et devise du duc de Bourgogne Philippe le Bon manifeste ce caractère personnel. Les armes ducales de Bourgogne se répètent sur chaque face du pommeau émaillé. La devise *Aultre n'arai*, choisie par le duc lors de la fondation de l'ordre de la Toison d'or en 1430, court de part et d'autre du manche. Les mitres – rebords séparant la lame de son emmanchement – portent d'un côté deux *E* liés ensemble, emblème adopté par le duc en 1453 et, de l'autre côté, le briquet aux étincelles de sa devise personnelle.

198 | Table octogonale

France vers 1480-1500
Chêne
H. 75 ; L. 90,5 ; l. 79
Don Gastaud, 1959.
Cl. 22795

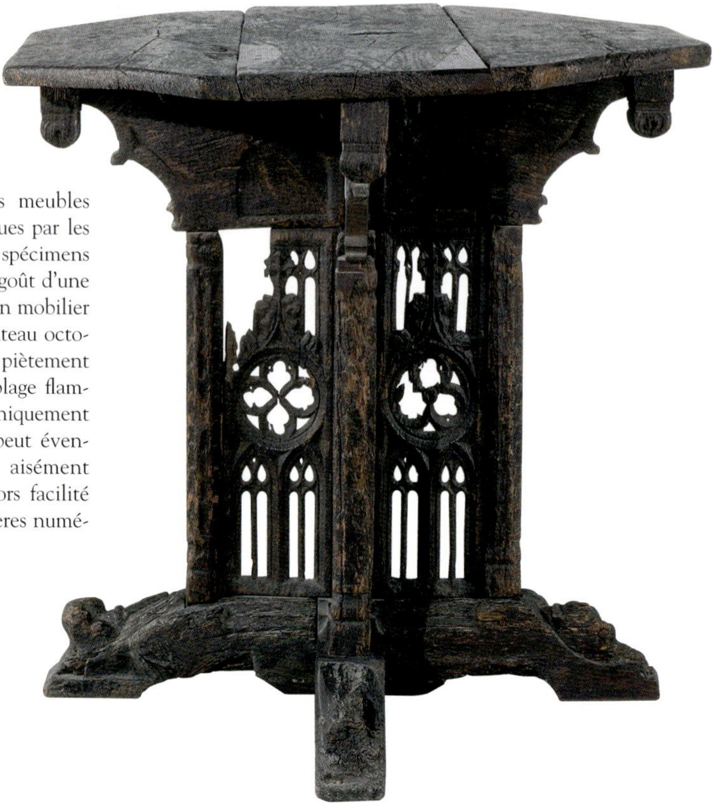

La richesse et la diversité des meubles médiévaux sont davantage connues par les sources figurées que par les rares spécimens conservés. Cette table illustre le goût d'une société encore très mobile pour un mobilier fonctionnel et polyvalent. Le plateau octogonal barlong est supporté par un piètement en croix à décor ajouré de remplage flamboyant. L'ensemble, maintenu uniquement par quelques chevilles de bois, peut éventuellement être démonté puis aisément transporté. Le remontage est alors facilité par un ingénieux système de repères numérotés.

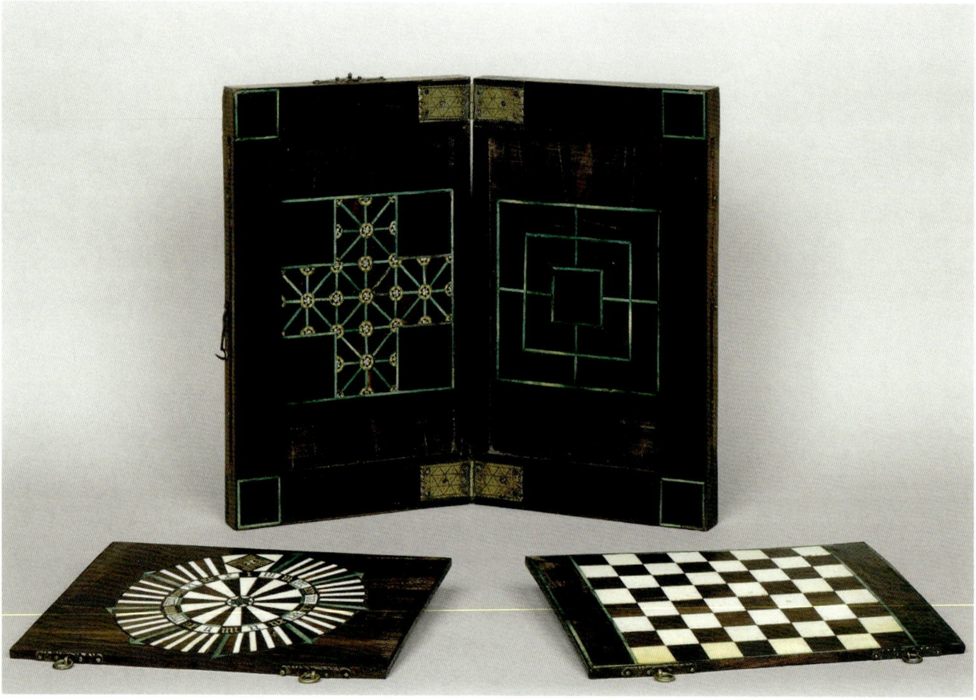

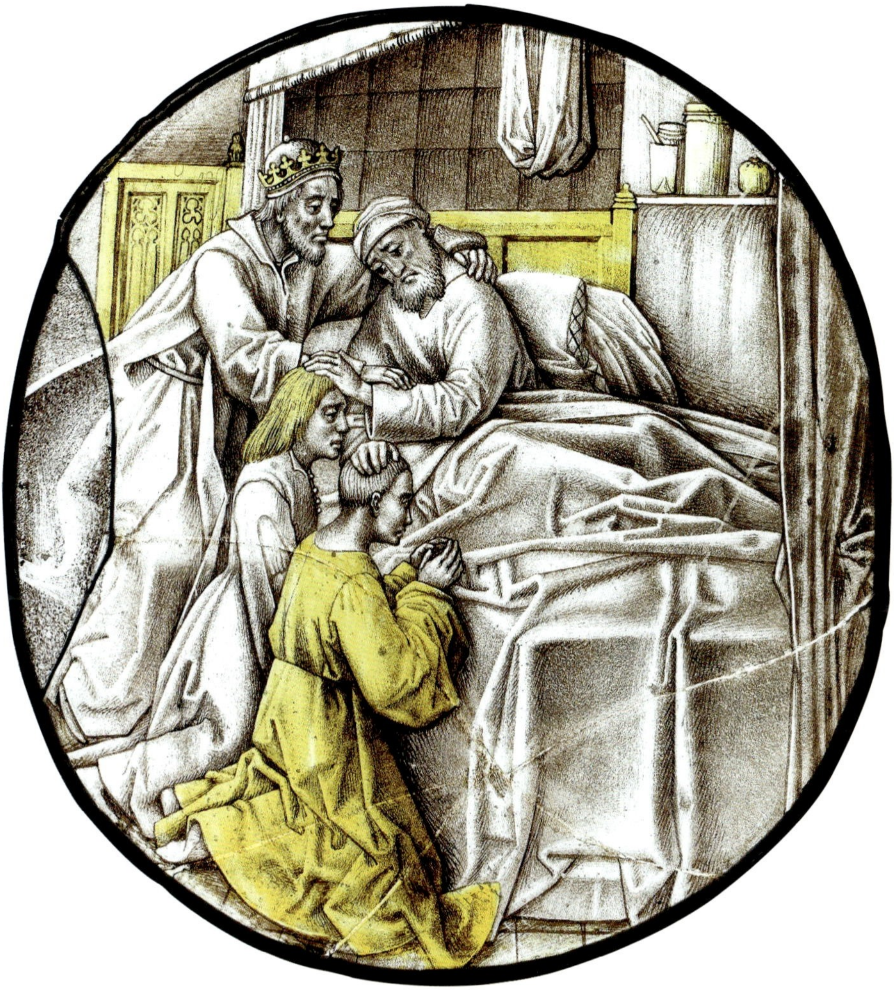

199 | Boîte à jeux

France (?), fin du xve siècle
Ébène, noyer, ivoire
L. 39,9 ; l. 24,2 ; Ép. 6
Acquise en 1862.
Cl. 3434

Le goût pour les jeux au Moyen Âge s'exprime autant dans les pratiques physiques que dans les jeux de société. Cette boîte ouvrante à plateaux coulissants permet de jouer à six jeux différents, de hasard, de réflexion ou de stratégie : les échecs, le trictrac, la marelle ou jeu du moulin, le « renard et les poules » (jeu de stratégie opposant deux joueurs disposant d'un nombre de pièces et de règles de déplacement différents), le tourniquet (sorte de roulette) et le glic (jeu de cartes dans l'esprit du poker).

200 | Bénédiction de Jacob

Pays-Bas méridionaux, vers 1480-1490
Verre blanc, grisaille, jaune d'argent, plomb
D. 22
Acquis avant 1883.
Cl. 23697

Le groupe dont provient ce rondel, lié à l'art de Hugo van der Goes, constitue l'une des plus anciennes et sans doute des plus belles séries de rondels néerlandais. Jacob, étendu sur son lit de mort, bénit les enfants de son fils Joseph et choisit de poser sa main droite sur la tête du cadet, Éphraïm, formant ainsi avec ses bras une croix symbolique qui préfigure la mort du Christ. Imitant un tracé à la mine de plomb, l'artiste a su transcrire l'expression résignée des personnages et la finesse des froissements tubulaires des drapés propres au maître gantois.

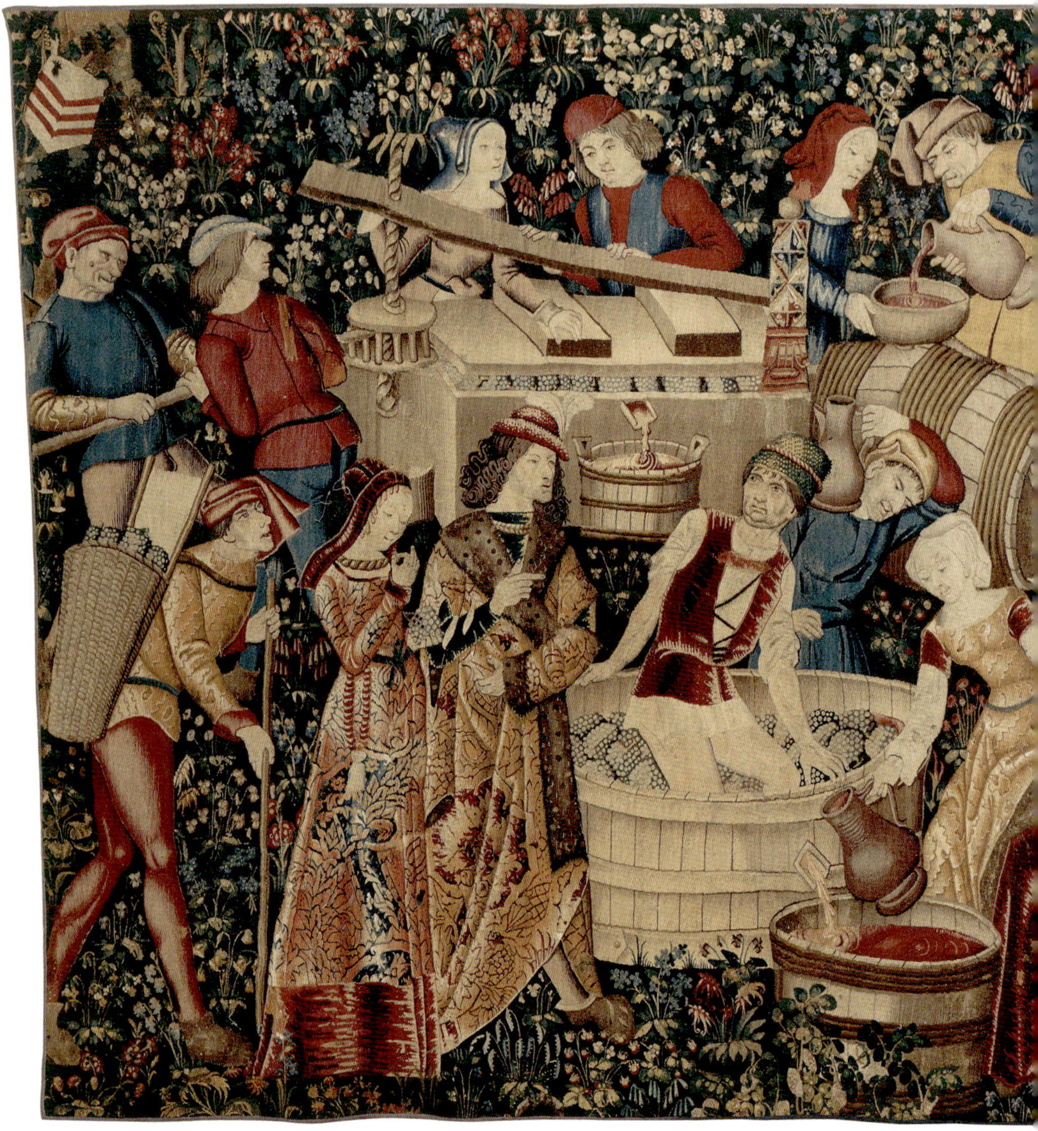

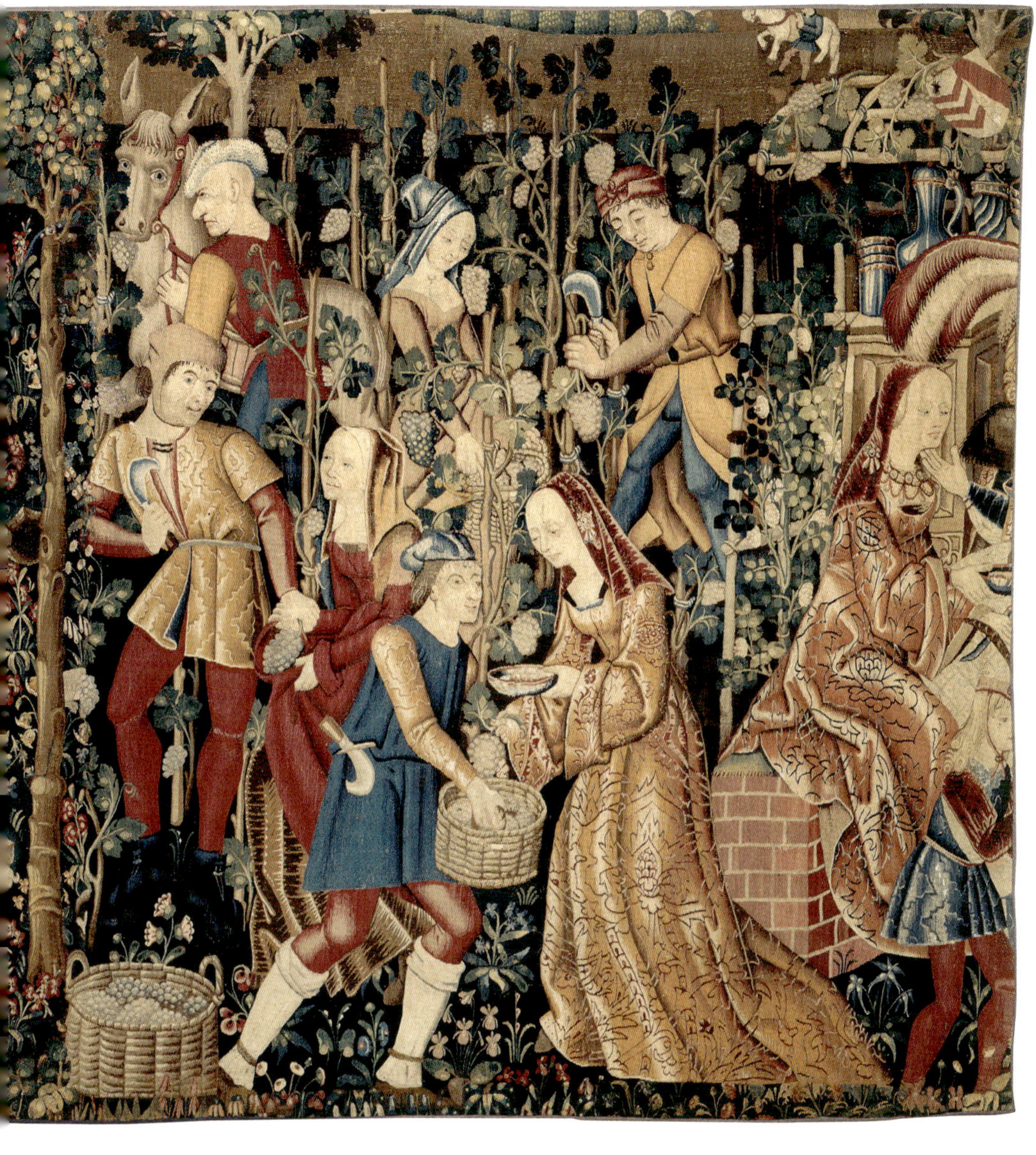

201 | Les Vendanges

Pays-Bas méridionaux, début du XVIe siècle
Tapisserie à fils de laine et soie
H. 246 ; l. 495
Legs E. Dollfuss, 1930.
Cl. 21541

La tapisserie est composée de deux fragments dont la couture inverse le sens de lecture habituel puisque la cueillette du raisin apparaît ici à droite, et le pressurage à gauche. Les scènes vivantes, représentant avec soin les objets et gestes propres à chaque opération, se détachent sur un fond de mille fleurs.

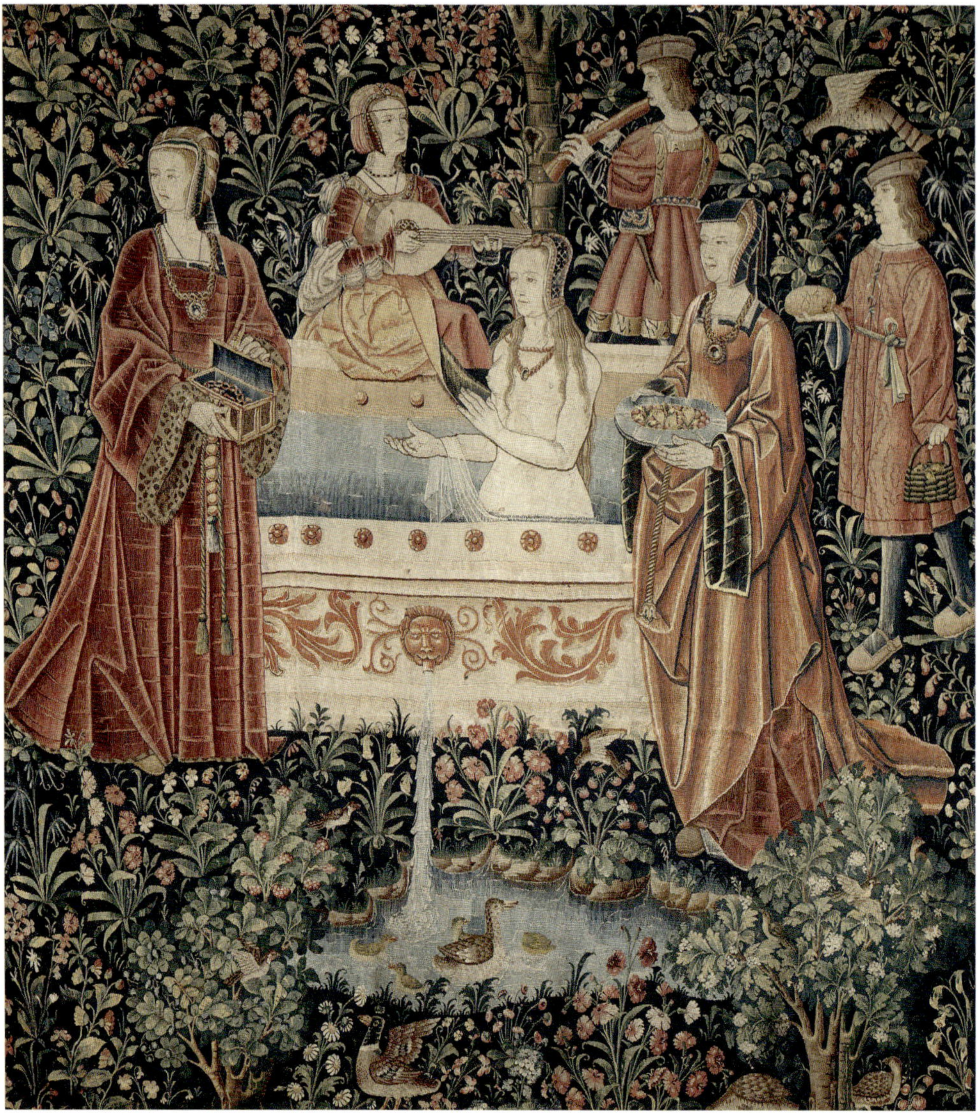

Ci-dessus : Le Bain

Ci-contre : Le Départ pour la chasse

202 | La Vie seigneuriale

Pays-Bas méridionaux, vers 1510-1520
Tapisseries à fils de laine et soie
6 pièces ; H. 253 à 295 ; l. 174 à 372
Acquises en 1852.
Cl. 2178 à Cl. 2183

Cette tenture offre un exemple des tapisseries destinées à orner les murs des édifices civils – hôtels en ville, châteaux à la campagne – et qui représentaient des activités paysannes ou aristocratiques de plein air. Comme l'évocation du cadre naturel de ces activités y cède la place à un fond semé de fleurs coupées, on a donné à ces tapisseries le nom de « mille fleurs ». La fabrication de ces pièces se prêtait particulièrement à une certaine standardisation du travail, substituant aux trois étapes habituelles – petit patron, cartons aux dimensions, tissage – une élaboration plus rapide par la suppression de la première étape et, souvent, le remploi de modèles préexistants. Un même personnage pouvait ainsi être utilisé dans plusieurs tapisseries.

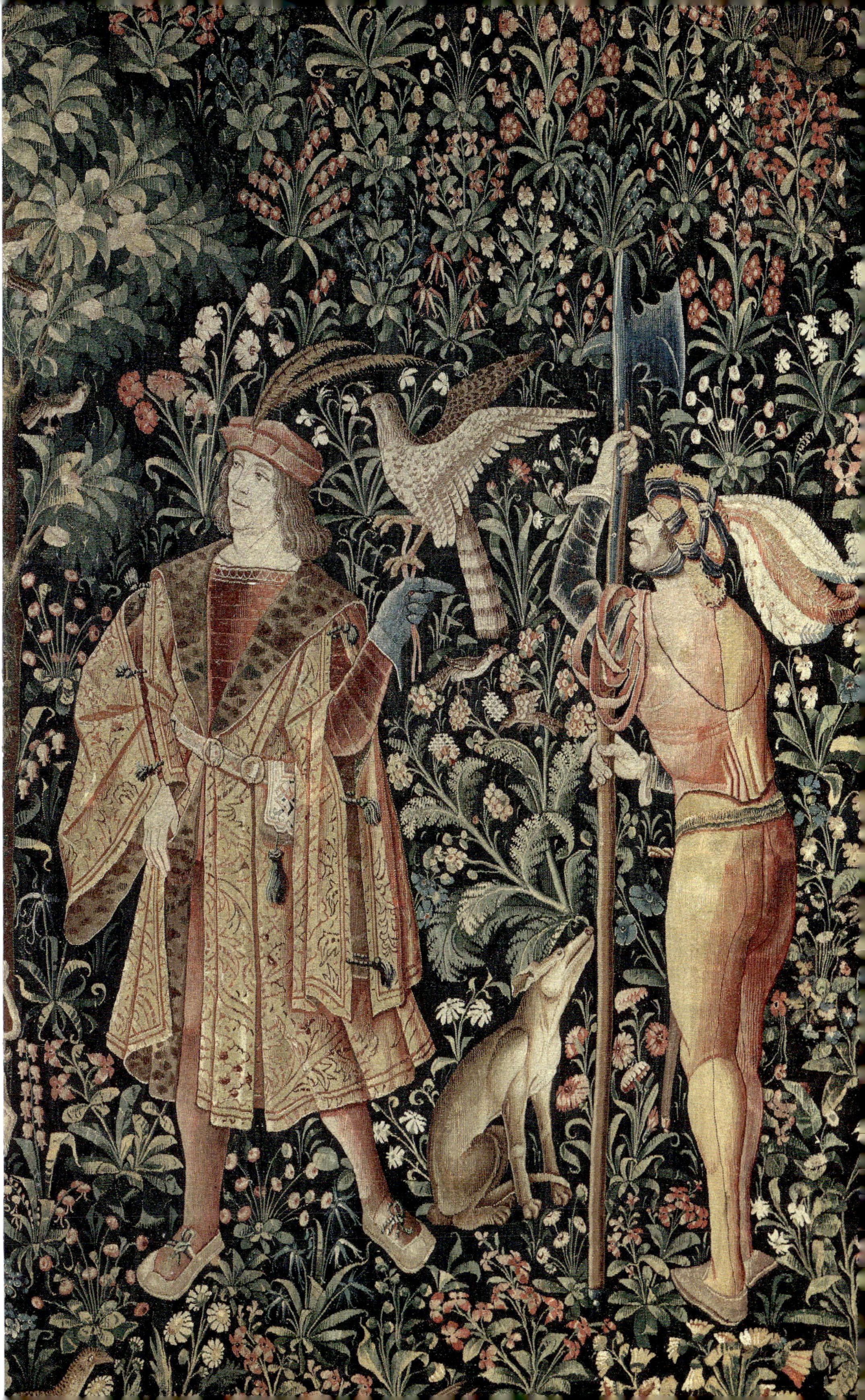

214 | Enseigne à l'arbalète

Rhénanie (Clèves ?), vers 1480-1500
Argent partiellement doré
H. 30 ; l. 6
Ancienne collection L. Fould. Acquise en 1860.
Cl. 3027

Les confréries d'arbalétriers des villes allemandes médiévales organisaient chaque année des concours de tir dont le vainqueur était déclaré « roi de l'arbalète ». Ce trophée prend la forme d'une targe (bouclier) surmontée d'une couronne ; un oiseau, cible des exercices de tir, et une arbalète y sont suspendus ; il abrite les statuettes de la Vierge et de saint Hermès, patron de la petite ville rhénane de Warbeyen. Cette enseigne a sans doute été fabriquée à Clèves, ville voisine et centre secondaire de l'orfèvrerie rhénane.

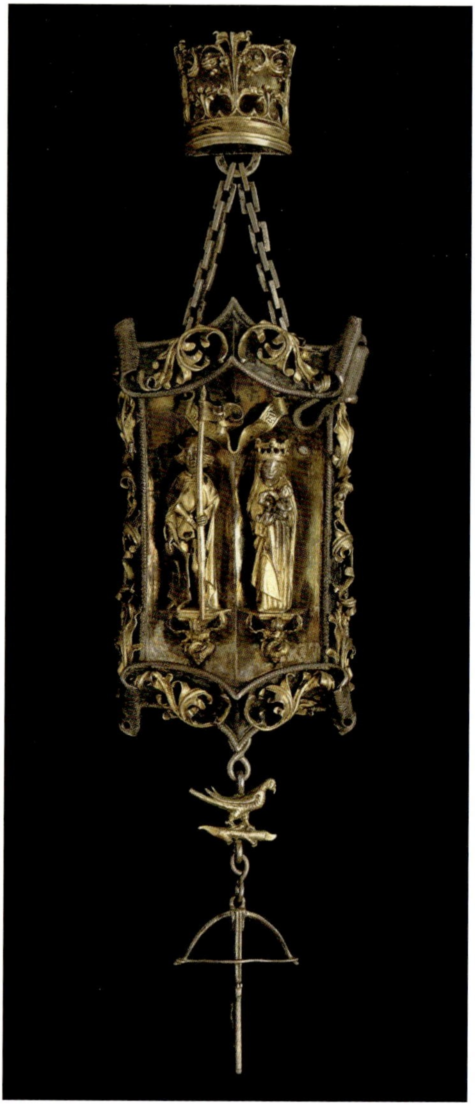

215 | Enseignes politiques

France, première moitié du XVe siècle
Alliage plomb-étain
H. 3,1 ; l. 2,7 (Cl. 23439) – H. 5,2 ; l. 3,6 (Cl. 18064) – H. 4 ; l. 4,3 (Cl. 4835)
Provenance inconnue. Acquises en 1995.
Cl. 23439, Cl. 18064 et Cl. 4835

Au début du XVe siècle, avec la folie de Charles VI puis le traité de Troyes, la guerre entre Capétiens et Plantagenêts prend une nouvelle dimension et se double d'une guerre civile entre deux partis issus de la famille royale, les Armagnacs et les Bourguignons. Paris devient alors le théâtre de combats politiques et les partisans de l'un et l'autre camps arborent des insignes distinctifs à la manière des enseignes de pèlerinage : armes de Bourgogne ou croix de saint André pour les uns, dauphin – par allusion au futur Charles VII – ou représentations de Du Guesclin, héros de la lutte contre les Anglais au siècle précédent, pour les autres.

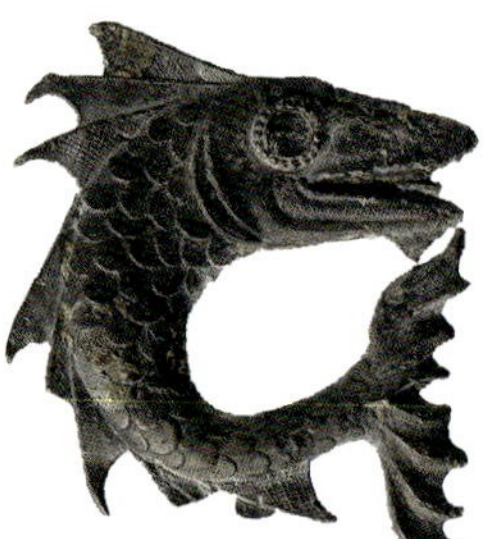

Armagnacs

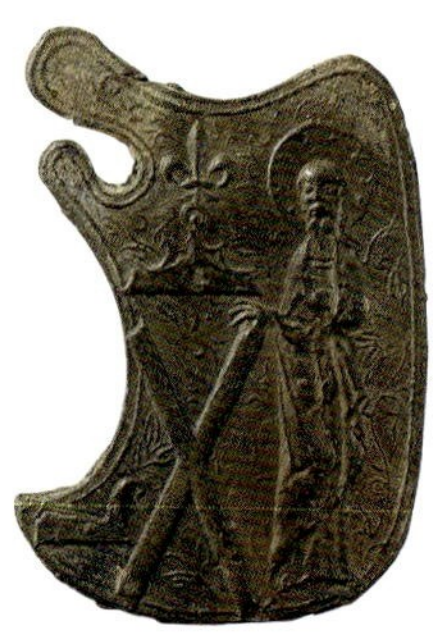

Bourguignons

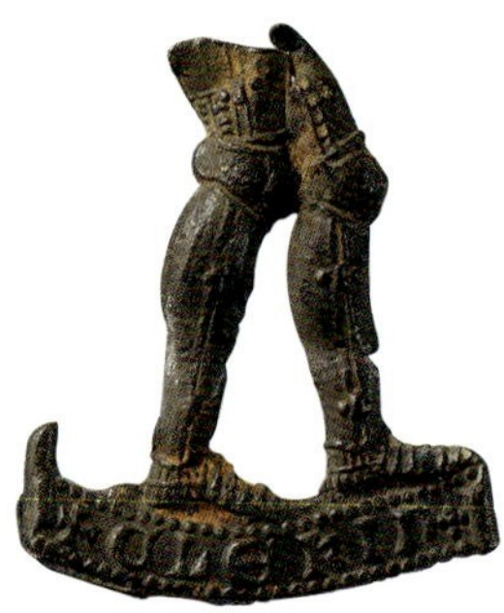

Du Guesclin (fragment inférieur)

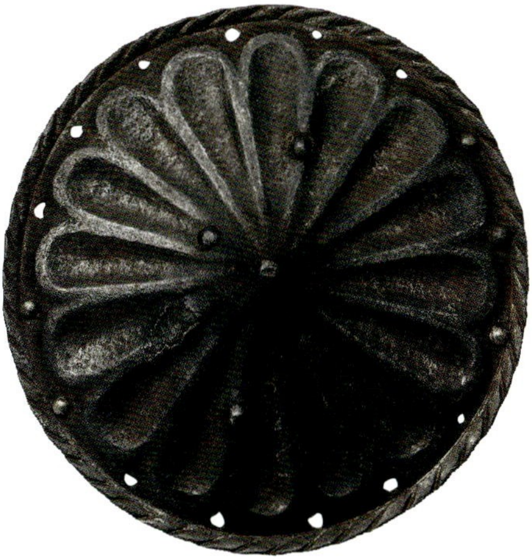

216 | Bocle

France ou Italie, vers 1500
Fer
D. 20
Legs E. de Beaumont, 1888.
Cl. 11835

La bocle est petit bouclier rond et convexe, le plus souvent entièrement en fer, utilisé dans un type d'escrime civile commune à tout le Moyen Âge. Arme essentiellement défensive, il protège le corps et la main qui tient l'épée, mais peut aussi servir à frapper l'adversaire (voir ill. du **n° 208**).

217 | Scènes finales de l'histoire du Busant

Strasbourg (?), fin du xve siècle
Tapisserie à fils de laine, soie et argent
H. 80 ; l. 130,5
Ancienne collection C. Lair. Dépôt du musée du Louvre, 1986.
RF 7351

La tapisserie s'inspire d'un poème alsacien du XIVe siècle narrant les aventures d'un jeune prince anglais amoureux de la princesse de France, auquel un oiseau, le busard (ou busant) vole un anneau. Elle représente le tournoi organisé à l'occasion de leur mariage, puis leur départ. Le format et le style sont typiques des productions rhénanes de la fin du Moyen Âge.

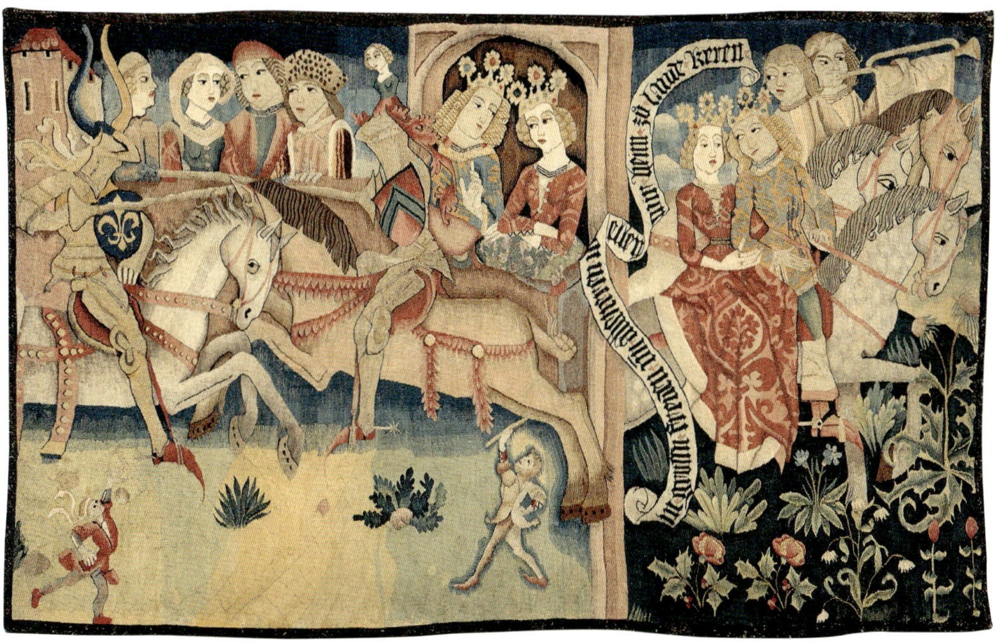

Index

Les numéros renvoient aux notices des œuvres.

Noms de personnes

Artistes

Commanditaires et anciens possesseurs

Noms de lieux

Thèmes iconographiques

Publication de la Réunion des Musées Nationaux

Directeur des éditions
Alban de Nervaux

Directrice adjointe des éditions
Marie-Dominique de Teneuille

Chef du département du livre
Clotilde La Batide-Alanore

Coordination éditoriale
Laurence Posselle

Conception graphique et mise en page
Frédéric Célestin

Relecture des textes
Jean-Marc Destabeaux

Iconographie
Agnès Reboul

Fabrication
Hugues Charreyron

Crédits photographiques

Pierre-Olivier Deschamps, Agence Vu / Musée de Cluny – Musée National du Moyen Âge: p. 6.
Réunion des Musées Nationaux, Paris: p. 13; nos. 31, 42, 87, 130, 145, 160, 165, 210 – Martine Beck-Coppola: no. 144 – Michèle Bellot: no. 162 (side panels) – Jean-Gilles Berizzi: p. 4; nos. 6, 8 to 13, 20, 22, 24, 26, 28, 29, 30, 33, 35, 36, 37, 38, 46, 50, 53, 55 to 59, 61, 62, 64, 65, 66, 76, 80, 83, 90, 93, 94, 96, 99, 103 to 108, 111–117, 119, 123, 124, 126, 128, 131, 134, 137, 138, 143, 148, 150, 151, 152, 155, 156, 157, 161, 169, 170, 173, 175, 178, 182–185, 187, 189, 190, 192, 194, 196, 200, 201, 203, 204, 207, 208, 212, 213, 215, 216, 217 – Jean-Gilles Berizzi / Gérard Blot: no. 2 – Jean-Gilles Berizzi / René-Gabriel Ojéda: no. 188 – Gérard Blot: nos. 1, 7, 14, 15, 16, 21, 27, 32, 44, 45, 47, 49, 51, 54, 63, 70, 71, 79 (p. 87), 84, 98, 100, 118, 121, 125, 129, 133, 140, 141, 142, 162 (center), 163, 166, 167, 171, 172, 176, 193, 195, 198, 206, 214 – Gérard Blot / Christian Jean: nos. 168, 202 (p. 181) – Christian Jean: no. 92 – Hervé Lewandowski: nos. 25, 40, 69, 78, 122, 136, 149, 199, 209, 211 – Jean-Luc Mabit: no. 179 – Stéphane Maréchalle: no. 146 – René-Gabriel Ojéda: nos. 23, 39, 43, 74, 81, 88, 89, 97, 120, 197 – Thierry Ollivier: pp. 9, 11; nos. 5, 17, 18, 19, 52, 158 (p. 151) – Georges Poncet: no. 86 – Franck Raux: nos. 4, 41, 48, 60, 67, 68, 72, 73, 75, 77, 79 (p. 86), 82, 85, 95, 101, 102, 109, 110, 127, 135, 139, 147, 153, 154, 159, 164, 174, 177, 180, 181, 186, 191, 202 (p. 180), 205 – Michel Urtado: nos. 3, 34, 91, 132.

Les textes ont été composés en Meta et Goudy.

Les illustrations ont été gravées par Bussière à Paris.

Cet ouvrage a été achevé d'imprimer en avril 2015
sur les presses de Deckers-Snœck, Gent, Belgique.

1er dépôt légal : Décembre 2009
Dépôt légal : mai 2015
ISBN: 978-2-7118-5631-2
GG 10 5631